21世纪会计系列规划教材 **应用型**

省级优秀教材

基础**会计**

（第三版）

赵盟 主编

Fundamental
Accounting

U0792428

东北财经大学出版社 | 大连
Dongbei University of Finance & Economics Press

图书在版编目（CIP）数据

基础会计 / 赵盟主编．—3版．—大连：东北财经大学出版社，2022.11（2024.1重印）
（21世纪会计系列规划教材·应用型）
ISBN 978-7-5654-2857-9

Ⅰ．基…　Ⅱ．赵…　Ⅲ．会计学-高等学校-教材　Ⅳ．F230

中国版本图书馆CIP数据核字（2022）第159867号

东北财经大学出版社出版
（大连市黑石礁尖山街217号　邮政编码　116025）
网　　址：http://www.dufep.cn
读者信箱：dufep@dufe.edu.cn

大连图腾彩色印刷有限公司印刷　　东北财经大学出版社发行

幅面尺寸：170mm×240mm　　字数：393千字　　印张：19
2022年11月第3版　　2024年1月第2次印刷

责任编辑：高　铭　孔利利　　责任校对：王　立
封面设计：冀贵收　　版式设计：原　皓

定价：45.00元

教学支持　售后服务　　联系电话：（0411）84710309

如有印装质量问题，请联系营销部：（0411）84710711

第三版前言

本书是为会计学以及经济管理类专业学生学习“基础会计”课程而编写的教材，强调以应用能力培养为目标，突出理论以够用为度，侧重应用性、实践性和操作性的特点。本书荣获辽宁省首届优秀教材奖，获批辽宁省职业教育“十四五”规划教材，是辽宁省一流本科课程配套教材。

本次修订我们依据企业会计准则、税收法律法规的最新变化更新了相应知识点；重新设计了第一章和第十三章的章节顺序，新增会计学科、会计职业、会计职业道德等教学内容；重点在思政元素融入“基础会计”专业教学方面加大了探索，并将习近平新时代中国特色社会主义思想和党的二十大精神有机融入教材。

如何将“坚持中国特色社会主义教育发展道路，培养德智体美劳全面发展的社会主义建设者和接班人”的教育思想融入教材体系，如何在会计教育领域培养出符合国家教育战略需要，具有正确价值观、社会责任感、诚实守信的合格会计学生，是每一本教材和每一位编著者的历史使命。

第三版特点如下：

1.设置“思政课堂”，融入思政教育。

本书按照教育部2020年5月发布的《高等学校课程思政建设指导纲要》的精神，结合课程特点，精心提炼思政元素要点，在各章设置“思政课堂”模块，新增“会计人员践行社会主义核心价值观”、“课程思政目标”、“加强会计诚信建设助力经济高质量发展”、“从复式记账看人生守恒”、“从增值税税率调整看我国的减税降费”、“会计人员的职业素养”、“出纳员的职业底线”、“会计人员的法律责任”、为火箭“焊”心脏的大国工匠——高凤林、“年轻财务的沉沦”等10个课程思政点和“康美药业300亿财务造假案”等课程思政案例，从价值塑造、职业素养提升、职业道德引领三个方面，将“立德树人”切实落实到教材的具体内容中。

2.知识链接，拓宽视野。

为增强学生的学习趣味性，增加知识面的广度和深度，帮助学生拓展专业视野，本书丰富并更新了各章节的知识链接，新增了大量的延伸阅读。

3.立体化和可视化。

本书利用现代科学技术，探索将知识链接、延伸阅读、重点内容教学视频等课程资源链接为二维码资源，逐步实现教材从平面化向立体化与可视化的转变。

本书由赵盟担任主编，负责拟定大纲、组织编写并总纂定稿，具体编写分工如下：赵盟负责第一章、第四章、第五章、第十章、第十一章、第十三章，以及各章的思政课堂、延伸阅读、章后练习的编写；范颖茜负责第二章、第三章的编写；刘晓辉负责第六章、第七章的编写；赵丽光负责第八章的编写；王欣负责第九章、第十二章的编写。

由于会计法律法规和企业会计准则不断修订与完善，应用型人才培养也对教材提出了新的要求，本书可能还存在缺点或不足，恳请广大读者对本书的不足和缺陷给予批评指正，以便日后进一步修订完善。

编　者

2022年7月

（2024年1月修改）

目　录

第一章

总 论

学习目标

1.掌握会计的含义、会计基本职能、会计目标、会计基本假设、会计信息质量要求；

2.理解权责发生制与收付实现制之间的区别；

3.理解会计核算的基本程序，掌握会计确认的标准、会计计量属性；

4.了解会计方法体系的构成，掌握会计核算方法，理解会计核算方法之间的关系。

第一节 会计的含义

一、会计的产生与发展

（一）会计产生的动因

社会物质资料的生产是人类社会得以存在和发展的物质基础。人类的生产活动一方面创造出社会生存和发展所需的物质资料，另一方面又要发生劳动时间和生产资料的耗费。人们在生产活动中，为了合理安排劳动时间，减少生产资料的消耗，生产出尽可能多的物质资料，必然要对劳动时间、生产资料的耗费和所取得的劳动成果进行观察、计量、记录和比较，以便取得必要的数据及其变化的资料，借以了解和控制生产活动，力求以较少的生产耗费获得较多的生产成果，从而满足人们和社会日益增长的需要。

会计是人类社会生产发展到一定阶段的产物。它起源于人类的早期生产实践活动，最初只是作为生产职能的附带部分，在生产实践之外记录收支行为。当社会生产力发展到一定水平之后，会计才逐渐地从生产职能中分离出来，形成特殊的专门独立职能，成为专职人员从事的经济管理工作，并为适应经济管理的客观需要而不断发展、完善。“经济越发展，会计越重要”不仅确定了会计的地位，而且说明了会计与社会经济发展的密切关系。

（二）会计的发展历程

在历史的长河中，会计的发展主要经历了古代会计、近代会计和现代会计三个阶段。

1.古代会计

会计从产生到现在经历了一个漫长的发展历程。据会计史学者考证，人类在进入旧石器时代中晚期后，出现了“绘图记事”、“刻契记事”和“结绳记事”等最原始的会计行为，这些行为用于简单地反映当时社会渔猎收获的数量及其他收支，是会计的萌芽。进入奴隶社会和封建社会时期，生产力的发展取得了实质性进步，私有制逐步繁盛，会计的特征逐渐显现出来。古代会计有官厅会计和庄园会计两种主要形式。据史料记载，我国早在西周时期就有了为王朝服务的官厅会计，当时所设立的“司会”一职，负责主管王朝财政经济收支的核算。而庄园会计则出现在欧洲，此时的奴隶主庄园和地主庄园成为经济的基本组织形式，奴隶主和地主为了管理和控制自己的财产，设立账目，记录进出仓库的生产资料和消费品的种类、数量，进而产生了会计的雏形——单式簿记。在这一阶段，会计的特点是以实物和货币作为计量单位，是生产职能的附带部分，以官厅会计为主，采用“单式记账法”进行记账。

2.近代会计

随着商品经济的发展，特别是资本主义生产方式的产生和发展，使社会生产规模日趋扩大，会计也有了进一步的发展。在这一阶段，会计的核算体系和核算方法不断充实、完善，以借贷记账法为代表的复式记账方法得以广泛应用，使会计独立行使管理职能的特征逐渐得以显现。

近代会计阶段有两个重要的里程碑：一是复式簿记的产生。13世纪后，地中海的一些城市成为世界贸易中心，佛罗伦萨、热那亚、威尼斯等城市的商业和金融业特别繁荣，日益发展的商业和金融业要求不断改进并提高原来的复式记账方法。1494年，意大利数学家卢卡·帕乔利（Luca Pacioli）的著作《算术、几何、比及比例概要》在威尼斯出版，书中的“簿记论”对借贷复式记账进行了系统的理论说明，标志着现代会计的开端。二是英国爱丁堡会计师公会的成立。随着18世纪末至19世纪初的产业革命的发展，生产社会化程度的提高，股份制公司相继涌现，从而对会计提出了更高的要求，引起了会计内容的变化，会计服务对象不断扩大，会计的内容从记账、算账，发展到编制和审查报表，并且企业会计还需要接受外界的监督。因此，1853年英国成立的世界上第一个会计师协会——英国爱丁堡会计师公会，被认为是近代会计发展史上的第二个里程碑，其意味着会计开始作为一种专门的职业而独立存在。

近代会计阶段，会计的特点是以货币作为主要计量单位，作为独立的管理职能，以企业会计为主，会计核算采用“复式记账法”，形成一套完整的会计核算方法，从而使会计成为一门学科。

3.现代会计

现代会计的形成，主要可以概括为以下几个方面：

（1）财务会计规范的创建

20世纪30年代发生的经济大危机，使人们真正认识到财务会计规范的重要性。1933年和1934年，美国立法部门制定并颁布了《美国1933年证券法》和《美国1934年证券交易法》。此外，美国会计师协会任命一个特别委员会开始了针对财务会计准则的制定和发布工作，1932年，该委员会发布题为《会计基本准则》的研究报告，使得美国会计进入一个根据会计实务处理规律制定准则的崭新阶段。财务会计准则体系的形成，不仅奠定了现代会计法制体系的基础，而且奠定了现代会计理论体系的基础。

（2）现代财务会计、管理会计的形成和现代审计的建立

进入20世纪50年代后，在会计规范变迁的基础上，会计逐步实现了由传统财务会计向现代财务会计、由传统管理会计向现代管理会计的转变。两个转变的完成和管理会计在公司管理中的实际运用及其在管理中功能作用的发挥，最终使现代会计的全新面貌显现出来。作为现代会计重要组成部分的现代审计，也是在20世纪50年代由传统审计转变而来的。现代会计与现代审计的有机结合，不仅奠定了现代会计进一步发展的基础，而且奠定了审计学这一分支学科进一步发展的基础。

（3）宏观会计的建立与多种专业会计的产生

20世纪50年代后，学科的交叉、综合已成为势不可挡的潮流。现代会计先后受到行为科学、系统论、信息论、控制论、决策论、宏观经济理论以及计算机科学等的影响，一方面，由微观会计向宏观领域扩展，导致宏观会计的产生；另一方面，由于微观经济管理领域的渗透和融合，又导致多种专业化会计的产生。这样，现代会计不仅向全方位发展，而且朝边缘学科领域发展。

（4）计算机会计系统的建立

20世纪40年代计算机的发明以及20世纪70年代计算机在商业领域的广泛运用，使得会计手段发生了根本性转变，会计由手工向电算化发展。进入20世纪90年代以后，互联网的出现和广泛运用，使会计信息的加工和传播方式发生了根本性变化，会计又由电算化向信息化发展。因此，会计经历了由单项会计事项处理到会计综合实务事项处理的阶段，而后又经历了由计算机会计信息系统到计算机会计管理系统的阶段。

（5）会计国际协调格局的形成以及国际会计的产生

随着20世纪50年代至80年代的市场、金融、投资、生产、消费的国际化程度日益加强，会计逐步成为国际经济事务中的至关重要的组成部分。国际会计的协调工作及其研究逐步展开，从而形成了国际会计协调的格局。国际会计协调既开辟了现代会计在未来发展的新领域，为国际会计这一新学科的产生和发展创造了条件，又建立了跨越国界的会计工作，促进了不同国家的会计交流，把会计的作用不断扩大到国际范围，从而使现代会计的未来发展得以适应经济全球化发展的要求。

（三）我国会计的发展

我国早在原始社会末期，就出现了简单的原始计量、记录行为。到了3 000年前的周王朝时代，官厅会计得到长足发展，西周已设有“司会”“大宰”等官职，掌管朝廷的钱物赋税。到了唐朝，“账簿”二字已经连用，报表和账簿已普遍使用纸张。我国唐宋年间还发明了一种被称为“四柱清册”的结账与报账方法，将一定时期内财物收付的记录，通过“旧管+新收=开除+实在”这一平衡公式加以总结，

知识链接1-1

四柱清册、龙门账、天地合账

既可以检查日常记录的正确性，又可以分类汇总日常会计记录，使我国传统的单式收付簿记提高到了较为科学的层次。到了明朝末年，出现了比“四柱清册”更加完备的“龙门账”，相较于“四柱清册”只能应用于不计盈亏的官厅会计的特点，“龙门账”则能够满足商业对核算盈亏的需要，“龙门账”的创建，为复式记账原理的运用作出了巨大贡献。清代以后，我国资本主义经济关系逐渐发展，产生了“天地合账”。

中华人民共和国成立后，逐渐建立了社会主义的会计理论和会计方法体系，并创立了一套适应不同经济管理体制需要的财务会计制度体系。中华人民共和国成立之初，会计虽然全盘照搬苏联模式，但基本上还是适应了当时经济恢复和发展的需要。1958年的“大跃进”，对会计工作进行改革，不适当地推行“无账会计”，使会计工作出现混乱。1962年，全国开始贯彻“调整、巩固、充实、提高”的八字方针，会计工作也得到恢复。1963年1月，国务院发布《会计人员职权试行条例》，对加强会计监督，维护财经纪律，促进国民经济发展起到了很大作用。“文化大革命”期间，会计工作遭到严重破坏，直至十一届三中全会后，会计工作才得以恢复，并出现了以提高经济效益为中心的会计工作，充分发挥了会计核算和管理的作用。1985年，第六届全国人民代表大会常务委员会第九次会议通过《中华人民共和国会计法》，标志着我国的会计工作走上了法治的轨道。在建设有中国特色社会主义理论的指导下，我国制定并颁布了一系列会计法规政策，使会计改革得以深化，例如，1990年12月31日，国务院发布《总会计师条例》；1992年11月30日，财政部发布《企业会计准则》和《企业财务通则》；随之制订了行业会计制度和企业财务制度，由此开创了我国特有的“两则、两制”局面，使会计工作更好地适应了市场经济发展的需要。然而随着时间的推移，经济形势不断变化与发展，原有的制度已不能适应我国多种经济成分并存和企业多元化经营的情况，会计工作急需改革。因此，1999年10月31日第九届全国人民代表大会常务委员会第十二次会议对《中华人民共和国会计法》（以下简称《会计法》）进行了第二次修订，使会计工作和会计理论建设进入了新的阶段。与新的《会计法》相配套，2000年6月国务院发布了《企业财务会计报告条例》，2004年颁布了《小企业会计制度》。近年来，经济环境的变化，使得中国会计准则的重心从过去简单的规范会计行为转向为范围广阔的市场经济发展和国际经贸合作提供服务上，为顺应我国经济快速市场化和国际化的需要，我国不断修订和完善企业会计准则体系，2006年2月15日，财政部发布《企业会计准则》，自2007年1月1日起施行。为保持我国会计准则与国际财务报告准则的持续趋同，财政部在2012年发布了一系列准则征求意见稿后，于2014年正式修订了五项、新增了三项企业会计准则。2017年，财政部又对14号、16号、22号、23号、24号、37号企业会计准则进行了修订，并印发了42号企业会计准则。

思政课堂

会计人员践行社会主义核心价值观

党的十八大报告强调指出：“倡导富强、民主、文明、和谐，倡导自由、平等、公正、法治，倡导爱国、敬业、诚信、友善，积极培育和践行社会主义核心价值观。”会计人作为社会的一员，作为社会主义市场经济体制建设的中坚力量，更应自觉在日常工作中践行社会主义核心价值观，为全面深化改革、建设社会主义市场经济体制、中华民族伟大复兴中国梦的实现贡献会计人应有的力量。

截至2017年，在全国13.6亿的人口中，就业人口数有7.7亿，会计从业人员保守估计近1 400万人，会计从业人员占全国人口总数的比例约1%，占就业人口的比例约2%。在中国改革开放、社会主义市场经济体制的建设中，会计从业人员坚守第一线，认真履行《中华人民共和国会计法》赋予的职责，为规范所在单位会计行为，保证会计资料真实、完整，加强所在单位经营管理和财务管理、提高所在单位经济效益、维护社会主义市场经济秩序等方面做出了贡献。但是，在全面深化改革的今天，会计人员不能故步自封、不思进取，应该主动与社会主义核心价值观进行对比，从而找出差距，明确方向，积极转变，发挥会计人的社会影响力和示范作用，在培育和践行社会主义核心价值观的进程中，放大会计正能量。

由此可见，会计对任何社会的生产都是必要的，经济越发展，会计越重要。正如马克思指出的那样：“过程越是按社会的规模进行，越是失去纯粹个人的性质，作为对过程的控制和观念总结的簿记就越是必要；因此，簿记对资本主义生产，比对手工业和农民的分散生产更为必要；对公有生产，比对资本主义生产更为必要。”[①]这里所说的“簿记”指的就是会计。

二、会计的含义

尽管会计源远流长，但什么是会计？如何给会计下一个确切的定义？国内外会计界历来存在着不同的认识，至今尚未能够统一。其主要原因在于对会计的本质有不同的看法，从而导致对会计作出不同的定义。纵观我国会计界对会计本质的不同认识，主要有三种观点：

（一）管理工具论

管理工具论认为会计是经济管理或经济核算的工具，强调的是会计在经济活动中的核算作用。这种观点是苏联会计学者马卡洛夫在20世纪50年代初提出后传入我国的，并于相当长时期内在我国会计界占主导地位。他把会计看成一个方法体系，强调了会计的服务性，主要在微观经济领域中应用。这种观点认为会计的职能就是被动的反映，从而忽视或不承认会计的监督、预测、控制、分析等其他职能。进入20世纪80年代以后，随着改革开放的进行，人们的视野得以扩大，对会计的本质有了新的认识和进一步的理解，持这种观点的人越来越少。

（二）信息系统论

信息系统论认为会计是一个收集、处理和输送经济信息的信息系统。最早提出这种观点的是美国会计学家A.C.利特尔顿。20世纪70年代以后，由于科学技术的进步和管理理论的发展，该观点在西方发达国家会计界广泛流行，例如，美国的

---

① 马克思，恩格斯．马克思恩格斯全集：第24卷［M］．中共中央马克思恩格斯列宁斯大林著作编译局，译．北京：人民出版社，1972：152.

《现代会计手册》（1977年版）明确指出："会计是一个信息系统。它旨在向利害攸关的各个方面传输一家企业或其他个体的富有意义的经济信息。"这种观点传入我国以后，逐步为我国一些会计学者所接受。我国持这种观点的人认为，会计旨在提高经济效益，加强经营管理，是在每个企业、事业、机关等单位范围内建立的一个以提供财务信息为主要职能的信息系统。这个系统主要用于处理各单位经济活动所产生的可以用货币计量的数据或资料，而后把它们加工成有助于经营决策的财务信息和其他信息。目前，接受这种观点的人逐渐增多。

（三）管理活动论

管理活动论认为会计是经济管理的重要组成部分，它是通过建立会计信息系统，搜集、加工和利用以一定的货币单位作为计量标准来表现的经济信息，使其进入会计信息系统，通过确认、计量等专门技术方法将经济信息转换为会计信息，通过记录和计算加工并且对外进行报告，以便达到对经济活动进行组织、控制、调节和指导，促使人们比较得失、权衡利弊、讲求经济效益的一种管理活动。这种观点是20世纪80年代以后我国的一些会计学专家结合我国的实际情况首先提出来的。他们认为会计管理这个概念完整地表达了会计的本质属性。在微观经济中，会计管理是企业管理的重要组成部分；在宏观经济中，会计管理是国民经济管理的重要组成部分。会计管理的基本目标是为国家宏观管理和调控提供信息，为企业投资者、债权人提供决策有用的信息，为企业内部经营管理提供所需要的信息。这些信息是会计工作按照一定的程序和方法，通过收集、整理、分类、汇总等加工处理得到的。会计报告是传输信息的主要手段。会计从取得原始数据到最终提供报告是一个完整的系统。从这个角度说，会计是一个经济管理的信息系统。因此，我们也可以把会计理解为既是一种管理活动，又是一个经济管理的信息系统。

我们认为，上述的"管理工具论"、"信息系统论"和"管理活动论"是从不同角度认识会计的结果，都是对会计本质内容的揭示。但在本书中，我们将"会计"界定为"会计工作"，基于这一前提，我们认为"会计管理活动论"的观点代表了我国会计改革的思路和方向。

综上所述，会计是以货币为主要计量单位，对企事业、机关单位或其他经济组织的经济活动进行连续、系统、全面的反映和监督的一项经济管理活动。

讨论与思考1-1

在日常的工作和生活中，我们经常听到很多人对于会计的看法，例如，"会计是负责记账的""会计是负责管钱的""会计是负责发工资的"等等。而美国著名经济学家萨缪尔森说："我们正处在一个科技时代，同时也是一个会计时代，在这个时代里，掌握一些会计知识已成为人们的基本需求"。

请思考：

1.作为一名学习会计的大学生，你是怎样看待会计的？你对会计有哪些了解？随着社会经济的高速发展，会计的目标和要求又是什么呢？

2.该如何理解"会计是一种商业语言"这句话？

三、会计学及其分支

（一）会计学科体系

会计学是人们对会计实践进行科学总结而形成的知识体系。会计实践是不断发展并不断丰富的，相应地，会计学理论也在不断地发展和完善。会计实践的发展和丰富推动了会计学的发展和完善。随着会计学研究的深入发展，会计学分化出许多分支，每个分支都形成了一个独立的学科。这些学科相互促进、相互补充，从而构成了一个完整的会计学科体系，其内容大致如图1-1所示。

- 会计学科体系
  - 理论会计学
    - 会计史
    - 会计理论
      - 规范会计理论
      - 实证会计理论
  - 应用会计学
    - 财务会计
      - 企业会计
      - 非营利组织会计
      - 国际会计
    - 管理会计
      - 传统管理会计
        - 成本会计
        - 责任会计
      - 现代管理会计
        - 作业成本会计
        - 现金流动会计
        - 战略管理会计
        - 环境管理会计
        - 人力资源管理会计
        - ……
    - 审计
      - 国家审计
      - 单位内部审计
      - 注册会计师审计

图1-1 会计学科体系图

（二）会计学的分支

会计学是管理科学的一个分支，属于应用管理学，会计学研究的对象是全部会计工作，既包括会计理论研究工作，又包括会计实践工作。随着会计学研究领域的不断扩展，会计学分化出许多分支，每一个分支也都形成了一个学科，例如，按会计学研究的内容划分，其分支有基础会计学、财务会计学、高级财务会计学、管理会计学、成本会计学、会计史学等；按会计主体来划分，其分支有宏观会计学和微观会计学。宏观会计学包括总预算会计、社会会计、国际会计等，微观会计学包括企业会计、非营利组织会计等。研究会计学及其分支，对于了解会计研究的内容，把握会计研究的方向，掌握每个分支学科在整个会计学科体系中的地位都具有十分重要的现实意义，也可以为今后科学地学习和研究会计学奠定基础。

四、会计职业

会计是一种专业性很强的工作。任何企业、单位或部门都需要会计人员对其所从事的经济活动进行记录和报告。可以说，对会计人员的需求覆盖经济社会的各个

延伸阅读 1-1

中国十大会计名家

方面，覆盖各个地理区域，遍及各行各业，分布于各个层次，所以会计人员有着最为广泛的就业前景。实际上，会计职业不仅限于企业，同样也存在于其他各类经济组织之中，如政府机关、学校、医院等非营利组织，会计师事务所等公共会计组织。按照服务对象不同，会计职业主要分为三大类：企业会计、非营利组织会计和社会会计。

（一）企业会计

企业会计，概指服务于以营利为目的的企业组织的会计，如工厂、商店、酒店的会计，独资、合资、合伙企业的会计。企业会计依其工作重点的不同，一般分为财务会计和管理会计。

1.财务会计

财务会计，又称对外报告会计或传统会计，主要以会计法规、准则和制度为依据，对企业已经发生的融资、投资、经营业务或事项，进行确认、计量、记录和报告，并以会计报表的形式，提供给股东、债权人、管理者、政府部门等企业利益相关者。因为其主要向企业外部会计报表使用者报告财务信息，因此，又称“对外报告会计”。在实际工作中，财务会计除了主要从事填制会计凭证，登记会计账簿，编制会计报表等会计信息反映工作外，还要分析会计报表和企业经济活动，筹措和调度资金，并提供经营管理建议。财务会计是会计在历史上的最初形式，并一直是会计有史以来的主要内容，同现代会计相对应，它又称“传统会计”。

延伸阅读 1-2

企业会计岗位

2.管理会计

管理会计，又称对内报告会计，它是为了满足企业规划决策、经营管理的需要，而收集、记录、分析企业内部和外部的财务及非财务信息，并主要呈报给企业内部经营管理者的企业会计分支。针对企业管理部门关于制订计划、编制预算、作出决策、控制经济活动的需要，管理会计需要记录和分析经济业务，收集、整理和呈报企业内部和外部的管理信息，在为经营管理提供会计管理服务的同时，直接参与企业活动的会计决策和控制。管理会计按其内容，通常分为成本会计、责任会计、决策会计。

成本会计，主要归集和分配生产过程中的各种耗费，计算、报告和分析产品成本，预测未来成本或标准成本及其同实际成本的偏差，提供并解释成本数据以帮助管理当局控制当期和未来的成本。

知识链接 1-2

财务会计和管理会计的区别

责任会计，主要划分企业内部责任部门，并以企业内部各责任部门在经济业务和作业上所承担的责任为对象，归集、报告和分析各部门责任的履行情况。

决策会计，主要提供有关企业经营和投资决策的成本、费用、利润信息，参与决策过程，以提高企业决策的正确性。

（二）非营利组织会计

非营利组织会计，概指服务于政府行政机关和事业单位等非营利组织的会计，如政府机关、学校、医院、图书馆、科研单位和慈善机构等的会计。在我国，非营利组织会计主要分为三类：财政总预算会计、行政单位会计和事业单位会计。

1.财政总预算会计

总预算会计是各级政府财政部门核算、反映、监督政府预算执行和财政周转金等各项财政性资金活动的专业会计。我国的财政总预算会计分为五级，即中央、省（直辖市、自治区）、市（地、州）、县（市）和乡（镇）政府预算会计。

2.行政单位会计

行政单位会计是以行政单位发生的各项经济业务为对象，记录和反映行政单位自身的各项经济活动、资金和财产的专业会计。在我国，行政单位包括各级行政机关和实行行政财务管理的其他机关、政党组织。根据机构建制和经费领报关系，行政单位的会计组织系统，分为主管会计单位、二级会计单位和基层会计单位三级。

行政单位会计主要通过预算，控制各种预算内资金和预算外资金，并记录预算执行过程，所以行政单位会计又称单位预算会计，是预算会计的组成部分。总预算会计和单位预算会计，统称预算会计。

3.事业单位会计

事业单位会计是以事业单位发生的各项经济业务为对象，记录和反映事业单位自身的各项经济活动、资金和财产的专业会计。国有事业单位的会计组织系统分为主管会计单位、二级会计单位和基层会计单位三级。

行政单位会计和事业单位会计，在我国合称为行政事业单位会计。

（三）社会会计

社会会计，又称公共会计，是指会计师事务所从事的面向全社会各类企业、事业和行政单位提供会计、审计和咨询服务，并按规定向客户收取服务费用的会计职业。社会会计的组织机构为会计师事务所，从业人员一般具有注册会计师资格，由于其面向社会单位并公开提供会计服务，因此，社会会计同只为本单位服务的企事业会计、行政单位会计相对应。社会会计的主要业务包括：会计报表审计，资产评估，资本验证，会计服务，税务服务，管理咨询服务，经济案件鉴证，参与办理企业解散、破产的清算事项等。

在我国，会计师事务所及其注册会计师，由中国注册会计师协会管理。社会会计的执业规范，主要为注册会计师法、独立审计准则和职业道德规范。

需要指出的是，社会会计承担的主要业务是会计报表审计。会计师事务所在接受客户审计委托业务后，对企业提供的会计报表进行审查，并发表无保留意见、保留意见、否定意见或拒绝表示意见，说明企业会计报表的编制是否符合会计准则，是否真实、公允地反映了企业的财务状况、经营成果和现金流量等。鉴于审计业务是会计师事务所的主要业务，因此，社会会计又称社会审计；由于社会审计机构和人员独立于会计报表的使用者和提供者，在形式和精神上具有超然独立性，因此，社会会计又称独立审计；此外，由于这类审计的执行主体是注册会计师，因此，社会会计还被称为注册会计师审计。我们认为，按照审计独立性要求，审计应该并且实际上也独立于会计报表编制者及其会计工作，因而社会会计提供的会计报表审计服务，应该作为审计业务而非会计业务。

第二节 会计的职能与目标

一、会计的职能

会计的职能是指会计在企业经营管理中具有的客观功能。正确认识会计的职能，对于正确提出会计工作应担负的任务，确定会计人员的职责和权限，充分发挥会计工作应有的作用，都有重要的意义。随着会计的不断发展，会计的职能也在不断变化，但其基本职能只有两项，即核算和监督。

（一）会计核算职能

会计核算职能，又称会计反映职能，是指会计以货币为主要计量单位，连续、系统、完整地记录、计算和报告各单位的经济活动情况，为会计信息使用者提供会计信息的功能。它是会计最基本的功能，是会计发挥其他职能的基础。

通常所说的记账、算账、报账等会计工作就是会计核算职能的具体体现。记账就是把一个会计主体发生的全部经济业务运用一定的程序和方法在账簿上予以记载；算账就是在记账的基础上，运用一定的程序和方法来计算会计主体在生产经营过程中的资产、负债、所有者权益、收入、成本费用以及损益情况；报账就是在记账和算账的基础上，通过编制会计报表等方式将会计主体的财务状况和经营成果向会计信息使用者报出。

（二）会计监督职能

会计监督职能是指利用会计核算所提供的各种会计信息，按照一定的目的和要求，对特定单位的经济活动进行控制，使之达到预期目标的功能。

会计监督贯穿经济活动的全过程，包括事前监督、事中监督和事后监督。事前监督是指会计部门在参与编制各项计划和费用预算时，依据国家的法律、法规和制度，对未来经济活动的可行性、合理性和合法性进行审查；事中监督是指在日常会计核算过程中，对已发现的问题提出解决方法和建议，促使有关部门采取措施，调整经济活动；事后监督是指对已发生和已完成的经济活动的合法性和合理性进行检查、分析、考核和评价。

（三）会计两大基本职能的关系

会计核算是会计监督的基础，没有会计核算提供的会计信息资料，会计监督就没有依据；会计监督又是会计核算的目的和保障，没有会计监督进行控制，提供有力保障，企业就不可能提供真实可靠的会计信息，会计核算也就失去了存在的意义。因此，会计的基本职能是紧密结合、密不可分、相辅相成，而又辩证统一的。

（四）会计基本职能的外延

随着经济的发展、会计活动的范围和内容在不断扩大，会计的职能也在不断发展与完善。目前，国内会计学界比较流行的是会计“六职能”论，该理论认为会计具有“反映经济情况、监督经济活动、控制经济过程、分析经济效果、预测经济前景、参与经济决策”等六项职能。其中，两项基本职能是四项新职能的基础，而四项新职能又是两项基本职能的延伸和提高，这六项职能是紧密结合、相辅相成的。

二、会计的目标

（一）会计目标概述

会计目标，即财务报告目标，是指在一定的社会经济环境下会计工作所要达到的境地或标准。企业、单位的会计活动要符合财务报告目标。根据《企业会计准则》，财务报告的目标是向财务报告使用者（包括投资者、债权人、政府及其有关部门和社会公众等）提供与企业财务状况、经营成果和现金流量等有关的会计信息，反映企业管理层受托责任的履行情况，有助于财务报告使用者作出经济决策。会计目标主要包括以下两个方面的内容：

1.向财务报告使用者提供决策有用的信息

企业编制财务报告的目的是满足财务报告使用者的信息需要，有助于财务报告使用者作出经济决策。因此，向财务报告使用者提供对决策有用的信息是财务报告的基本目标。如果企业在财务报告中提供的会计信息与使用者的决策无关，没有使用价值，那么财务报告就失去了其编制的意义。

2.反映企业管理层受托责任的履行情况

在现代公司制度下，企业所有权和经营权相分离，企业管理层是受委托人之托经营管理企业及其各项资产的，负有受托责任，即企业管理层经营管理的企业各项资产基本上是由投资者投入的资本（或者留存收益作为再投资）和向债权人借入的资金构成的，企业管理层有责任妥善保管并合理、有效地运用这些资产。企业投资者和债权人等，需要及时或者经常性地了解企业管理层保管、使用资产的情况，以便于评价企业管理层受托责任的履行情况和业绩情况，并决定是否需要调整投资或者信贷政策，是否需要加强企业内部控制和其他制度建设，是否需要更换管理层等。因此，财务报告应当反映企业管理层受托责任的履行情况，以有助于评价企业的经营管理责任和资源使用的有效性。

讨论与思考1-2

国际著名投资大师沃伦·巴菲特的投资哲学是“只投资具有简单商业模式的公司”，他认为如果有太多科技，我们将无法理解。然而，2011年巴菲特却突然高位买入IBM公司市值107亿美元的股票，市场一片哗然。为此，巴菲特在2011年写给股东伯克希尔的信中写道：“我没能赶早买入IBM，但这家公司的年报我已经读了50多年，直到2010年3月的一个星期六，我才感到柳暗花明。正如梭罗所说，要紧的不是你看了，而是你看到了什么。”

任务：

1.上网查阅有关沃伦·巴菲特的投资信息，说明会计信息在其投资决策中的重要作用。

2.对周边的同学和朋友进行调查，询问他们在中国股票市场投资时主要看重哪些信息，并提出你的理解。

知识链接1-3

会计信息

知识链接1-4

会计信息使用者

（二）会计目标的两种主要观点

当前对会计目标的理解主要有两种观点：

1.受托责任观

受托责任观认为，会计目标就是向资源所有者（股东）如实地反映资源的受托者（企业管理当局）对受托资源的管理和使用情况，会计报告应主要反映企业历史的客观信息，即强调会计信息的可靠性。在市场经济条件下，股份公司大量出现，企业的所有权与经营权分离，受托责任几乎无处不在的现实是这一观点确立的基础。作为委托人的所有者十分关注资本的保值与增值，而通过分析财务报告上所反映的资源管理和使用情况，可达到此目的。受托责任观强调的是会计人员与资源委托者之间的关系，把会计人员置于委托者与受托者之间；强调企业编制会计报告的依据是会计准则和会计系统整体的有效性，而不单纯强调会计报告本身是否有助于决策。

2.决策有用观

决策有用观认为，会计目标就是向会计信息的使用者提供对他们进行决策有用的会计信息，会计信息是经济决策的基础。这种观点所确立的基础是，在高度发达的资本市场中，所有者（委托人）与经营者（受托人）的委托与受托关系已变得比较模糊，作为委托人的所有者更加关注整个资本市场的可能风险和报酬以及所投资企业的可能风险与报酬。它主要强调会计人员与会计信息使用者之间的关系，而不过多地强调信息使用者与公司经济活动的关系；强调会计报告本身的有用性，而不是编制会计报告所依据的会计准则和会计系统整体的有用性。

我国财政部于2006年2月颁发的《企业会计准则——基本准则》确定的会计目标是将受托责任和决策有用兼顾并列为会计目标，也就是既要反映企业管理层受托责任的履行情况，又要有助于信息使用者作出经济决策。在我国，财务报告目标不仅要满足投资者对财务报告使用者决策的需要，体现为财务报告的决策有用观；而且要满足反映企业管理层受托责任的履行情况，体现为财务报告的受托责任观。财务报告的受托责任观和决策有用观是统一的，投资者出资委托企业管理层经营，希望获得更多的投资回报，实现股东利益最大化，实现可持续投资；企业管理层接受投资者委托从事生产经营活动，努力实现资产安全完整、保值增值，防范风险，促进企业可持续发展，就能够更好地、持续地履行受托责任，为投资者提供投资回报，为社会创造价值。

思政课堂

“基础会计”课程思政目标

“基础会计”是高校经管类专业开设的一门公共基础课，也是学生进入大学后的第一门专业课程。经管类专业学生未来将主要从事与经济、管理等相关岗位的工作，对职业道德与素养有着更高的要求。

“基础会计”课程思政目标是通过专业教育与思政教育的有机融合，帮助学生树立正确的思想政治观念、培育学生树立诚信服务、德法兼修的职业素养，引入会计职业道德的内容，将“诚信为本，操守为重，坚持准则，不做假账”的理念融入课程，使学生在学习会计理论与会计技能的同时，加深对会计行业的敬畏感，帮助学生树立正确的职业观念，端正会计工作态度，担起会计职业责任，严格遵守会计工作纪律，熟练掌握会计职业技能，体现良好的会计工作作风，使学生具备良好的会计职业道德与职业素养。与此同时，在“润物细无声”中帮助学生树立正确的人生观、世界观、价值观，增强自身社会责任感，使之成为能够主动践行社会主义核心价值观的新时代建设者与接班人。

第三节 会计基本假设

会计所处的环境充满了不确定性，会计人员当面对变化不定的经济环境时，必须对存在不确定性的经济活动作出基本假定，又称会计核算的基本前提。会计基本假设是企业会计确认、计量和报告的前提，是对会计核算所处的时间、空间范围以及计量方式和方法所做的合理设定。因为这些设定都是以合理推断或人为的规定而作出的，所以又称会计假设。

会计假设不是毫无根据的虚构设想，而是在长期的会计实践中，人们逐步认识和总结形成的，是对客观情况合乎事理的推断。会计假设规定了会计核算工作存在的一些基本前提条件，是企业设计和选择会计方法的重要依据。只有规定了这些会计假设，会计核算才得以正常地进行下去。因此，会计假设既是会计核算的基本依据，又是制定会计准则和会计核算制度的重要指导思想。

视频

会计基本假设

会计基本假设包括会计主体假设、持续经营假设、会计分期假设与货币计量假设。这里所讲的会计假设是建立在企业会计基础上的。

一、会计主体假设

会计主体假设界定了企业会计确认、计量和报告的空间范围，明确了会计人员的立场和会计核算的范围。在会计主体假设下，企业应当对其本身发生的交易或事项进行会计确认、计量和报告，反映企业本身所从事的各项生产经营活动。

会计主体是开展会计确认、计量和报告工作的重要前提，只有明确会计主体，才能划定会计所要处理的各项交易或事项的范围。在会计实务中，只有那些影响企业本身经济利益的各项交易或事项才能加以确认、计量和报告，那些不影响企业本身经济利益的交易或事项则不能加以确认、计量和报告。只有明确会计主体，才能将会计主体的各项交易或事项与会计主体所有者本身的交易或事项以及其他会计主体的交易或事项区分开来。

会计主体可以是一个特定的企业，如一家股份有限公司、一家合伙企业或投资企业；可以是一家企业的某一特定部门，如一家企业下属的一家分公司或一个部门；可以是一个通过控股关系而在一个相同的决策机构指导下经营的企业集团；也可以是一个特定的非营利组织。会计主体具有独立性和完整性的特征。会计主体的独立性是指会计主体在经济上是独立的，不仅要求把会计主体之间的经济关系划分清楚，而且还应把一个会计主体的财务活动与其投资人、债权人和会计主体内部成员的个人财务活动相分离。

会计主体不同于法律主体，一般而言，法律主体必然是一个会计主体，例如，一个企业作为一个法律主体，应当建立财务会计系统，独立反映其财务状况、经营成果和现金流量。但是会计主体不一定是法律主体，例如，独资企业与合伙企业不具有法人资格，不是法律主体，其所拥有或控制的财产和对外所负有的债务，在法律上仍为业主或合伙人的财产与债务，但在会计核算中则把其作为独立的会计主体来处理，把企业的财务收支活动与业主或合伙人的个人财务收支活动严格区分开。另外，会计主体可以由一个法律主体构成，也可以由几个法律主体构成，例如，集团公司可由若干个具有法人资格的企业组成，但当编制集团公司合并报表时，则把集团公司看作是一个独立的整体，即一个会计主体，采用特定的方法来处理集团公司所属企业之间的债权、债务以及所属企业之间购销活动产生的利润或亏损。

知识链接 1-5

企业的组织形式

二、持续经营假设

持续经营是指在可预见的未来，企业会按当前的规模和状态继续经营下去，会计主体将不会面临破产清算，其所持有的资产将会按照取得该资产的目的在正常的生产经营活动过程中被耗用、出售或转让，其所承担的债务也会被按期偿付。在持续经营前提下，会计确认、计量、报告应当以企业持续、正常的生产经营为前提。持续经营假设明确了会计核算工作的时间范围。

持续经营假设对于会计处理方法的科学确立具有重要意义。如果没有持续经营这一会计核算的基本假设，那么一些公认的会计处理方法将由于缺乏存在的基础而无法被采用，例如，由于持续经营这一假设，固定资产的投资成本不必一次全部计入产品的生产成本，而采用折旧的方法在其使用期间分次、分批计入；又如，由于持续经营这一假设，企业确认经营收益的实现和费用的发生才可以不局限于货币资金是否已收付，而是采用权责发生制作为基础；再如，由于持续经营这一假设，企业的负债在未来可以按规定的条件清偿，债权人才有可能将资金提供给企业等。

但是，在市场经济条件下，任何一个企业都存在着经营风险，企业或会计主体通常不可能无限期地持续经营下去，当有足够的证据证明一个会计主体已无法履行其所承担的义务时，持续经营这一假设就不再成立，建立在此基础之上的有关会计处理方法也就不再适用，这时则要以清算为假设，进行破产清算的会计处理。

三、会计分期假设

会计分期是指将一个企业持续的生产经营活动划分为若干个连续的、长短相同的期间。会计分期的目的，在于通过会计期间的划分，按照长度相同的时间段来结算账目、编制财务会计报告，从而及时地提供与会计主体有关的财务状况、经营成果和现金流量等方面的会计信息。

会计分期假设是持续经营假设的一个必要补充，它可以使会计及时地满足会计信息使用者在时间上对会计信息的需求，并为会计帮助和促进会计主体持续、有效地经营和定期考核提供必要的前提条件。否则，收入的实现、费用的分配、收益的确定以及财务会计报告的编制等会计工作将无法按期进行。

会计分期假设是对会计工作时间范围的具体划分，主要是确定会计年度。中外各国所采用的会计年度一般与本国的财政年度相同。我国以日历年度作为会计年度，即从公历的1月1日至12月31日为一个会计年度。在会计年度确定后，一般按日历确定会计半年度、会计季度和会计月度，其中，凡是短于一个完整会计年度的报告期间均称为中期。

会计分期假设对于会计程序和方法的确定具有极大的影响。由于会计分期，才产生了本期和非本期的区别，从而产生了企业的收入和费用归属于哪个会计期间的问题；由于会计分期，必然要进行费用和收益在各会计期间的分配，而这种分配过程带有一定的主观估计性质；由于会计分期，必须要求每个会计期间所采用的会计方法一致，这样才有可能比较和分析企业在各会计期间的财务状况、经营成果与现金流量。

四、货币计量假设

货币计量，是指会计主体在会计确认、计量和报告时以货币计量，反映会计主体的生产经营活动。

在会计的确认、计量、报告过程中主要以货币进行计量，是由货币本身的属性所决定的。货币是商品的一般等价物，是衡量一般商品价值的共同尺度，而其他计量单位，如重量、容积、长度等只能从某个侧面反映企业的生产经营情况，无法在量上进行汇总比较，不便于会计计量和经营管理。只有选择货币进行计量，才能反映企业的生产经营情况。

会计主体的经济业务如涉及多种货币，则在编制会计凭证、登记账簿和编制报表时，要采用一定的汇率将其折算为既定的记账本位币单位。记账本位币是会计核算中所采用的基本货币单位。我国《企业会计准则》规定，在我国境内应以人民币作为记账本位币，有外币收支的企业，可以采用某种外币作为记账本位币，但向我国有关方面报送财务会计报告时，必须折算为人民币。

会计以货币为统一的计量单位，是建立在货币本身的价值稳定基础上的。从理论上说，货币作为计量单位，其本身的价值应该是稳定的，但在现实的经济运行中，价格水平是变动的，由此引起货币本身的价值即购买力发生波动。当通货膨胀时，货币的购买力下降；当通货紧缩时，货币的购买力上升。这说明，当货币的购买力波动不大时，会计所采用的货币计量单位是一种合适的计量单位，但在出现明显通货膨胀的情况下，币值稳定不变这一假设就不能成立，需要采用物价变动会计进行相应的处理。

第四节 会计信息质量要求

会计信息的质量关系到投资者决策、市场经济秩序，以及企业经营管理者的有关经营决策等重大问题。为了保证会计信息的使用者依据会计信息能够作出正确决策，我国通常通过法定或者公认准则的形式规定企业财务会计报告所提供的会计信息应具备的一些基本特征，即会计所提供的信息必须符合一定的质量要求。目前，我国《企业会计准则》规定的会计信息质量要求包括可靠性、相关性、可理解性、可比性、实质重于形式、重要性、谨慎性和及时性等八项。

视频
会计信息质量要求

一、可靠性

可靠性要求企业应当以实际发生的交易或者事项为依据进行会计确认、计量和报告，如实反映符合确认和计量要求的各项会计要素及其他相关信息，保证会计信息真实可靠、内容完整。

可靠性是高质量会计信息的重要基础和关键所在。为了确保会计信息的可靠性，企业应当做到以下几个方面：

一是以实际发生的交易与事项为依据进行会计确认、计量和报告，将符合会计要素定义及其确认条件的资产、负债、所有者权益、收入、费用和利润等如实地反映在财务报表中，不得根据虚构的、没有发生的或者尚未发生的交易或事项进行确认、计量和报告。

二是在符合重要性和成本效益原则的前提下，保证会计信息的完整性。其中包括应当编报的会计报表及其附注内容等应当保持完整，不能随意遗漏或者减少应予披露的信息，与会计信息使用者决策相关的信息都应当充分披露。

三是在财务报告中的会计信息应当是客观中立的，且没有偏见的。不可否认，企业提供的会计信息不可能做到绝对可靠，因为在会计核算中一些会计事项的处理，会带有一定程度的主观判断或估计，或是建立在对未来的预计之上，例如，购入直接可使用的固定资产（如机器设备等），其原始价值可以根据购买时支付的资金数额可靠地确定，但按其使用年限每年计提的折旧费就不完全可靠，因为折旧费的确定具有估计性质，是根据固定资产的预计使用年限和剩余价值计算确定的。为了使会计信息可靠性能够得到保障，会计人员对一些必要的估计和判断要尽可能做到可靠，并使其所产生的偏差控制在尽可能小的范围之内。

思政课堂

加强会计诚信建设　助力经济高质量发展

习近平总书记在党的二十大报告中指出："坚持依法治国和以德治国相结合，把社会主义核心价值观融入法治建设、融入社会发展、融入日常生活"，"弘扬诚信文化，健全诚信建设长效机制"。

会计诚信是会计人员从事会计工作需要遵循的价值理念和行为规范，是提供真实完整的会计信息、促进经济高质量发展的重要保障。作为中华优秀传统文化的重要内容和社会主义核心价值观的重要组成部分，会计诚信更是会计人员的立身之本、会计行业的立业之基。

会计工作是服务经济发展的重要力量，会计信息在维护市场经济秩序、引导资源科学配置过程中发挥着重要作用。真实完整的会计信息有助于客观反映经济发展的过去、精准谋划经济发展的未来，从而为经济高质量发展提供支撑。市场经济是信用经济，诚信缺失必将影响会计信息质量、危及市场经济根基，严重影响经济高质量发展。会计诚信建设是经济高质量发展的关键一环。加强会计诚信建设、提高会计人员诚信水平，能够保证会计信息的真实完整、为经济高质量发展奠定会计信息基础，是会计行业积极践行党的二十大精神、主动为经济高质量发展提供有力支撑的具体表现。

会计诚信是会计行业的立业之基。2001年10月，时任国务院总理朱镕基在视察北京国家会计学院时亲笔题写了“诚信为本、操守为重、坚持准则、不做假账”的校训，对国家会计学院和会计行业加强会计诚信建设提出了明确要求。近年来，随着市场经济的快速发展、经济业务的复杂多变和社会诚信的某种缺失，会计失信行为也有所抬头，一定程度上影响了会计信息质量和会计行业声誉，引发社会广泛关注。加强会计诚信建设、提高会计人员诚信水平，是确保会计信息真实完整、促进会计工作职能作用发挥的重要保障。要实现会计行业和会计事业的持续健康发展，必须加强会计诚信建设，不断筑牢会计诚信之本、夯实会计诚信之基，在会计行业营造良好的会计诚信氛围，推动会计行业持续健康发展。

延伸阅读1-3

康美药业300亿财务造假案

资料来源：崔华清. 加强会计诚信建设 助力经济高质量发展［J］. 财务与会计，2023（9）.

二、相关性

相关性要求企业提供的会计信息应当与投资者等财务报告使用者的经济决策需要相关，有助于投资者等财务报告使用者对企业过去、现在或者未来的情况作出评价或者预测。

会计信息是否有价值、是否有用，关键在于其是否与使用者的经济决策需要相关。相关的会计信息应当能够有助于使用者评价过去的决策，证实或者修正过去的有关预测，因而具有反馈价值。相关的会计信息还应具有预测价值，有助于使用者根据财务报告提供的会计信息预测企业未来的财务状况、经营成果、现金流量等。

对会计信息的相关性要求，并不意味着会计提供的信息能满足各方面的全部需要，事实上也不可能。通常，会计信息的使用者通过对所得到的会计信息进行加工后，如果能满足其需要，则认为会计信息基本上符合了相关性要求。为此，会计对外提供的财务报告所反映的是通用会计信息。

三、可理解性

可理解性要求企业提供的会计信息应当清晰明了，便于投资者等财务报告使用者理解和使用。

企业编制财务报告、提供会计信息的目的在于使用，而要想让使用者有效使用会计信息，就应当让其了解会计信息的内涵，弄懂会计信息的内容，这就要求财务报告所提供的会计信息清晰明了、易于理解。只有这样，才能提高会计信息的有用性，实现财务报告的目标，满足向投资者等财务报告使用者提供决策有用信息的要求。

会计信息是一种专业性较强的信息，在强调会计信息的可理解性要求的同时，还应假定信息使用者具有一定的有关企业经营活动和会计方面的知识，并且愿意付出努力去研究这些信息。某些复杂的信息，如交易本身较为复杂或者会计处理较为复杂，如果其与使用者的经济决策相关，那么企业就应当在财务报告中充分披露。

四、可比性

可比性要求企业提供的会计信息应当相互可比，主要包括两层含义：

（一）同一企业不同时期可比

为了便于投资者等财务报告使用者了解企业的财务状况、经营成果和现金流量的变化趋势，比较企业在不同时期的财务报告信息，全面、客观地评价过去和预测未来，从而作出决策，会计信息质量的可比性要求同一企业不同时期发生的相同或者相似的交易或者事项，应当采用一致的会计政策，不得随意变更。但是，满足会计信息可比性要求，并非表明企业不得变更会计政策，如果按照规定或者在会计政策变更后可以提供更可靠、更相关的会计信息的，可以变更会计政策。有关会计政策变更的情况，应当在附注中予以说明。

（二）不同企业相同会计期间可比

为了便于投资者等财务报告使用者评价不同企业的财务状况、经营成果和现金流量及其变动情况，会计信息质量的可比性要求不同企业同一会计期间发生的相同或者相似的交易或者事项，应当采用规定的会计政策，确保会计信息口径一致、相互可比，以使不同企业按照一致的确认、计量和报告要求提供有关会计信息。

五、实质重于形式

实质重于形式要求企业应当按照交易或者事项的经济实质进行会计确认、计量和报告，不仅仅以交易或者事项的法律形式为依据。

企业发生的交易或者事项在多数情况下，其经济实质和法律形式是一致的。但在有些情况下，会出现不一致。例如，以租赁方式租入的资产，从法律形式来看，其所有权并未转移，仍然归属于出租人；但是，从经济实质来看，与该资产有关的风险和报酬都已经归属于承租人。因此，虽然从法律关系上看承租人并不拥有租赁物的物权，但是从经济实质上看，承租人拥有使用权，应当将该资产列入资产负债表中的“使用权资产”。又如，企业按照销售合同销售商品但又签订了售后回购协议，虽然从法律形式上看实现了收入，但如果企业没有将商品所有权上的主要风险和报酬转移给购货方，没有满足收入确认的各项条件，那么即使签订了商品销售合同或者已将商品交付给购货方，也不应当确认销售收入。实质重于形式的要求，体现了对经济实质的尊重，保证了会计信息与客观经济事实相符。

六、重要性

重要性要求企业提供的会计信息应当反映与企业的财务状况、经营成果和现金流量有关的所有重要交易或者事项。

按照重要性要求，会计所提供信息的繁简程度取决于信息的重要程度，对于信息使用者的决策可能产生重大影响的会计信息必须详尽揭示，而对信息使用者的决策影响不大的次要会计信息，则可以作适当简化。

重要性是相对而言的。在一个企业被认为重要的事项，在另一个企业可能被认为不重要；在某一时期被认为重要的事项，在另一时期可能被认为不重要。评价事项的重要性很大程度上取决于会计人员的职业判断。一般来说，应当从质和量两个方面来分析判断。从性质来说，当某一事项有可能对决策产生一定影响时，该事项就属于重要事项；从数量来说，当某一事项的数量达到一定规模并且可能对决策产生影响时，该事项就属于重要事项。

七、谨慎性

谨慎性要求企业对交易或者事项进行会计确认、计量和报告时应当保持应有的谨慎，不应高估资产或者收益、低估负债或者费用。

在市场经济环境下，企业的生产经营活动面临着许多风险和不确定性，如应收款项的可收回性、固定资产的使用寿命、无形资产的使用寿命、售出存货可能发生的退货或者返修等。会计信息质量的谨慎性要求，需要企业在面临不确定性因素的情况下作出职业判断时，能够保持应有的谨慎，并充分估计各种风险和损失，既不高估资产或者收益，又不低估负债或者费用，例如，要求企业对可能发生的资产减值损失计提资产减值准备、对售出商品可能发生的保修义务等确认预计负债等，就体现了会计信息质量的谨慎性要求。

需要指出的是，提出会计信息的谨慎性要求并不意味着企业可以任意设置各种秘密准备。如果企业故意低估资产或收入，或者故意高估负债或费用，那么就会损害会计信息质量，扭曲企业实际的财务状况和经营成果，从而影响会计信息使用者作出正确的决策。

八、及时性

及时性要求企业对于已经发生的交易或者事项，应当及时进行确认、计量和报告，不得提前或延后。

会计信息的价值在于帮助所有者或者其他方面作出经济决策，具有时效性。即使是可靠、相关的会计信息，如果不能及时提供，那么就失去了时效性，对于使用者的效用就会大大降低，甚至不再具有实际意义。在会计确认、计量和报告过程中贯彻及时性，一是要求及时收集会计信息，即在经济交易或者事项发生后，及时收集整理各种原始单据或者凭证；二是要求及时处理会计信息，即按照会计准则的规定，及时对经济交易或者事项进行确认或者计量，并编制财务报告；三是要求及时传递会计信息，即按照国家规定的有关时限，及时地将编制的财务报告传递给财务报告使用者，便于其及时使用和决策。

在实务中，为了及时提供会计信息，可能需要在有关交易或者事项的信息全部获得之前即进行会计处理，从而满足会计信息的及时性要求，但可能会影响会计信息的可靠性；反之，如果企业等到与交易或者事项有关的全部信息获得之后再进行会计处理，这样的信息披露可能会由于时效性问题，对于投资者等财务报告使用者决策的有用性将大大降低。这就需要在及时性和可靠性之间作相应权衡，以能够最好地满足投资者等财务报告使用者的经济决策需要作为判断标准。

讨论与思考1-3

“安然事件”是全球影响最大的财务舞弊案件。安然公司曾是世界最大的能源交易商，掌控着美国20%的电能和天然气交易，2000年的总收入超过1 000亿美元。破产前，安然公司的营运业务覆盖全球40个国家和地区，共有雇员2万余人，资产额高达620亿美元。安然公司连续6年被《财富》杂志评选为“美国最具创新精神公司”。2000年第四季度，“公司天然气业务翻升3倍，公司能源服务公司零售业务翻升5倍”；2001年第一季度，“季度营业收入成长4倍，是连续21个盈余成长的财季”……在安然，衡量业务成长的单位不是百分比，而是倍数，这让所有的投资者都笑逐颜开。然而，2001年10月16日，安然公司公布其第三季度巨额亏损超过6亿美元；同年11月安然公司向美国证券交易委员会承认，自1997年以来，共虚报利润约6亿美元。

安然公司的会计造假使投资者蒙受巨额损失。“安然事件”曝光后，安然公司股价在一天之内猛跌超过75%，创下纽约股票交易所和纳斯达克市场有史以来的单日下跌之最；次日，安然公司股票暴跌至每股0.26美元，成为名副其实的垃圾股，其股价缩水近360倍。

任务：

1.请上网查阅“安然事件”的相关信息，尝试说明安然公司是如何进行财务造假的。

2.分析“安然事件”给投资者、债权人带来的损失，以及对美国经济的影响。

第五节 会计核算的基本程序

会计核算的程序是指会计信息的加工处理与报告顺序。会计核算的基础是会计确认，而会计确认的核心问题是会计计量，两者总是不可分割地联系在一起。未经确认，就不能进行计量；没有计量，确认也就失去了意义。而会计对经济业务进行确认、计量的结果需要通过必要的会计载体记录下来，并最终以会计报告的形式为会计信息使用者提供对其决策有用的信息。因此，会计核算的基本程序包括会计确认、会计计量、会计记录与会计报告。

一、会计确认

会计核算过程实质上是一个信息变换、加工和传输的过程，会计确认是信息变换的关键环节。会计确认是根据一定的标准，识别和确定发生的经济业务是否可以作为会计要素进入会计核算系统，以及进入会计系统的数据是否应列入会计报表的过程。会计确认解决的是会计的定性问题，即解决“是不是”的问题。

（一）初次确认和再次确认

会计确认包括会计记录时的确认（初次确认）和编制会计报表时的确认（再次确认）。

1.初次确认

初次确认是指对输入会计核算系统的原始经济信息进行的确认，主要是解决会计记录问题。初次确认要对经济业务所产生的原始数据及其内容，进行具体的识别、判断、选择和归类，依据会计目标或会计核算的特定规范要求，筛选掉多余的或不可接受的数据，之后运用一定的记账方法将经济数据转化为会计信息，并登记到有关账簿。

2.再次确认

再次确认是指对会计核算系统输出的经过加工的会计信息进行确认，即编制会计报表时的确认。再次确认是依据管理者的需要，确认账簿资料中的哪些内容应列入财务报表，或是在财务报表中应揭示多少财务资料和何种财务资料。会计再次确认还包括对已确认过的经济数据在日后由于变动影响的再次确认，如企业购入的各种存货，经初次确认后，以实际成本记录在账簿中，若物价发生变动，当按照谨慎性原则核算时，须对变动影响进行再次确认。再次确认实际上是对已经形成的会计信息的再提纯和再加工，以保证其真实性及正确性，从而满足各会计信息使用者的需要。

（二）会计确认的标准

会计确认的核心问题是根据什么标准（如什么时间、多少金额）对输入会计核算系统的经济信息加以初次确认，及对会计核算系统输出的信息进行再次确认。概括地讲，确认的标准有以下几个方面。

1.可定义性

可定义性要求被确认的项目必须符合某个会计要素的定义。尽管认为在企业生产经营活动中能够用货币计量的经济信息都属于会计核算的内容，但这仅仅是一种抽象的认识，在具体的会计核算中要求能够进入会计核算系统的经济信息都可以具体地确认为某一会计要素，都能够按照会计要素的定义和特征加以确认。

2.可计量性

可计量性要求被确定的项目应具有一个相关的计量属性，要能够采用某种计量属性进行客观的计量，而且还应综合考虑其可靠性和相关性，这样才能保证经过确认的信息具有统一性，可以进行加工和比较，这是会计确认的核心。

3.可靠性

可靠性要求被确认的项目信息是真实的、可验证的、不偏不倚的，它要求会计确认必须足够可靠，在引导投资者、债权人和其他会计信息使用者作出决策时不存在偏向。

4.相关性

相关性要求被确认的项目的信息能够影响会计信息使用者，使之作出合理的决策。

二、会计计量

会计计量是采用一定的计量单位，选择被计量对象的合理属性，确定应予以记录项目金额的会计处理过程。简言之，会计计量就是为事物的属性或特性赋以数值。会计计量的本质是定量，解决“是多少”的问题。

（一）会计计量单位

会计计量单位是指计量尺度的量度单位。会计计量尺度的选择经历了漫长的发展过程，从最早的某些象征性符号，如结绳记事的“结”，向各种实物量度、劳动量度进化；到了商品经济社会，形形色色的实物量度已经无法对企业的经济活动进行全面的、综合的反映，即使劳动量也难以对众多的经济活动进行综合的反映，于是货币作为商品内在价值尺度的必然表现形式，取代了实物量度单位和劳动量度单位，成为会计统一的计量尺度。会计计量虽然是以货币计量为主的，但也不排除以实物量度、劳动量度作为辅助量度。

以货币作为会计记账的通用标准，解决了计量单位的问题，但同时也给会计带来了新的问题，即货币具有名义货币和实际购买力货币两重性，会计计量时应选用哪种货币？在一般情况下，会计计量以法定的名义货币作为计量单位。

（二）会计计量属性

《企业会计准则——基本准则》第四十二条规定，会计计量属性主要包括：

1.历史成本

历史成本又称实际成本，是指取得或制造某项财产物资时所实际支付的现金或者现金等价物。在历史成本计量下，资产按照其购置时支付的现金或现金等价物的金额，或者按照购置资产时所付出的对价的公允价值计量。负债按照其因承担现时义务而实际收到的款项或者资产的金额，或者承担现时义务的合同金额，或者按照日常活动中为偿还负债预期需要支付的现金或者现金等价物的金额计量。

2.重置成本

重置成本又称现行成本，是指按照当前市场条件，重新取得同样一项资产所需支付的现金或现金等价物的金额。在重置成本下，资产按照现在购买相同或者相似资产所需支付的现金或者现金等价物的金额计量。负债按照现在偿付该项债务所需支付的现金或者现金等价物的金额计量。

3.可变现净值

可变现净值，是指在生产经营过程中，以预计售价减去进一步加工成本和销售所必需的预计税金、费用后的净值。在可变现净值计量下，资产按照其正常对外销售的所能收到现金或者现金等价物的金额扣减该资产至完工时估计将要发生的成本、估计的销售费用以及相关税金后的金额计量。

4.现值

现值，是指对未来现金流量以恰当的折现率进行折现后的价值，是考虑货币时间价值因素等的一种计量属性。在现值计量下，资产按照预计从其持续使用和最终处置中所产生的未来现金流入量的折现金额计量。负债按预计期限内需要偿还的未来现金流出量的折现金额计量。

5.公允价值

公允价值，是指市场参与者在计量日发生的有序交易中，出售一项资产所能收到或者转移一项负债所需支付的价格。在公允价值计量下，资产和负债按照市场参与者在计量日发生的有序交易中，出售资产所能收到或者转移负债所需支付的价格计量。

如何更好地理解这些定义？以资产为例，实际上可以这样理解：当在某一时点上对资产进行计量时，历史成本是这项资产取得时的公允价值；重置成本是在这个时点上取得这项资产的公允价值；可变现净值是在这个时点上出售这项资产的公允价值；现值是在这个时点上，不重新购买，也不出售，继续持有将会带来的经济利益的公允价值；公允价值是在任何时候只要是公平交易中双方愿意收到或支付的价值。

三、会计记录

会计记录是指通过预先设置好的各种账户，对发生的经济业务经过确认、计量程序后可以进入会计系统的信息，按照复式记账的要求在账簿中进行记录的过程。

要进行会计记录首先要进行会计确认，同时会计记录必须要用一定的计量属性、计量单位加以表现，因此，记录是建立在确认与计量的基础之上的。由于会计记录通过设置账户、复式记账、填制凭证和登记账簿等专门的方法来进行，会计记录既对发生的经济业务进行了详细而具体的描述与量化，又起到了对数据进行分类、汇总及加工的作用，为会计处理进入到编制财务报告环节奠定了基础。因此，只有经过会计记录这一基本程序，才能最终生成对决策有用的会计信息。

会计记录包括序时记录和分类记录、手工记录和电子计算机记录等。采用序时记录还是分类记录，取决于经济事项的特征与编制财务报告的需要；采用手工记录还是电子计算机记录，则取决于会计主体的电子计算机应用程度。

四、会计报告

会计报告是以簿记系统加工生成的信息为基础，按照规定的要求进一步予以转换，形成具有一定层次结构的会计信息，并采用表格和文字的形式，将会计数据传送给信息使用者的过程。

会计报告所要解决的主要问题是：揭示多少信息、揭示何种信息及以何种方式揭示信息。财务报告的功能表现在两个方面：一是通过信息再加工，将簿记信息转换为报告信息；二是通过财务报告的形式，将会计信息从会计系统中输出。财务报告是会计信息的“物质载体”，会计信息一般通过财务报告传递到信息使用者手中，即财务报告是把会计系统的最终产品——会计信息传递给各个会计信息使用者的媒介。

第六节 会计基础

由于会计分期的存在，必然会涉及会计主体发生的交易与事项应确认为哪一个会计期间的问题。在会计实务中，各会计主体所发生的交易与事项的时间与相关货币收支的时间有时并不完全一致，例如，某电梯生产企业预先收到定金，但收款当期电梯尚未生产更未实现销售，那么该笔预收款能否作为本期收入？又如，某笔款项已经支付，但该款项并不是为本期生产经营活动而发生的，那么该笔款项的支付能否作为本期支出？在不同的会计基础条件下，上述经济业务涉及的收支确认则有不同的标准。

视频
权责发生制与收付实现制

会计基础是指会计以什么为标志作为核算的基准。在会计中可以以本期现款的收到和支出作为基准来确认本期的收入和费用，也可以以本期权利的获得和义务的发生为基准来确认本期的收入和费用，为此，形成了收付实现制和权责发生制两种会计基础。

一、收付实现制

收付实现制又称现收现付制，是以款项是否实际收到或付出作为确定本期收入和费用的标准。按照收付实现制，凡是本期实际收到的款项，不论其是否属于本期实现的收入，都作为本期的收入处理；凡是本期付出的款项，不论其是否属于本期负担的费用，都作为本期的费用处理。反之，凡是本期没有实际收到的款项（或付出）的款项，即使应归属本期，也不作为本期的收入（或费用）处理。这种会计处理基础，由于款项的收付实际上以现金收付为准，因此，一般称为现金制。

目前我国行政单位会计采用收付实现制，事业单位会计除经营业务可以采用权责发生制外，其他业务也采用收付实现制。

二、权责发生制

权责发生制又称应收应付制，是指企业以收入的权利和支出的义务是否归属于本期为标准来确认收入、费用的一种会计处理基础，也就是以应收应付为标准，而不是以款项的实际收付是否在本期发生为标准来确认本期的收入和费用。在权责发生制下，凡是属于本期实现的收入和发生的费用，不论款项是否实际收到或实际付出，都应作为本期的收入和费用入账；凡是不属于本期的收入和费用，即使款项在本期收到或付出，也不作为本期的收入和费用处理。由于权责发生制不考虑款项的收付，而以收入和费用是否归属本期为准，因此，又称应收应付制。

权责发生制的核心是按交易或事项是否影响各会计期间的经营成果和收益情况确定其归属期。采用权责发生制，有利于将各个会计期间所实现的收入和与之相关的费用相匹配，从而合理确定各期的财务成果。

我国《企业会计准则——基本准则》第九条规定："企业应当以权责发生制为基础进行会计确认、计量和报告。"

为了进一步说明问题，下面通过举例方式对权责发生制与收付实现制这两种会计处理基础进行比较，具体见表1-1。

表1-1 **权责发生制与收付实现制的比较**

业务内容	业务发生期	现款收付期	权责发生制下收入、费用归属期	收付实现制下收入、费用归属期
11月份销售商品10 000元，款项于12月份收到	11月	12月	11月	12月
11月份预收货款30 000元，商品于12月份发出	11月	11月	12月	11月
11月份发生水费5 000元，款项于12月份支付	11月	12月	11月	12月
11月份预付12月份房租费6 000元	11月	11月	12月	11月
权责发生制下的11月份盈亏计算	10 000-5 000=5 000（元）			
收付实现制下的11月份盈亏计算	30 000-6 000=24 000（元）			
权责发生制下的12月份盈亏计算	30 000-6 000=24 000（元）			
收付实现制下的12月份盈亏计算	10 000-5 000=5 000（元）			

第七节 会计方法

一、会计的方法体系

会计方法是实现会计职能、发挥会计作用和达到会计目标的手段和措施。在社会主义市场经济条件下，为适应社会经济的发展和经营管理的要求，现代会计具有核算、监督、预测、决策、控制和分析的职能。因此，现代会计方法体系是由会计核算方法、会计监督方法、会计预测方法、会计决策方法、会计控制方法和会计分析方法组成的。

（一）会计核算方法

会计核算方法是指以统一的货币单位为量度标准，连续、系统、完整地对会计对象进行计量、记录、计算和核算的方法。它主要包括设置账户、复式记账、填制凭证、登记账簿、成本计算、财产清查和编制财务报表七种专门方法。在会计方法体系中，会计核算方法是基本环节，是其他会计方法的基础。

（二）会计监督方法

会计监督方法贯穿会计工作的全过程，对于发挥会计职能、完成会计任务起到十分重要的作用。会计监督方法是指以《中华人民共和国会计法》（以下简称《会计法》）及有关财经法规为依据，对会计凭证、会计账簿和财务报表等会计资料的真实性、合规性、正确性进行检查的方法。它包括复算、核对、调节、审阅、盘点、抽查等具体方法。

（三）会计预测方法

会计预测方法是指利用会计信息资料及有关经济技术信息，揭示经济活动的规律性，预测经济活动的发展趋势，进行超前管理，以减少经济工作盲目性的方法。它包括两类：一是定性预测法，其原理是会计人员通过调查研究，搜集历史资料，对未来经济发展趋势进行判断、揭示和预测；二是定量预测法，其原理是应用数学方法，通过建立各种会计数学模型来预测会计指标的未来数值。常用的定量预测方法有因果预测法、回归分析法、移动平均法、指数平滑法、本量利分析法等。

（四）会计决策方法

会计决策过程准确地说应该是会计参与企业经营决策的过程，具体方法主要有差量分析决策法、产品寿命周期分析决策法、四象限评价法、获利能力评价法、产品系列平衡法、经济批量决策法、决策树法、投资盈利率法和净现值法等。

（五）会计控制方法

会计控制方法是指通过制定科学的控制标准，利用会计信息，采用一定手段，不断地影响和调节生产经营活动，使之按预定目标进行的方法。根据不同的控制标准，会计控制方法大体上可分为三类：一是以有关法规、制度、政策为控制标准的制度控制法；二是以各种经营管理的目标、计划、定额为控制标准的目标控制法；三是以责任者的具体责任为控制标准的责任控制法。

（六）会计分析方法

会计分析方法是指利用会计资料及其他经济资料，对企业的生产经营活动过程及其结果进行比较、分析、评价，以便发现差距、找出原因、总结经验、改进管理的方法。它包括定性分析法和定量分析法两类：前者是指会计人员在调查研究的基础上，凭借经验和有关信息资料，对企业经济活动的现状、问题及发展趋势作出分析和推断；后者是指会计人员通过运用一些技术方法，对经济活动情况作出数量上的分析，主要方法包括指标对比分析法、因素分析法、平衡分析法、本量利分析法和ABC分析法等。

会计方法是人们在长期实践中总结出来的。经济形势的发展，对会计工作不断提出新的要求，会计方法也将不断改进和发展。鉴于会计核算方法是会计初学者必须掌握的基本知识，是其他会计方法的基础，本书着重介绍会计核算的方法，关于会计的其他方法将在今后有关课程中详述。

二、会计核算方法

会计核算方法是指会计对企事业、机关单位已经发生的经济活动进行连续、系统和全面的反映和监督所采用的方法。会计核算方法是会计信息加工程序的具体化，由设置账户、复式记账、填制和审核会计凭证、登记账簿、成本计算、财产清查与编制财务会计报告等具体方法构成。

（一）设置账户

设置账户是对会计对象的具体内容进行科学分类、反映和监督的一种专门方法。会计对象的具体内容是多种多样的，要对其进行系统的核算和监督，就必须按照经济业务的内容和管理要求，分别设置账户，进行分类登记，以便提供所需要的会计信息。设置账户就是根据国家统一规定的会计科目和经济管理的要求，科学地建立账户体系的过程。

（二）复式记账

复式记账是对每一项经济业务都要以相等的金额，同时在两个或两个以上相互联系的账户中进行登记的一种记账方法。一个企业所发生的任何一项经济业务都不是孤立的，应用复式记账法，可以通过账户之间的对应关系反映每一项经济业务的来龙去脉，能够全面、系统地反映经济业务的前因后果，因此，复式记账是会计描述经济业务的一种专门手段。会计通过复式记账方法在描述资金变动的来龙去脉和因果关系的同时，也建立起了一种相关账户间的平衡关系，这种平衡关系是检查经济业务记录是否正确的重要依据，例如，用银行存款10 000元购买了一批原材料，这笔经济业务，一方面要在“原材料”账户中借记10 000元；另一方面又要在“银行存款”账户中贷记10 000元。“原材料”账户和“银行存款”账户分别记入10 000元。这样既可以了解这笔经济业务的具体内容，又可以反映该项经济活动的来龙去脉，从而完整、系统地记录资金运动的过程和结果。

（三）填制和审核会计凭证

填制和审核会计凭证是为了保证经济业务的合法合理，登记入账的会计记录正确、完整而采用的一种方法。会计凭证是记录经济业务、明确经济责任的书面证明，是登记账簿的依据。经济业务是否发生、执行和完成，关键看是否取得或填制了会计凭证。取得或填制了会计凭证，就证明该项经济业务已经发生或完成。对已经完成的经济业务，还要经过会计部门、会计人员的严格审核，在保证该项经济业务符合有关法律、制度、规定而又正确无误的情况下，才能据以登记账簿。

填制和审核凭证是会计信息的“入口”，对于保证账簿记录以及会计报表信息的真实、可靠至关重要。填制和审核会计凭证，不仅使进入会计系统的信息有据可查，保证会计信息的真实可靠，而且是实行会计控制职能的一个重要方面。

（四）登记账簿

登记账簿是指根据审核无误的凭证在账簿上连续、系统、完整地记录经济业务的一种专门方法。账簿由具有一定格式的账页组成，是用来全面、连续、系统地记录各项经济业务的簿籍，是保存会计信息的重要工具。

在账簿中应开设相应的账户，把所有的经济业务登记到账簿中的账户后，还应定期计算和累计各项核算指标，并定期结账和对账。账簿所提供的各种信息，是编制会计报表的主要依据。

（五）成本计算

成本计算是按照一定对象归集和分配在生产经营过程中不同部门、不同阶段所发生的各种费用支出，以确定该对象的总成本和单位成本的方法。通过成本计算，企业可以确定材料的采购成本、产品的生产成本和销售成本，可以反映并监督在企业经营过程中发生的各项费用是否节约和超支。成本计算的意义在于掌握企业的生产经营消耗水平，为企业计算盈亏或财务成果奠定基础。

（六）财产清查

财产清查是通过盘点实物、核对账目来查明各项财产物资的实有数，并查明实有数与账存数是否相符的一种专门方法。账簿资料系统地记录企业的经济活动，但会计记录正确与否的检验标准就是与账面反映相对应的实有数的盘点核对。为提高会计记录的准确性，保证账实相符，企业必须定期或不定期地对各项财产物资、往来款项进行清查、盘点和核对。通过财产清查，还可以查明各项财产物资和货币资金的保管和使用情况，以及往来款项的结算情况，监督财产物资和资金的安全与合理使用。在清查过程中，如发现财产物资和货币资金的实有数与账面结存数不一致，则企业应及时查明原因，通过一定审批手续进行处理，并调整账簿记录，使账面数额与实存数额保持一致，从而保证会计核算资料的正确性和真实性。

（七）编制财务会计报告

编制财务会计报告是定期总括反映会计主体财务状况、经营成果与现金流量情况的一种方法。财务会计报告主要是以账簿记录为依据，经过加工整理后编制一套完整信息的书面文件，再报送给会计信息使用者，以便其据此进行经济决策。编制完成财务会计报告，就意味着这一期间会计核算工作结束。

上述会计核算的各种方法是相互联系、密切配合的，从而构成了一个完整的会计核算方法体系，其相互关系是：经济业务发生后，经办人员要取得或填制原始凭证，经会计人员审核整理后，按照设置的账户，运用复式记账法，编制记账凭证，并据以登记账簿；对于在生产经营过程中发生的各项费用，要进行成本计算；对于账簿记录，要通过财产清查加以核实，在保证账实相符的基础上，定期编制财务会计报告。

会计核算方法体系如图1-2所示。

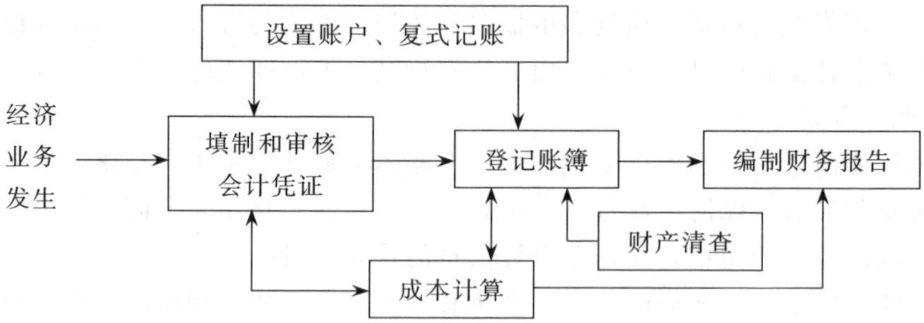

图1-2 会计核算方法体系

本章小结

本章从会计的产生和发展入手，介绍会计发展的历程。会计是以货币为主要计量单位，对企事业、机关单位或其他经济组织的经济活动进行连续、系统、全面地反映和监督的一项经济管理活动。会计学是人们对会计实践进行科学总结而形成的知识体系。按照服务对象不同，会计职业主要分为三大类：企业会计、非营利组织会计和社会会计。会计的职能是指会计在企业经营管理中具有的客观功能，其基本职能是核算和监督。会计的目标是向财务报告使用者提供会计信息，反映企业管理层受托责任履行情况，有助于财务报告使用者作出经济决策。会计基本假设是企业会计确认、计量和报告前提，包括会计主体假设、持续经营假设、会计分期假设与货币计量假设。为了保证会计信息的使用者依据会计信息能够作出正确的决策，我国企业会计准则规定的会计信息质量应满足可靠性、相关性、可理解性、可比性、实质重于形式、重要性、谨慎性和及时性等八项要求。会计基础包括收付实现制和权责发生制，会计核算的基本程序包括会计确认、会计计量、会计记录与会计报告。会计核算方法是会计信息加工程序的具体化，由设置账户、复式记账、填制和审核会计凭证、登记账簿、成本计算、财产清查与编制财务会计报告等具体方法构成。

章后练习

一、名词解释

1.会计	2.会计职能	3.会计目标	4.会计主体
5.持续经营	6.会计分期	7.货币计量	8.收付实现制
9.权责发生制	10.可靠性	11.相关性	12.可理解性

13.可比性 14.实质重于形式 15.重要性 16.谨慎性
17.及时性 18.会计确认 19.会计计量 20.会计记录
21.会计报告 22.会计的方法

二、简答题

1.什么是会计？会计是如何产生和发展的？

2.会计的基本职能有哪些？它们之间的关系是什么？

3.如何理解会计的目标？

4.什么是会计假设？会计基本假设包括哪些内容？

5.如何理解会计主体与法律主体之间的关系？

6.会计信息质量要求包括哪些内容？

7.收付实现制与权责发生制在确认收入和费用方面有何区别？

8.会计核算的基本程序包括哪些内容？

9.会计核算方法有哪些？它们之间有什么关系？

第二章

会计要素与会计等式

学习目标

1. 了解什么是会计对象；
2. 掌握会计六要素的概念、特征和分类；
3. 掌握会计等式的内容，并会分析经济业务对会计等式的影响。

第一节 会计对象

会计的对象是指会计核算和监督的内容。从宏观上来说，会计对象是社会再生产过程中的资金运动；从微观上来说，会计对象是一个单位能够用货币表现的经济活动。

视频

会计对象

以货币表现的经济活动通常又称价值运动或资金运动。资金运动包括各特定主体的资金投入、资金运用和资金退出等过程，而具体到企业、事业、行政单位又有较大差异。即便同样是企业，工业、农业、商业、交通运输业、建筑业及金融业等也均有各自资金运动的特点，其中尤以工业企业最具代表性。下面以工业企业为例，说明企业会计的对象。

工业企业是指从事工业产品生产和销售的营利性经济组织。工业企业的资金运动包括资金的投入、资金的循环与周转（包括供应过程、生产过程、销售过程三个阶段）以及资金的退出三部分。

资金的投入包括企业所有者投入的资金和债权人投入的资金两部分。资金的循环与周转分为供应、生产、销售三个阶段：在供应过程中，企业要购买材料等劳动对象，发生材料买价、运输费、装卸费等材料采购成本，与供应单位发生货款结算关系；在生产过程中，劳动者借助劳动手段将劳动对象加工成特定的产品，发生材料费、折旧费、人工费等，同时，还将发生企业与工人之间的工资结算关系、与有关单位之间的劳务结算关系等；在销售过程中，将生产的产品销售出去，发生销售费用、收回货款、缴纳税金等业务活动，并同购货单位发生货款结算关系、同税务机关发生税务结算关系等。企业获得的销售收入，扣除各项费用后的利润，还要提取盈余公积并向所有者分配利润。资金的退出包括偿还各项债务、上缴各项税金、向所有者分配利润等，这部分资金便离开本企业，退出本企业的资金循环与周转。工业企业资金运动如图 2-1 所示。

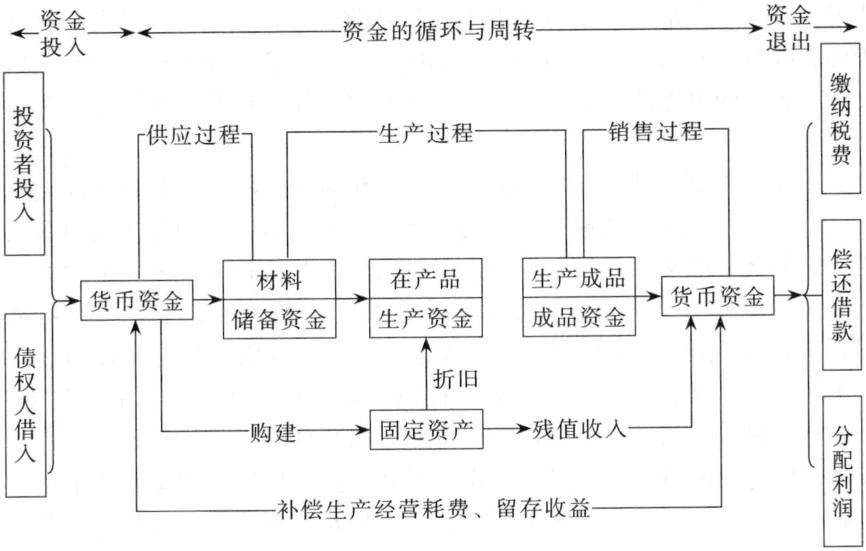

图2-1　工业企业资金运动图

知识链接2-1

资金循环与周转

上述资金运动的三个阶段，构成了开放式的运动形式，是相互支撑、相互制约的统一体。没有资金的投入，就不会有资金的循环与周转；没有资金的循环与周转，就不会有债务的偿还、税金的上缴和利润的分配等；没有这类资金的退出，就不会有新一轮的资金投入，就不会有企业进一步的发展。

上述资金呈现出显著的运动状态，同时也具有某一时点上的相对静止状态。仍以工业企业为例：为了维持生产经营活动，企业必须拥有一定量的经济资源（即资产），它们分布在企业生产经营过程的不同阶段（供应、生产、销售等阶段）和不同方面（表现为厂房、机器设备、原材料、在产品、库存商品及货币资金等），我们称之为资金占用。另一方面，这些经济资源的取得需要通过一定的途径，包括来自投资者投入的资金或是债权人提供的借款等，我们称之为资金的来源。从任一时点上看，资金运动总处于相对静止的状态，即企业的资金在任一时点上均表现为资金占用和资金来源两方面，这两个方面既相互联系，又相互制约。

第二节　会计要素

一、会计要素的含义

会计要素是会计对象的基本分类，是会计对象的具体化，是反映会计主体财务状况和经营成果的基本单位。

在不同的会计主体中，会计内容的表现形式不同，即使在同一会计主体中，由于经济活动的多样性，决定了会计内容的表现形式也多种多样。为了具体实施会计核算，进行会计监督，我们有必要对会计内容进行适当分类。

我国《企业会计准则——基本准则》将企业会计要素分为六大类，即资产、负债、所有者权益、收入、费用和利润。其中，资产、负债和所有者权益三项会计要素主要反映企业的财务状况；收入、费用和利润三项会计要素主要反映企业的经营成果。

前已述及，资金运动具有显著运动状态和相对静止状态，在相对静止状态，企业的资金表现为资金占用和资金来源两方面，其中资金占用的具体表现形式就是企业的资产，资金来源又可分为企业所有者投入资金和债权人投入资金两类。债权人对投入资产的求偿权称为债权人权益，表现为企业的负债；企业所有者对净资产（资产与负债的差额）的所有权称为所有者权益。一方面，从一定日期这一相对静止状态来看，资产总额与负债和所有者权益的合计数必然相等，由此分离出资产、负债及所有者权益三项表现资金运动静止状态的会计要素。另一方面，企业的各项资产经过一定时期的营运，将发生一定的耗费，生产出特定种类和数量的产品，产品销售后获得货币收入，收支相抵后确认当期损益，由此分离出收入、费用及利润三项表现资金运动显著变动状态的会计要素。

二、会计要素的内容

（一）反映财务状况的会计要素

财务状况是指企业某一特定日期的资产、负债及所有者权益情况，是资金运动相对静止状态时的表现。反映财务状况的会计要素包括资产、负债、所有者权益三项。

1.资产

企业从事生产经营活动必须具备一定的物质资源，或者说物质条件。在市场经济条件下，这些必要的物质条件表现为货币资金、厂房场地、机器设备、原材料等。这些货币资金、厂房场地、机器设备、原材料等，会计上把它们称为资产，它们是企业从事生产经营活动的物质基础。除上述货币资金以及实物资产外，资产还包括那些不具有物质形态但有助于生产经营活动进行的专利权、商标权等无形资产，此外，也包括企业的债权和其他权利，如应收账款、对其他单位的投资等。

（1）资产的定义与特征

资产是指企业过去的交易或者事项形成的，由企业拥有或者控制的，预期会给企业带来经济利益的资源。

根据上述定义，资产具有以下几个方面的特征：

①资产预期会给企业带来经济利益。

资产预期会给企业带来经济利益，是指资产直接或者间接导致现金和现金等价物流入企业的潜力。这种潜力可以来自企业日常的生产经营活动，也可以是非日常活动；带来的经济利益可以是现金或者现金等价物，或者是可以转化为现金或者现金等价物的形式，或者是可以减少现金或者现金等价物流出的形式。

预期能为企业带来经济利益是资产的重要特征，例如，企业采购的原材料、购置的固定资产等可以用于生产经营过程，制造商品或者提供劳务，对外出售后收回货款，货款即为企业所获得的经济利益。如果某一项目预期不能给企业带来经济利益，那么就不能将其确认为企业的资产。前期已经确认为资产的项目，如果不能再为企业带来经济利益的，那么也不能再确认为企业的资产。

②资产应为企业拥有或者控制的资源。

资产作为一种资源，应当由企业拥有或者控制，具体是指企业享有某项资源的所有权，或者虽然不享有该项资源的所有权，但该资源能被企业所控制。

企业享有资产的所有权，通常表明企业能够排他性地从资产中获取经济利益。通常当判断某项资产是否存在时，所有权是考虑的首要因素。在有些情况下，资产虽然不为企业所拥有，即企业并不享有其所有权，但企业控制了这些资产，同样表明企业能够从资产中获取经济利益，因此，符合会计上对资产的定义。如果企业既不拥有又不控制资产所能带来的经济利益，就不能将其作为企业的资产予以确认。

③资产是由企业过去的交易或者事项形成的。

资产应当由企业过去的交易或者事项形成，过去的交易或者事项包括购买、生产、建造行为或者其他交易或者事项，只有过去的交易或者事项才能形成资产，企业预期在未来发生的交易或者事项不形成资产，例如，企业有购买某项存货的意愿或者计划，但是购买行为尚未发生，就不符合资产的定义，从而不能确认该项存货资产。

（2）资产的确认条件

将一项资源确认为资产，需要符合资产的定义，还应同时满足以下两个条件：

①与该资源有关的经济利益很可能流入企业。

从资产的定义可以看出，能为企业带来经济利益是资产的一个本质特征，但在现实生活中，由于经济环境瞬息万变，与资源有关的经济利益能否流入企业或者能够流入多少实际上带有不确定性。因此，资产的确认还应与经济利益流入企业的不确定性程度结合起来判断。

②该资源的成本或者价值能够可靠地计量。

只有当有关资源的成本或者价值能够可靠地计量时，资产才能予以确认。在实务中，企业取得的许多资产都需要付出成本，例如，企业购买或者生产的商品、企业购置的厂房或者设备等，对于这些资产，只有实际发生的成本或者生产成本能够可靠地计量，才符合资产确认的可计量性条件。

（3）资产的分类

资产按其流动性不同，分为流动资产和非流动资产。

①流动资产

流动资产是指预计在一个正常营业周期中变现、出售、耗用，或者主要为交易目的而持有，或者预计在资产负债表日起一年内（含一年）变现的资产以及自资产负债表日起一年内交换其他资产或清偿负债的能力不受限制的现金或现金等价物。

流动资产主要包括货币资金、应收及预付款项、存货等。

货币资金包括库存现金、银行存款和其他货币资金。库存现金是指企业持有的现款，即传统称谓中的“现金”。库存现金主要用于支付日常发生的小额、零星的费用或支出。银行存款是指企业存入银行或其他金融机构的款项。该银行或其他金融机构为该企业的“开户银行”。企业的银行存款主要来自投资者投入资本的款项、负债融入的款项、销售商品的货款等。其他货币资金是指性质与现金、银行存款相同，但其存放地点和用途与现金和银行存款不同的货币资金，包括外埠存款、银行汇票存款、银行本票存款、存出投资款、信用证保证金存款和在途货币资金等。

应收及预付款项是指企业在日常生产经营过程中发生的各项债权，包括应收款项（应收票据、应收账款、其他应收款等）和预付账款等。

存货是指企业在日常的生产经营过程中持有以备出售，或者仍然处在生产过程中将要消耗，或者在生产或提供劳务的过程中将要耗用的各种材料或物料，包括库存商品、半成品、在产品以及各类材料等。

②非流动资产

非流动资产是指除流动资产以外的资产，主要包括长期股权投资、固定资产、在建工程、无形资产等。

长期股权投资是指持有时间超过一年（不含一年）、不能变现或不准备随时变现的股权和其他投资。企业进行长期股权投资的目的，是获得较为稳定的投资收益或者对被投资企业实施控制或影响。

固定资产是指企业使用年限超过一年的房屋、建筑物、机器、机械、运输工具以及其他与生产、经营有关的设备、器具、工具等。

在建工程是指企业固定资产的新建、改建、扩建，或技术改造、设备更新和大修理工程等尚未完工的工程支出。

无形资产是指企业拥有或者控制的没有实物形态的可辨认非货币性资产。无形资产主要包括专利权、非专利技术、商标权、著作权、土地使用权等。

2.负债

（1）负债的定义和特征

负债是指由企业过去的交易或者事项形成的，预期会导致经济利益流出企业的现时义务。

根据负债的定义，负债具有以下几个方面的特征：

①负债是企业承担的现时义务。

负债必须是企业承担的现时义务，这里的现时义务是指企业在现行条件下已承担的义务。未来发生的交易或者事项形成的义务，不属于现时义务，不应当确认为负债。

②负债预期会导致经济利益流出企业。

预期会导致经济利益流出企业也是负债的一个本质特征，只有当履行义务时会导致经济利益流出企业的，才符合负债的定义。履行现时义务清偿负债导致经济利益流出企业的形式多种多样，例如，用现金形式偿还或以实物资产形式偿还；以提供劳务形式偿还；部分转移资产、部分提供劳务形式偿还；将负债转为资本等。

③负债是由企业过去的交易或者事项形成的。

负债应当由企业过去的交易或者事项所形成。换句话说，只有过去的交易或者事项才形成负债，企业未来发生的承诺、签订的合同等交易或者事项，不形成负债。

（2）负债的确认条件

将一项现时义务确认为负债，需要符合负债的定义，还需要同时满足以下两个条件：

①与该义务有关的经济利益很可能流出企业。

从负债的定义可以看出，预期会导致经济利益流出企业是负债的一个本质特征。在实务中，企业履行义务所需流出的经济利益带有不确定性，尤其是与推定义务相关的经济利益通常需要依赖大量的估计。因此，负债的确认应当与经济利益流出企业的不确定性程度结合起来判断。

②未来流出的经济利益的金额能够可靠地计量。

负债的确认在考虑经济利益流出企业的同时，对于未来流出的经济利益的金额应当能够可靠地计量。

（3）负债的分类

负债按其流动性不同，分为流动负债和非流动负债。

①流动负债

流动负债是指预计在一个正常营业周期中清偿，或者主要为交易目的而持有，或者自资产负债表日起一年内（含一年）到期应予以清偿，或者企业无权自主地将清偿推迟至资产负债表日后一年以上的负债。

流动负债主要包括短期借款、应付及预收款项等。

短期借款是指企业从银行或其他金融机构借入的期限在一年以下（含一年）的各种借款，如企业从银行取得的、用来补充流动资金不足的临时性借款。

应付及预收款项是指企业在日常生产经营过程中发生的各项债务，主要包括应付款项（应付票据、应付账款、应付职工薪酬、应交税费、应付利息、应付股利、其他应付款等）和预收账款等。

②非流动负债

非流动负债是指除流动负债以外的负债，主要包括长期借款、应付债券、长期应付款等。

长期借款是指企业从银行或其他金融机构借入的期限在一年以上的各项借款。企业借入长期借款，主要是为了满足长期工程项目的资金需要。

应付债券是指企业为筹集长期资金而发行的长期债券。

长期应付款是指除长期借款和应付债券以外的其他长期应付款项，包括应付补偿贸易引进设备款、分期付款购入非流动资产应付款等。

3.所有者权益

（1）所有者权益的定义和特征

所有者权益是指企业资产扣除负债后，由所有者享有的剩余权益。公司的所有者权益又称股东权益。所有者权益是所有者对企业资产的剩余索取权，它是企业的资产扣除债权人权益后应由所有者享有的部分，既可反映所有者投入资本的保值增值情况，又体现了保护债权人权益的理念。

所有者权益具有以下特征：

①除非发生减资、清算或分派现金股利，企业不需要偿还所有者权益；

②当企业进行清算时，只有在清偿所有的负债后，所有者权益才返还给所有者；

③所有者凭借所有者权益能够参与企业利润的分配。

（2）所有者权益的来源构成

所有者权益的来源包括所有者投入的资本、其他综合收益、留存收益等，通常由股本（或实收资本）、资本公积（含股本溢价或资本溢价、其他资本公积）、其他综合收益、盈余公积和未分配利润等构成。

所有者投入的资本，是指所有者投入企业的资本部分，它既包括构成企业注册资本或者股本的金额，又包括投入资本超过注册资本或股本部分的金额，即资本溢价或股本溢价，这部分投入资本作为资本公积（资本溢价）反映。

其他综合收益，是指企业根据会计准则规定未在当期损益中确认的各项利得和损失。

留存收益，是指企业从历年实现的利润中提取或形成的留存于企业的内部积累，包括盈余公积和未分配利润。盈余公积是指企业按照法律、法规的规定从净利润中提取的留存收益，包括法定盈余公积和任意盈余公积。符合规定条件的企业，也可以用盈余公积分派现金股利。未分配利润是指企业留待以后年度分配的利润。

（3）所有者权益的确认条件

知识链接2-2

负债与所有者权益的区别

所有者权益体现的是所有者在企业中的剩余权益，因此，所有者权益的确认和计量主要依赖资产、负债的确认和计量，例如，企业接受投资者投入的资产，当该资产符合资产确认条件时，就相应地符合所有者权益的确认条件；当该资产的价值能够可靠地计量时，所有者权益的金额也就可以确定。

（二）反映经营成果的会计要素

经营成果是企业在一定时期内从事生产经营活动所取得的最终成果，是资金运动显著变动状态的主要体现。反映经营成果的会计要素包括收入、费用、利润三项。

1.收入

（1）收入的定义和特征

收入是指企业在日常活动中形成的、会导致所有者权益增加的、与所有者投入资本无关的经济利益的总流入。

根据收入的定义，收入具有以下几个方面的特征：

①收入是企业在日常活动中形成的。

日常活动是指企业为完成其经营目标所从事的经常性活动以及与之相关的活动，例如，工业企业制造并销售产品即属于企业的日常活动。明确界定日常活动是为了将收入与利得进行区分，因为企业非日常活动所形成的经济利益的流入不能确认为收入，而应当计入利得。

②收入是与所有者投入资本无关的经济利益的总流入。

收入应当会导致经济利益的流入，从而导致资产的增加，例如，企业销售商品，应当收到现金或者有权在未来收到现金，才表明该交易符合收入的定义。但是在实务中，经济利益的流入有时是所有者投入资本的增加所导致的，所有者投入资本的增加不应当确认为收入，应当将其直接确认为所有者权益。

③收入最终会导致所有者权益的增加。

收入可能表现为企业资产的增加，也可能表现为企业负债的减少，或者二者兼而有之。收入最终能导致企业所有者权益的增加。

与收入相关的经济利益的流入应当会导致所有者权益的增加，不会导致所有者权益增加的经济利益的流入不符合收入的定义，从而不应确认为收入，例如，企业向银行借入款项，尽管也导致了企业经济利益的流入，但该流入并不导致所有者权益的增加，反而使企业承担了一项现时义务。企业对于因借入款项所导致的经济利益的增加，不应将其确认为收入，而应当确认为一项负债。

（2）收入的确认条件

企业应当在履行了合同中的履约义务，即在客户取得相关商品控制权时确认收入。取得相关商品控制权，是指能够主导该商品的使用并从中获得几乎全部的经济利益。

当企业与客户之间的合同同时满足下列条件时，企业应当在客户取得相关商品控制权时确认收入：

第一，合同各方已批准该合同并承诺将履行各自的义务；

第二，该合同明确了合同各方与所转让商品或提供劳务相关的权利和义务；

第三，该合同有明确的与所转让商品相关的支付条款；

第四，该合同具有商业实质，即履行该合同将改变企业未来现金流量的风险、时间分布或金额；

第五，企业因向客户转让商品而有权取得的对价很可能收回。

（3）收入的分类

按收入的性质，收入包括销售商品收入、提供劳务收入、让渡资产使用权收入、投资收益等。

按日常活动在企业所处的地位，收入可分为主营业务收入和其他业务收入。

主营业务是指企业为完成其经营目标而从事的日常活动中的主要项目，如工商企业销售商品、银行发放贷款和办理结算等。主营业务收入一般占企业收入比例较高，从而对企业经济效益产生较大的影响。

其他业务是指除企业主营业务以外的其他日常活动，如工业企业销售材料、提供非工业性劳务等。

知识链接2-3

收入与利得有何异同

应该予以强调的是，上面所说的收入是指狭义的收入，它是营业性收入的同义词。广义的收入还包括直接计入当期利润的利得，即营业外收入。营业外收入是指企业发生的与其生产经营活动无直接关系的各项偶发性收入，如罚款收入、报废非流动资产利得和捐赠利得等。

2.费用

（1）费用的定义和特征

费用是指企业在日常活动中发生的、会导致所有者权益减少的、与向所有者分配利润无关的经济利益的总流出。

根据费用的定义，费用具有以下几方面的特征：

①费用是企业在日常活动中形成的。

费用必须是企业在日常活动中形成的，这些日常活动的界定与收入定义中涉及的日常活动的界定一致。将费用界定为日常活动所形成的，目的是将其与损失进行区分，企业非日常活动所形成的经济利益的流出不能确认为费用，而应当计入损失。

②费用是与向所有者分配利润无关的经济利益的总流出。

费用的发生应当会导致经济利益的流出，从而导致资产的减少或者负债的增加，其表现形式包括现金或者现金等价物的流出，存货、固定资产和无形资产等的流出或者消耗等。企业向所有者分配利润也会导致经济利益的流出，而该经济利益的流出属于所有者权益的抵减项目，不应确认为费用，应当将其排除在费用的定义之外。

③费用最终会导致所有者权益的减少。

费用可能表现为资产的减少，也可能表现为负债的增加，或者二者兼而有之。费用最终能导致企业所有者权益的减少，与费用相关的经济利益的流出应当会导致所有者权益的减少，不会导致所有者权益减少的经济利益的流出不符合费用的定义，从而不应确认为费用。

（2）费用的确认条件

费用的确认除了应当符合定义外，还至少应当符合以下条件：①与费用相关的经济利益应当很可能流出企业；②经济利益流出企业的结果会导致资产的减少或者负债的增加；③经济利益的流出额能够可靠地计量。

（3）费用的分类

一定时期的费用通常由产品生产成本和期间费用两部分构成，产品生产成本由直接材料、直接人工和制造费用三个成本项目构成，期间费用包括管理费用、财务费用和销售费用三项。

管理费用是指企业为组织和管理生产经营活动而发生的各项费用，包括企业的董事会和行政管理部门的职工薪酬、固定资产折旧费和修理费、办公费和差旅费等公司经费，以及聘请中介机构费、咨询费（含顾问费）、业务招待费等费用。管理费用的受益对象是整个企业，而不是企业的某个部门。

财务费用是指企业为筹集生产经营所需资金而发生的各项费用，包括应当作为期间费用的利息支出（减利息收入）、汇兑损失（减汇兑收益）以及相关的手续费等。

销售费用是指企业在销售商品的过程中发生的各项费用，包括企业在销售商品的过程中发生的运输费、装卸费、包装费、保险费、展览费和广告费，以及为销售本企业的商品而专设的销售机构（含销售网点、售后服务网点等）的职工薪酬等费用。

费用与成本既有联系又有区别。费用是和期间相联系的，而成本是和产品相联系的；成本要有实物承担者，而费用一般没有实物承担者。二者都反映资金的耗费，都意味着企业经济利益的减少，也都是由过去已经发生的经济活动引起或形成的。

知识链接2-4

费用与损失有何异同

上面所定义的概念亦是狭义的费用。广义的费用还包括直接计入当期利润的损失。直接计入当期利润的损失，即营业外支出，是指企业发生的与其生产经营活动无直接关系的各项偶发性支出，如罚款支出、非流动资产报废损失、捐赠支出和非常损失等。

3.利润

（1）利润的定义

利润是指企业在一定会计期间的经营成果。在通常情况下，如果企业实现了利润，则表明企业的所有者权益将增加；反之，如果企业发生了亏损（即利润为负数），则表明企业的所有者权益将减少。因此，利润往往是评价企业管理层业绩的一项重要指标，也是投资者等财务报告使用者进行决策时的重要参考。

（2）利润的来源构成

利润是指企业在一定会计期间的经营成果。利润包括收入减去费用后的净额、直接计入当期利润的利得和损失等。其中，收入减去费用后的净额反映的是企业日常活动的业绩；直接计入当期利润的利得和损失，是指不应计入当期损益、会导致所有者权益发生增减变动的、与所有者投入资本或者向所有者分配利润无关的利得或损失。

利润包括营业利润、利润总额和净利润。营业利润是指营业收入减去营业成本、税金及附加、期间费用（包括销售费用、管理费用和财务费用）、资产减值损失，加上公允价值变动收益、投资收益、资产处置收益、其他收益后的金额。利润总额是指营业利润加上营业外收入，减去营业外支出后的金额。净利润是指利润总额减去所得税费用后的金额。

（3）利润的确认条件

利润反映的是收入减去费用、利得减去损失后净额的概念。因此，利润的确认主要依赖收入和费用，以及利得和损失的确认，其金额的确定也主要取决于收入、费用、利得和损失金额的计量。

第三节 会计等式

一、会计等式概述

视频

会计等式

如前所述，六项会计要素反映了资金运动的静态和动态两个方面，具有紧密的相关性，它们在数量上存在着特定的平衡关系，这种平衡关系用公式来表示，就是会计等式。会计等式是反映会计要素之间平衡关系的计算公式，它是各种会计核算方法的理论基础。

（一）会计基本等式

众所周知，企业要从事生产经营活动，一方面，必须拥有一定数量的资产，如货币资金、原材料、厂房、设备等，这些资产以各种不同的形态分布于企业生产经营活动的各个阶段，从而成为企业生产经营活动的基础。另一方面，这些资产要么来源于债权人，从而形成企业的负债；要么来源于投资者的投入，从而形成企业的所有者权益。由此可见，资产和权益（包括所有者权益和债权人权益）实际是企业所拥有的经济资源在同一时点上所表现的不同形式。资产表明的是资源在企业存在、分布的形态，而权益则表明了资源取得和形成的渠道。资产来源于权益，资产与权益必然相等。

我们如果用数学等式来表示资产与权益的恒等关系，则可以得到以下公式：

资产=权益

由于权益包括债权人的权益和投资者的权益，因此，上述公式还可以表示为：

资产=负债+所有者权益

这一等式被称为会计基本等式，又称会计平衡公式、静态会计等式，它反映了企业在某一特定时点财务状况的平衡关系，是设置账户、复式记账以及编制资产负债表的理论依据。

（二）动态会计等式

企业经营的目的是取得收入，实现盈利。企业在取得收入的同时，也必然要发生相应的费用。通过收入与费用的比较，企业才能确定一定时期的盈利水平。在一定期间内，企业的收入大于费用则形成利润；反之，收入小于费用则形成亏损。因此，收入、费用和利润三个要素之间的关系可用公式表示为：

收入-费用=利润

这个等式反映了收入、费用和利润在某一时期的动态平衡关系，是编制利润表的理论依据。

（三）会计等式的扩展

通常，企业在生产经营期间所取得的收入和发生的费用，会导致企业资产或负债也发生相应的变动。在一般情况下，取得收入会导致资产增加或负债减少，发生费用会导致资产减少或负债增加。由于企业资产所有者对利润有处置（或主张）的权利，因此，一定期间发生的收入和费用相抵后，若取得了利润应归所有者所有，表明所有者权益数额的增加，若发生了亏损只能由企业的所有者承担，表明所有者权益数额的减少。这样，基本会计等式和动态会计等式可以合并为：

资产=负债+所有者权益+（收入-费用）

或 资产=负债+所有者权益+利润

会计期间终了，企业进行会计结算，将收入和费用配比后，计算出利润，取得的利润在按照规定分配给投资者（股东）后，余下的部分归投资者所有，体现为所有者权益的组成部分。此时，上述等式恢复为基本形式：资产=负债+所有者权益。

讨论与思考2-1

小赵和小王于2022年1月1日成立了一家“休闲时光饮品店”，两人共投资20 000元，主要销售各类鲜榨饮料和简食快餐。

（1）租用店面每月租金1 500元，第一季度租金已于1月初全部支付；

（2）购买榨汁机、微波炉等厨具，花费3 000元；

（3）购买桌椅、餐具等，花费2 000元；

（4）制作宣传海报、在报纸上进行广告宣传等花费广告费共计1 000元；

（5）雇佣服务员1名，工资报酬为每月1 500元，于每月5日支付；

（6）小赵和小王本月从银行提取2 000元，用于个人生活支出；

（7）月末，收到本月水电费缴费单，共计300元，尚未支付；

（8）当月用于水果、快餐等原料采购，花费3 500元；

（9）当月饮品店全部收入10 000元已全部存入银行，1月31日银行存款余额14 000元。

请思考：

1.小赵和小王认为他们第一个月的经营亏损了6 000元，这种算法的依据是什么？这种依据正确吗？

2.请帮助小赵和小王分析一下，该饮品店1月末的资产和负债都有哪些？

3.饮品店1月份的费用包括哪些？在现有的已知条件下，能否准确计算出这家饮品店本月的损益？

二、经济业务的发生对会计等式的影响

视频

经济业务对会计等式的影响

经济业务，又称会计事项，是指企业在生产经营过程中发生的，能引起会计要素发生增减变动的交易或事项。工业企业在生产经营过程中，会发生各种各样的经济业务，尽管这些经济业务多种多样，但对该等式的影响，归纳起来不外乎9种情况（见表2-1）。

下面通过分析华夏有限责任公司2022年1月份发生的几项经济业务，说明经济业务对“资产=负债+所有者权益”等式的影响。

表2-1 **各种经济业务对会计等式的影响**

经济业务情况	资产=负债+所有者权益		
	资产	负债	所有者权益
1	增加	增加	不变
2	增加	不变	增加
3	减少	减少	不变
4	减少	不变	减少
5	增加、减少	不变	不变
6	不变	增加、减少	不变
7	不变	不变	增加、减少
8	不变	增加	减少
9	不变	减少	增加

1.资产和负债要素同时等额增加

【例2-1】从银行取得短期借款100 000元。

这项经济业务使企业的资产项目——“银行存款”增加100 000元，负债项目——“短期借款”增加100 000元，等式两边同时增加100 000元，并没有改变等式的平衡关系。

2.资产和所有者权益要素同时等额增加

【例2-2】收到所有者追加的投资500 000元，款项存入银行。

这项经济业务使资产项目银行存款增加500 000元，所有者权益项目实收资本也增加500 000元，并没有改变等式的平衡关系。

3.资产和负债要素同时等额减少

【例2-3】以银行存款归还所欠B公司货款20 000元。

这项经济业务使企业的资产项目——“银行存款”减少20 000元，同时负债项目——“应付账款”减少20 000元，等式两边同时减少20 000元，并没有改变等式的平衡关系。

4.资产和所有者权益要素同时等额减少

【例2-4】某投资者收回投资300 000元，华夏有限责任公司以银行存款支付。

这项经济业务使资产项目——“银行存款”减少300 000元，所有者权益项目——“实收资本”减少300 000元，并没有改变等式的平衡关系。

5.资产要素内部项目等额有增有减，负债和所有者权益不变

【例2-5】用银行存款800 000元购买办公楼。

该项业务使资产项目——“固定资产”增加800 000元，资产项目——“银行存”款减少800 000元，企业资产内部发生增减变动，但资产总额不变，并没有改

变等式的平衡关系。

6.负债要素内部项目等额有增有减，资产和所有者权益要素不变

【例2-6】向银行借入100 000元短期借款，直接用于归还拖欠的货款。

这项业务使负债项目——“短期借款”增加100 000元，负债项目——“应付账款”减少100 000元，企业负债内部发生增减变动，但负债总额不变，并没有改变等式的平衡关系。

7.所有者权益要素内部项目等额有增有减，资产和负债要素不变

【例2-7】华夏有限责任公司经批准同意以资本公积50 000元转增实收资本。

这项经济业务使所有者权益项目——“实收资本”增加50 000元，所有者权益项目——“资本公积”减少50 000元，所有者权益内部发生增减变动，但所有者权益总额不变，并没有改变等式的平衡关系。

8.负债要素增加，所有者权益要素等额减少，资产要素不变

【例2-8】华夏有限责任公司宣告向投资者分配现金股利80 000元。

这项经济业务使所有者权益项目——“未分配利润”减少80 000元，负债项目——“应付股利”增加80 000元，所有者权益减少，负债增加，并没有改变等式的平衡关系。

9.负债要素减少，所有者权益要素等额增加，资产要素不变

【例2-9】华夏有限责任公司将应偿还给乙企业的账款50 000元转作乙企业对本企业的投资。

这项经济业务使所有者权益项目——“实收资本”增加50 000元，负债项目——“应付账款”减少50 000元。所有者权益增加，负债减少，并没有改变等式的平衡关系。

分析以上9笔经济业务，我们可以发现，任何一笔经济业务的发生均会引起资产、负债或所有者权益的增减变动，但都不会破坏资产与权益的恒等关系。尽管企业经济业务多种多样，但对会计等式的影响无外乎以下四种类型：

类型一：经济业务发生，引起会计等式两边会计要素同时等额增加，如【例2-1】、【例2-2】。

类型二：经济业务发生，引起会计等式两边会计要素同时等额减少，如【例2-3】、【例2-4】。

类型三：经济业务发生，引起会计等式左边会计要素发生增减变动，且增减金额相等，如【例2-5】。

类型四：经济业务发生，引起会计等式右边会计要素发生增减变动，且增减金额相等，如【例2-6】、【例2-7】、【例2-8】、【例2-9】。

由于上述四种类型经济业务的发生，都不会打破“资产=负债+所有者权益”这一会计等式的平衡关系，因此，我们又称该等式为会计恒等式。在实际工作中，企业每天发生的经济业务要复杂得多，但无论其引起会计要素如何变动，都不会破坏会计恒等式的平衡关系。

本章小结

企业会计对象是其再生产过程中的资金运动，对会计对象按经济特征的最基本分类形成会计要素。会计要素是会计对象的具体化，是反映会计主体财务状况和经营成果的基本单位。我国会计准则将企业会计要素分为资产、负债、所有者权益、收入、费用和利润六类。会计等式是各种会计核算方法的理论基础，本章从会计要素之间的平衡关系入手，介绍了会计的基本等式、动态等式以及会计等式的扩展公式，其中经济业务发生对会计基本等式的影响可以归纳为四大类型九种情况。

章后练习

一、名词解释

1.会计要素	2.资产	3.负债	4.所有者权益
5.收入	6.费用	7.利润	8.会计等式

二、简答题

1.什么是会计要素？我国《企业会计准则》规定的会计要素有哪些？

2.什么是资产？资产的确认需要满足哪些条件？

3.什么是负债？什么是所有者权益？两者有何不同？

4.收入、费用各有哪些特征？收入和费用的发生对资产、负债和所有者权益会产生哪些影响？

5.什么是利润？利润的构成包括哪些内容？如何计算？

6.什么是会计等式？它有几种不同的表达方式？

7.为什么说“资产=负债+所有者权益”是会计恒等式？

8.什么是经济业务？经济业务的发生对会计等式的影响类型有哪些？

三、实训题

实训一

【目的】练习会计要素的划分，并检验会计等式是否成立。

【资料】某企业2022年3月31日，资产、负债、所有者权益有关项目如下：

1.出纳员保管的现金1 500元；

2.存放在银行的款项530 195元；

3.投资者投入的资本金1 500 000元；

4.库存的原材料185 000元；

5.生产车间未完工产品120 000元；

6.库存的完工产品485 000元；

7.应收外单位的货款234 000元；

8.厂房、办公楼760 000元；

9.机器设备580 000元；

10.从银行取得短期借款250 000元；

11.从银行取得长期借款500 000元；

12.应付给某供货单位的材料款48 000元；

13.欠缴的各项税费23 000元；

14.应付的借款利息37 000元；

15.尚未到期偿还的商业汇票52 000元；

16.盈余公积60 000元；

17.企业尚未分配的利润425 695元。

【要求】分析各项目应归属的会计要素类别，将各项目金额填入表2-2中，并计算各会计要素的金额合计数。

表2-2　会计要素项目分类

项目序号	资产	负债	所有者权益
合计			

实训二

【目的】分析经济业务对会计等式的影响。

【资料】腾宇有限责任公司2022年6月发生经济业务如下：

1.接受华商公司投资的机器设备一套，价值300 000元；

2.购买原材料一批，价值15 000元，款项尚未支付；

3.从银行存款中提取现金2 000元；

4.以银行存款100 000元偿还银行短期借款；

5.开出一张面值为50 000元的商业汇票偿付前欠通达公司的货款；

6.收回星海公司前欠货款42 000元，款项存入银行；

7.以盈余公积100 000元转增资本；

8.中元公司将腾宇有限公司所欠货款200 000元转作对其的投资；

9.江夏科技有限公司投入专利权一项，双方协商作价120 000元；

10.经批准，用银行存款代投资者王明以资本金偿还其应付给其他单位的欠款150 000元。

【要求】分析上述各项经济业务引起哪些资产和权益项目发生增减变动，将分析结果填入表2-3内。

表2-3 **经济业务类型与影响分析**

业务号	经济业务类型	对资产和权益总额的影响
1	资产与权益同增	有影响，双方总额各增加300 000元
2		
3		
4		
5		
6		
7		
8		
9		
10		

第三章

会计科目与账户

学习目标

1.了解设置会计科目的意义和原则，熟悉会计科目的基本核算内容和科目级次；

2.掌握会计账户的含义和结构，理解会计科目与会计账户的区别和联系；

3.掌握账户按经济内容和用途结构的分类。

第一节 会计科目

一、会计科目的含义

会计科目是指对会计对象的具体内容进行分类核算的项目。就同一会计要素而言，包含若干具体内容，如资产当中包含库存现金、原材料等流动资产，厂房、机器设备等固定资产，其中原材料是作为劳动对象用于产品生产制造，机器设备是作为劳动手段用于加工产品，两者反映的经济内容不同，如果对会计要素中的具体内容不加区分地进行反映，则无法对企业财务状况和经营成果作出正确反映。

企业在进行生产经营活动的过程中，会计要素的具体内容必定会发生数量、金额的增减变动，例如，用银行存款购进原材料，原材料的增加会导致银行存款的减少，使得资产要素的具体构成发生变化。为了全面、系统、分类地核算和监督各项经济业务的发生情况，以及由此而引起的会计要素的增减变动过程和结果，企业必须按照各会计要素所包含的具体内容的性质和作用，结合内部经营管理的需要和国家宏观经济管理的要求，在对会计对象作出基本分类的基础上进一步分类，即设置会计科目，以提高企业会计核算和财务报告所提供信息的有用性。

设置会计科目是会计核算工作中极为重要的一项工作，它是设置账户和填制会计凭证的依据，是编制会计报表的基础。

二、设置会计科目应遵循的原则

1.设置会计科目必须结合会计对象的特点

结合会计对象的特点，就是根据不同单位经济业务的特点，本着全面核算其经济业务的全过程及结果的目的来确定应该设置哪些会计科目。首先，根据不同行业经济业务的主要性质特征设置会计科目，如工业企业应设置反映产品生产过程的会计科目，而商业企业不生产产品，是以商品买卖作为主要经营业务，其会计科目主要应该反映商品的买卖过程。因此，在成本费用方面，工业企业需要设置“生产成本”“制造费用”等会计科目，商业企业则不需设置这种会计科目。其次，要结合企业规模设置会计科目，大型工业企业经济业务量大，为了便于组织会计工作，会计科目的设置应全面、具体和详细，而单步骤生产的小型企业，经济业务量少，会计科目的设置应力求简单、直观和明了，不必追求又全又细。

2.设置会计科目必须符合经济管理的需要

经济管理的要求不同，会计科目的设置也有差别。企业设置会计科目应充分考虑各有关方面对会计信息的需求，不仅要符合国家宏观经济管理的需要，而且要满足企业内部经济管理的需要，还要满足投资者、债权人和其他有关方面的需要，以利于有关方面进行经济决策。

例如，为了反映实有资本的情况，企业可以设置“实收资本”账户来反映实际收到的资本金额；为了反映债务情况，企业可以设置“短期借款”和“长期借款”账户来反映债务结构及债务款项等。

3.设置会计科目要将统一性和灵活性结合起来

由于各企业的经济业务千差万别，在分类核算会计要素的增减变动时需要将统一性和灵活性相结合。统一性，就是在设置会计科目时，要根据《企业会计准则》的要求对一些主要会计科目的设置进行统一规定，对于核算指标的计算标准、口径都要统一。灵活性，就是在提供统一核算指标的前提下，各个单位根据自己的具体情况及投资者的要求，设置或者增补会计科目。

4.设置会计科目的名称要简单明确、字义相符，通俗易懂

会计科目作为分类核算的标志，要求简单明确，字义相符，这样才能避免误解和混乱。简单明确是指根据经济业务的特点尽可能简洁明确地规定科目名称；字义相符是指按照中文习惯，不致产生误解；通俗易懂是指要尽量避免使用晦涩难懂的文字，便于大多数人正确理解。

5.设置会计科目要保持相对稳定性

为了便于在不同时期分析比较会计核算指标并在一定范围内汇总核算指标，企业应保持会计科目的相对稳定，不能经常变动会计科目的名称、内容，使核算指标保持可比性。

三、会计科目的分类

（一）按反映的经济内容分类

具体会计科目的设置一般都是从会计要素出发，将会计科目分为资产类、负债类、共同类、所有者权益类、成本类、损益类六大类。

会计科目原则上由财政部统一制定，并以会计准则或会计制度的形式颁布实施。财政部规定的制造业企业常使用会计科目表（见表3-1）的部分内容。

从表3-1可知，每个会计科目不仅要有标准称谓，而且要有对应编号。会计科目编号般由四个数字组成，每个数字都有其专门含义，例如，“库存现金”科目的编号为1001其首位数字“1”代表资产，次位数字“0”代表货币资产，后两位数字“01”代表库存现金。会计科目编号既保证了会计账户以及报表中各项目的固定

表 3-1　　**会计科目表**

编号	名称	编号	名称
	一、资产类	2221	应交税费
1001	库存现金	2231	应付股利
1002	银行存款	2232	应付利息
1012	其他货币资金	2241	其他应付款
1101	交易性金融资产	2501	长期借款
1121	应收票据	2502	应付债券
1122	应收账款	2701	长期应付款
1123	预付账款		三、共同类（略）
1131	应收股利		四、所有者权益类
1132	应收利息	4001	实收资本
1221	其他应收款	4002	资本公积
1231	坏账准备	4101	盈余公积
1401	材料采购	4103	本年利润
1403	原材料	4104	利润分配
1404	材料成本差异		五、成本类
1405	库存商品	5001	生产成本
1411	周转材料	5101	制造费用
1471	存货跌价准备		六、损益类
1511	长期股权投资	6001	主营业务收入
1601	固定资产	6051	其他业务收入
1602	累计折旧	6101	公允价值变动损益
1604	在建工程	6111	投资收益
1701	无形资产	6301	营业外收入
1702	累计摊销	6401	主营业务成本
1801	长期待摊费用	6402	其他业务成本
1901	待处理财产损溢	6403	税金及附加
	二、负债类	6601	销售费用
2001	短期借款	6602	管理费用
2201	应付票据	6603	财务费用
2202	应付账款	6701	资产减值损失
2203	预收账款	6711	营业外支出
2211	应付职工薪酬	6801	所得税费用

排序，又使得计算机环境下会计软件运行更为便利。

知识链接 3-1

会计科目的设置要求

（二）按照提供核算指标详细程度分类

会计科目按照提供核算指标详细程度分类，可分为总分类科目和明细分类科目两种。

1.总分类科目

总分类科目又称总账科目或一级科目，是对会计核算和监督的具体内容进行总括分类的科目，它们反映的经济内容或提供的指标最为概括。

2.明细分类科目

明细分类科目又称明细科目，是对总分类科目进行明细分类的科目，它们所反映的经济内容或提供的指标比较详细、具体，是对总分类科目的具体化和详细说明。明细分类科目的设置，除国家统一设置的以外，各单位可以根据本单位的具体情况和经济管理的需要自行规定。

如果在某总分类科目下需要反映的内容较多，则可以增设二级明细科目。二级明细科目是介于总分类科目与明细分类科目之间的科目，比总分类科目提供的指标详细，但又比明细分类科目提供的指标概括，例如，工业企业中的"原材料"属于一级科目，在"原材料"科目下可根据需要分别开设"原料及主要材料""辅助材料""外购半成品"等二级明细科目，而在二级明细科目下还可根据需要，按照材料的品种开设三级明细科目。

现以"原材料"科目为例，将会计科目按照提供核算指标的详细程度分类列示，见表3-2。

表3-2 **会计科目按提供指标的详细程度分类**

总分类科目（一级科目）	明细分类科目	
	二级科目（子目）	明细科目（细目、三级科目）
原材料	原料及主要材料	圆钢
		角钢
	辅助材料	防锈剂
		润滑剂
	燃料	汽油
		柴油

第二节 会计账户

一、账户的含义

账户，是指根据会计科目开设的，具有一定的格式和结构，用于分类反映会计要素增减变动及其结果的一种工具。会计科目只是对会计要素具体分类的项目名称，不能用于具体记载各项目的增减变动过程及其结果，为了全面、系统、分类地核算和监督各项经济业务事项所引起的资金增减变动情况及结果，企业必须根据会计科目开设一系列账户，并连续对账户进行记录，以便于为信息使用者及时、准确地提供各种会计信息。

设置账户是会计核算的专门方法之一，账户所记录的会计数据是编制会计报表的资料来源。

二、会计科目与会计账户的联系与区别

会计科目与会计账户是两个既有区别又相互联系的不同概念。会计科目是设置账户的依据，是账户的名称，账户是根据会计科目开设的，是会计科目的具体运用，即会计科目的核算内容就是账户所要登记的内容；会计科目只是对会计要素具体分类的项目名称，本身没有结构，而账户有相应的结构，能够具体地记录核算内容的增减变动情况及结果。由于会计科目与账户的核算内容是一致的，因此，在实际工作中通常将会计科目与账户作为同义词。

三、账户的结构

（一）账户的基本结构

账户是用来记录经济业务，反映会计要素的具体内容增减变化及其结果的，因此，随着会计主体经济业务的不断发生，会计要素的具体内容也必然随之变化，而且这种变化不管多么错综复杂，从数量上看不外乎增加和减少两种情况。所以用来记录企业在某一会计期间内各种有关数据的账户，在结构上就应分为两方，即左方和右方：一方登记增加数，另一方登记减少数。至于哪一方登记增加数，哪一方登记减少数，则由采用的记账方法和记录的经济内容决定。这就是账户的基本结构。这一基本结构，不会因企业实际使用的账户具体格式的不同而产生变化。

为了说明问题并且便于学习，在会计教学中，我们通常用一条水平线和一条将水平线平分的垂直线来表示账户，称为“T”形账户（也称丁字形账户），其格式如下：

左方　　　　**账户名称（会计科目）**　　　　右方

左方	右方

（二）账户的完整结构

对于一个完整的账户而言，除了必须有反映增加数和减少数的两栏外，还应包括其他栏目，以反映其他相关内容。一个完整的账户结构应包括账户名称、经济业务发生日期、凭证编号、摘要、增加额、减少额、余额方向、余额等内容，具体见表3-2。

表3-2　　　　**账户名称（会计科目）**　　　　第　页

日期	凭证编号	摘要	增加额	减少额	余额方向	余额

（三）账户的金额要素

每个账户一般有四个金额要素，即期初余额、本期增加发生额、本期减少发生额和期末余额。账户如果有期初余额，首先应当在记录增加额的那一方登记，会计事项发生后，要将增减内容记录在相应的栏内。一定期间记录到账户增加方的数额合计，称为增加发生额；记录到账户减少方的数额合计，称为减少发生额。在正常情况下，账户四个金额要素之间的关系如下：

期末余额=期初余额+本期增加发生额-本期减少发生额

账户本期的期末余额转入下期，即为下期的期初余额。每个账户的本期发生额反映的是该类经济内容在本期内的变动情况，而期末余额则反映变动的结果，例如，某企业在某一期间“库存现金”账户的记录如下：

左方　　　　**库存现金**　　　　右方

期初余额：	12 000		
发生额：	8 000	发生额：	5 000
期末余额	15 000		

根据上述账户记录，可知企业期初的库存现金为12 000元，本期增加了8 000元，本期减少了5 000元，到期末企业还有15 000元库存现金余额。

第三节 账户的分类

一、账户按经济内容分类

（一）账户按经济内容分类的意义

按经济内容对账户进行分类，就是按账户所反映的会计对象的具体内容对账户进行分类。在借贷记账法下，不同会计对象增减变动的记账方向是不同的，不同的会计对象有不同的账户结构和用途。明确了账户的经济内容，就为明确账户的用途和结构打下了一个良好的基础。另外，不同的会计报表，包含不同的会计要素，明确了账户的经济内容，就能正确掌握会计账户和相应会计报表之间的关系。因此，通过对账户按经济内容分类，可以更好地运用借贷记账法，确切地了解每类和每个账户具体应核算和监督的内容，设置能适应本单位经营管理需要的、科学完整的账户体系，同时为学习账户的其他分类打下基础。

（二）账户按经济内容分类

任何一个企业要开展生产经营活动，都必须拥有厂房、办公设施设备、机器设备、材料、周转资金等资产，因此，为了反映这些资产的增减变动及其结存情况，需要设置资产类账户，通过账户的发生额反映资产的增减变动情况，通过账户的余额反映资产的结存情况。

从会计的基本等式“资产=负债+所有者权益”中已经了解到，企业的资产来源于债权人借款和所有者投资。为了反映债权人借入资金及其偿还情况，企业需要设置负债类账户，账户发生额反映负债的形成和偿还情况，账户余额反映尚未偿还的债务情况。

所有者权益是企业的资产总额减去负债总额之后的余额，在企业筹建之初，它仅仅是投资者投入企业的资本，而在企业开展生产经营活动并取得盈利以后，所有者权益就是投入资本与留存收益之和。这里所说的留存收益是指企业在一定时期内实现的利润缴纳所得税后提取的盈余公积和未分配利润。为了反映投入资本和留存收益的增减变动及其结果，企业需要设置所有者权益类账户，通过账户的发生额反映投入资本和留存收益的增减变动情况，通过账户的余额反映投入资本变动后的结果和留存收益的实际数额。

企业在取得各项资产后都要将其投入生产经营活动。在生产经营活动开展过程中，随着商品的销售和劳务的提供必然会取得一定的收入。同时，企业进行生产经营活动必然也要发生一些耗费。当企业取得的各项收入在补偿了与之配比的各项耗费后即形成利润。所以，企业在一定会计期间取得的收入和对应发生的费用，最终都体现在当期损益的计算中。因而，为了反映当期损益的计算，需要设置损益类账户，通过账户的发生额归集收入的实现和费用的发生，通过账户发生额的结转，结算出企业在一定期间的利润。

此外，对于产品制造、加工企业而言，为了进行产品成本和劳务成本的计算，企业需要专门设置成本类账户，通过账户的发生额归集产品生产和劳务供应的直接费用、间接费用，以及进行完工产品和劳务成本的结转，通过账户的余额反映企业尚未完成的产品或劳务的成本。

综上所述，账户按其所反映的经济内容分类，可以分为资产类、负债类、所有者权益类、成本类和损益类五类。

1.资产类账户

资产类账户是指核算企业各种资产增减变动及余额的账户。资产按流动性不同，资产类账户又可以分为流动资产和非流动资产两类，因而资产类账户也可分为反映流动资产的账户和反映非流动资产的账户两类。反映流动资产的账户有“库存现金”“银行存款”“应收账款”“应收票据”“其他应收款”“原材料”“库存商品”等账户。反映非流动资产的账户有“长期股权投资”“固定资产” “累计折旧”“无形资产”等账户。

2.负债类账户

负债类账户是指核算企业各种负债增减变动及余额的账户。按照负债的还款期不同，负债类账户又可分为反映流动负债的账户和反映非流动负债的账户两类。反映流动负债的账户有“短期借款”“应付账款”“应付职工薪酬”“应交税费”等账户。反映非流动负债的账户有“长期借款”“应付债券”等账户。

3.所有者权益类账户

所有者权益类账户是指核算企业所有者权益增减变动及余额的账户。按照所有者权益的来源和构成，所有者权益类账户又可以分为反映投入资本的账户和反映资本积累的账户两类。反映投入资本的账户如“实收资本”账户，反映资本积累的账户有“本年利润”“盈余公积”等账户。

4.成本类账户

成本类账户是指反映从事产品生产的企业在产品生产过程中所发生的料、工、费等耗费，并据以计算产品成本的账户，如“制造费用”“生产成本”等账户。

成本类账户和资产类账户有密切的联系。资产一经耗用就转化为费用或成本。所以，成本类账户的期末借方余额属于企业的资产，如“生产成本”账户的借方余额为在产品，当编制资产负债表时归入企业流动资产中的“存货”项目。

5.损益类账户

损益类账户是指反映那些核算内容与损益的计算确定直接相关的账户。损益类账户可以分为反映收入的账户和反映费用的账户：反映收入的账户有“主营业务收入”“其他业务收入”“投资收益”“营业外收入”等；反映费用的账户有“主营业务成本”“其他业务成本”“营业外支出”“管理费用”等。

二、账户按用途结构分类

（一）账户按用途结构分类的意义

账户按经济内容分类，可以使我们了解完整的账户体系，以及各类账户所核算的会计对象的具体内容。这对于正确区分账户的经济性质，合理地设置和运用账户，以满足经营管理的需要有重要意义。但是，仅按经济内容对账户进行分类，还不能使我们了解各种账户的作用，以及它们是如何向会计信息的使用者提供所需的信息的。为了运用账户来记录经济业务，掌握账户在提供核算指标方面的规律性，就需要在按经济内容分类的基础上，进一步按用途和结构对账户进行分类。

账户的用途是指设置和运用账户的目的是什么，通过账户记录能够提供什么核算指标，如我们设置“固定资产”“原材料”等实物资产账户的目的是反映相应的实物资产，通过这些账户记录能够提供相应的实物资产的增减变动及余额方面的核算资料。

账户的结构是指在账户中如何记录经济业务，以取得各种必要的核算指标。在不同的记账方法下，记录经济业务的具体方法是不同的，即反映会计要素的增减变动及余额的方法不同。在借贷记账法下，账户的结构具体是指账户的借方核算什么内容，账户的贷方核算什么内容，期末余额在哪方，具体表示什么内容。

企业错综复杂的经济活动涉及的会计数据都需要通过账户来加以记录和反映，而每一个账户都是根据经营管理和对外报告会计信息的需要而设置的，都有其特定的用途和结构，因而按账户的用途和结构分类的账户体系与按经济内容分类的账户体系，就可能不完全一致。一方面，按经济内容归为一类的账户，可能具有不同的用途和结构；另一方面，具有相同或相似用途和结构的账户，就其反映的经济内容而言可能归属于不同的类别。因此，尽管账户的用途和结构都直接或间接地依存于账户的经济内容，但按账户的经济内容分类的账户体系并不能代替按用途和结构分类的账户体系。按经济内容分类是账户的基本分类方法，按用途和结构分类是对按经济内容分类的账户体系的必要补充。

（二）账户按用途和结构分类

1.盘存账户

盘存账户是企业核算、监督各项财产物资和货币资金的增减变动及其实有数的账户。属于盘存类账户的有："库存现金""银行存款""原材料""库存商品""固定资产"等。在这类账户中，借方登记各项财产物资和货币资金的增加数，贷方登记其减少数，余额总是在借方，表示期末各项财产物资和货币资金的实有数。这类账户一般都可以通过盘点方式进行清查，核对账实是否相符。除反映货币资金的账户外，其他账户通过设置明细账，一般都可同时提供实物计量和货币计量两项指标。盘存账户的基本结构如下：

借方 **盘存账户** 贷方

借方	贷方
期初余额：货币资金和财产物资的期初实有数额	
发生额：货币资金和财产物资的增加额	发生额：货币资金和财产物资的减少额
期末余额：货币资金和财产物资的期末实有数额	

2.资本账户

资本账户是用来核算和监督企业从外部取得的各种投资、增加的资本以及内部资本积累的增减变化及其结果的账户，包括"实收资本""资本公积""盈余公积"等账户。借方登记各项投资和积累的减少数额，贷方登记各项投资和积累的增加额，余额在贷方，表示各项投资和积累的实有数额。资本账户基本结构如下：

借方 **资本账户** 贷方

借方	贷方
	期初余额：投资和积累的期初实有数额
发生额：投资和积累的减少额	发生额：投资和积累的增加额
	期末余额：投资和积累的期末实有数额

3.结算账户

结算账户是用来核算和监督企业同其他单位或个人以及企业内部各单位之间债权、债务结算关系的账户。该类账户只提供货币计量指标，应按照发生结算业务的对方单位或个人设置明细分类账户，以便及时进行结算和核对账目。根据结算的性质，结算账户又可分为债权结算账户、债务结算账户、债权债务结算账户三类。

（1）债权结算账户

债权结算账户又称资产结算账户，是用来核算和监督企业的债权增减变动及实有数的账户，如"应收账款""应收票据""其他应收款"等账户。该类账户借方登记债权的增加额，贷方登记债权的减少额，余额在借方，表示债权的实有数额。债权结算账户的基本结构如下所示：

借方　　债权结算账户　　贷方

借方	贷方
期初余额：债权的期初实有数额	
发生额：债权的增加额	发生额：债权的减少额
期末余额：债权的期末实有数额	

（2）债务结算账户

债务结算账户又称负债结算账户，是用来核算和监督企业的债务增减变动及实有数额的账户，如"应付账款""应交税费""短期借款""应付债券"等账户。该类账户借方登记债务的清偿额，贷方登记债务的增加额，余额在贷方，表示债务的实有数额。债务结算账户的基本结构如下：

借方　　债务结算账户　　贷方

借方	贷方
	期初余额：债务的期初实有数额
发生额：债务的清偿额	发生额：债务的增加额
	期末余额：债务的期末实有数额

（3）债权债务结算账户

债权债务结算账户又称往来结算账户，是用来核算和监督企业同其他单位或个人之间往来结算业务的账户。在实际工作中，某些与企业经常发生业务往来的单位，有时是企业的债权人，有时是企业的债务人，为了集中核算企业与这类单位之间发生的债权和债务的结算情况，有时需要在同一账户中核算应收和应付该单位款项的增减变动及其余额。这类账户借方登记债权的增加额和债务的偿还额，贷方登记债务的增加额和债权的减少额，期末余额既可能在借方，又可能在贷方。余额如在借方，表示尚未收回的债权净额；余额如在贷方，表示尚未偿付的债务净额。

另外，现行企业会计制度规定，预付账款业务不多的企业，可以将预付账款直接并入"应付账款"账户核算；预收账款业务不多的企业，也可以将预收账款直接并入"应收账款"账户进行核算。此时的"应付账款"和"应收账款"账户都是债权债务结算账户。债权债务结算账户的结构如下所示：

借方　　债权债务结算账户　　贷方

借方	贷方
期初余额：债权的期初净额	期初余额：债务的期初净额
发生额：（1）债权的增加额 （2）债务的清偿额	发生额：（1）债务的增加额 （2）债权的减少额
期末余额：期末尚未收回的债权净额	期末余额：期末尚未偿付的债务净额

需要进一步说明的是，结算账户中有许多是双重性质账户，因此，在设置结算账户的企业中，不能只根据账户的名称来判断其性质，而应根据结算账户所属明细账的余额方向来判断是资产还是负债，从而在资产负债表的编制中真实地反映债权

债务的结算情况。

4.调整账户

调整账户是为了求得被调整账户的实际余额而设置的账户。在会计核算中，由于经营管理或其他方面的原因，有时需要对一些会计要素的具体项目用两种数字从不同的方面进行反映，因此需要设置两个账户：一个账户反映原始数字（该账户称为被调整账户），另一个账户反映对原始数字的调整数字，将原始数字同调整数字相加或相减，即可求得管理上所需要的某些特定指标的实际数额。

调整账户按其调整方式的不同，可以分为备抵账户和备抵附加账户两类。

（1）备抵账户

备抵账户是用抵减相关被调整账户金额的方法，反映被调整账户的实际余额的账户。该类账户主要有："累计折旧""坏账准备""存货跌价准备""累计摊销""固定资产减值准备"等。其调整可用下列公式表示：

被调整账户的实际余额=被调整账户余额-备抵调整账户余额

由于备抵账户对被调整账户的调整，实际上是对被调整账户余额的抵减，因此，被调整账户余额的方向与备抵账户的余额方向必定相反。如果被调整账户的余额方向在借方（或贷方），则备抵账户的余额方向一定在贷方（借方）。现列举"固定资产"和"累计折旧"账户的相互关系和调整方式，如下所示：

借方 **固定资产** 贷方

期初余额：	800 000		

借方 **累计折旧** 贷方

		期初余额：	60 000
		发生额：	2 000
		期末余额：	62 000

固定资产原始价值（800 000）-累计折旧额（62 000）=固定资产实际价值（738 000）

从中可以看出，"累计折旧"（备抵账户）配合被调整账户"固定资产"，从不同的角度描述了固定资产的情况，既有固定资产原始价值信息，用以揭示企业生产能力的大小、技术含量的高低，并作为折旧的依据；又有该固定资产的磨损价值和净值数额相互对照，用以说明固定资产的新旧程度。这样，就为了解企业的生产规模，合理组织固定资产的更新改造，确保固定资产的有效利用等，提供了全面、系统的信息。

（2）备抵附加账户

备抵附加账户是既采用抵减调整方式，又采用附加调整方式，以求得被调整账户实际余额的账户。备抵附加账户既可以作为抵减账户，又可以作为附加账户来发挥作用，兼有两种账户的功能，这种账户在某一时刻执行的是哪种功能，取决于该账户的余额与被调整账户的余额在方向上是否一致。当其余额与被调整账户余额在不同方向时，它所起的是抵减作用；当其余额与被调整账户余额在相同方向时，它所起的是附加作用。

“材料成本差异”账户就是“原材料”账户的备抵附加账户。当“材料成本差异”账户是借方余额时，表示实际成本大于计划成本的超支数，用“原材料”账户的借方余额加上“材料成本差异”账户的借方余额，就是材料的实际成本；当“材料成本差异”账户是贷方余额时，表示实际成本小于计划成本的节约数，用“原材料”账户的借方余额减去“材料成本差异”账户的贷方余额，即为材料的实际成本。

借方　　原材料　　贷方

借方		贷方	
期初余额：	220 000		
发生额：	50 000	发生额：	30 000
期末余额：	240 000		

借方　　材料成本差异　　贷方

借方		贷方	
期初余额：	4 400		
发生额：	1 000	发生额：	600
期末余额：	4 800		

结存材料的实际成本（244 800）=结存材料计划成本（240 000）+结存材料成本差异（4 800）

5.集合分配账户

集合分配账户是用来汇集和分配在经营过程中某一阶段所发生的某种间接费用，借以核算、监督有关间接费用计划执行情况，以及间接费用分配情况的账户，如“制造费用”账户。设置这类账户，一方面可以将某一在经营过程中实际发生的间接费用和计划指标进行比较，考核间接费用的超支或节约情况，另一方面也便于将这些费用摊配出去。集合分配账户，借方登记费用的发生额，贷方登记费用的分配额，在一般情况下，登记在这类账户中的费用，期末应全部分配出去，通常没有余额。集合分配账户的基本结构如下：

借方　　集合分配账户　　贷方

借方	贷方
发生额：汇集经营过程中间接费用的本期发生额	发生额：本期分配到有关成本计算对象上的间接费用

6.成本计算账户

成本计算账户是指用来归集在生产经营过程中某一阶段所发生的全部费用，并据以计算、确定各个成本计算对象实际成本的账户，如“生产成本”“材料采购”“在建工程”等账户。该类账户借方登记在生产经营过程中发生的应计入成本的全部费用，贷方登记转出的实际成本，余额在借方，表示尚未完成生产经营过程某一阶段的成本计算对象的实际成本。成本计算账户的基本结构如下所示：

借方 **成本计算账户** 贷方

借方	贷方
期初余额：期初尚未完成生产经营过程某一阶段的成本计算对象的实际成本	
发生额：生产经营过程某一阶段所发生的全部费用数额	发生额：结转已完成的某一阶段成本计算对象的实际成本
期末余额：期末尚未完成生产经营过程某一阶段的成本计算对象的实际成本	

7.期间汇转账户

期间汇转账户，是用来核算和监督企业在生产经营过程中某一会计期间发生的收入和费用，借以在期末计算确定经营成果的账户，包括期间收入汇转账户和期间费用汇转账户。

（1）期间收入汇转账户

期间收入汇转账户是用来核算和监督企业在生产经营过程中某一会计期间实现的收入、收益的账户，如“主营业务收入”“其他业务收入”“投资收益”“营业外收入”等账户。该类账户借方登记收入、收益的减少额或转销额，贷方登记实现的收入、收益额，期末将当期汇集的净收入（收益）转入“本年利润”账户，结转后，该类账户无期末余额。期间收入汇转账户的结构如下所示：

借方 **期间收入汇转账户** 贷方

借方	贷方
发生额：收入、收益的减少数和期末转入“本年利润”账户的收入和收益数	发生额：实现的收入、收益数

（2）期间费用汇转账户

期间费用汇转账户是用来核算和监督企业在生产经营过程中某一会计期间发生的费用的账户，如“管理费用”“财务费用”“销售费用”“主营业务成本”“税金及附加”“其他业务成本”“营业外支出”“所得税费用”等账户。该类账户借方登记费用的发生额，贷方登记费用的冲销或转销额，期末将当期归集的费用结转到“本年利润”账户，结转后，该类账户无期末余额。期间费用汇转账户的基本结构如下所示：

借方 **期间费用汇转账户** 贷方

借方	贷方
发生额：费用的发生额	发生额：费用的冲销额和期末转入“本年利润”账户的费用数

8.财务成果计算账户

财务成果计算账户是用来核算和监督企业在一定时期内财务成果的形成，计算最终成果的账户，如“本年利润”账户。该类账户贷方登记期末从收入计算账户转入的各种收入和收益数，借方登记期末从费用计算账户转入的各种费用支出数，期末将借方发生额和贷方发生额进行比较，就可以确定本会计期间的财务成果，如为贷方余额表示本年内截至计算期实现的利润净额，如为借方余额则表示本年内截至计算期发生的亏损净额。当年终决算时，企业将“本年利润”账户结转至“利润分配”账户，结转后“本年利润”账户无余额。财务成果计算账户的基本结构如下所示：

借方　　财务成果计算账户　　贷方

借方	贷方
发生额：期末，从费用计算账户转入的各项成本、费用支出数	发生额：期末，从收入计算账户转入的各项收入、收益数
期末余额：发生的亏损净额	期末余额：实现的利润净额

本章小结

会计科目是对会计对象的具体内容进行分类核算的项目。设置会计科目是会计核算工作中极为重要的一项工作，它是设置账户和填制会计凭证的依据，是编制会计报表的基础。会计科目按反映的经济内容可分为资产类、负债类、共同类、所有者权益类、成本类、损益类六大类。会计科目按照提供核算指标详细程度分类，可分为总分类科目和明细分类科目两种。账户是对会计要素具体内容的增减变动及其结果进行分类记录、反映的工具。会计科目是设置账户的依据，是账户的名称，账户是根据会计科目开设的，是会计科目的具体运用。会计科目本身没有结构，而账户有相应的结构，从而能够具体记录核算内容的增减变动情况及结果。

章后练习

一、名词解释

1.会计科目　2.会计账户　3.总分类科目　4.明细分类科目
5.期初余额　6.本期发生额　7.期末余额　8.盘存账户
9.资本账户　10.结算账户　11.调整账户　12.集合分配账户
13.成本计算账户　14.期间汇转账户　15.财务成果计算账户

二、简答题

1.什么是会计科目？什么是账户？两者有哪些区别和联系？
2.设置会计科目的原则有哪些？
3.试述账户的基本结构及账户中各金额要素之间的关系。
4.账户按经济内容可分为哪几类？
5.什么是账户的用途和结构？账户按用途和结构分类可分为哪几类？
6.什么是调整账户？举例分析说明调整账户的调整方式及其使用特点。
7.什么是结算账户和集合分配账户？各自有什么特点？

三、实训题

【目的】熟悉会计科目的内容。

【资料】光华有限公司2022年12月31日有关项目及金额如下：

光华有限公司有关项目及金额

2022年12月31日　　单位：元

项　目	应归属的会计要素的类别及金额			应归属的会计科目
	资产	负债	所有者权益	
1.出纳员保管的现金1 000元	1 000			库存现金
2.存放在银行的款项50 000元				
3.购货方拖欠的货款52 000元				
4.库存的各种材料32 000元				
5.库存的完工产品18 000元				
6.厂房、机器设备260 000元				
7.从银行取得短期借款15 000元				
8.拖欠供货方的货款4 000元				
9.欠缴税款3 000元				
10.投资者投入资本320 000元				
11.尚未支付给职工的工资30 000元				
12.企业的资本公积41 000元				
合　计				

【要求】分析上述各项目属于哪项会计要素，确定其应归属的会计科目并将相关内容填入表格。

第四章

复式记账

学习目标

1.掌握复式记账的原理；

2.掌握借贷记账法的记账符号、账户结构、记账规则；

3.理解账户的对应关系和会计分录；

4.掌握借贷记账法的试算平衡。

第一节 复式记账原理

一、记账方法的含义和种类

（一）记账方法的含义

在整个会计核算体系中记账方法居于非常重要的位置，在按一定原则设置了会计科目，并按会计科目开设了账户之后，就需要采用一定的记账方法将会计要素的增减变动登记在账户中。记账方法是指按照一定的规则，使用一定的符号，在账户中登记各项经济业务的技术方法。

（二）记账方法的种类

记账方法按记录方式分为单式记账法和复式记账法。

1.单式记账法

单式记账法是一种比较简单、不完整的记账方法。单式记账法是指对发生的经济业务通常只在一个账户中进行记录的记账方法。这种方法的主要特征是：对于每项经济业务，通常只登记现金和银行存款的收付业务，以及应收款、应付款的结算业务，而不登记实物的收付业务；除了有关应收款、应付款的现金收付业务需要在两个或两个以上账户中各自进行登记外，其他业务只在一个账户中登记或不予登记。由于单式记账法比较简单，其账簿记录考虑的主要是货币资金、债权和债务的发生情况，所以一般只设置“库存现金”“银行存款”“应收账款”“应付账款”等账户，其余事项则不设置账户进行记录，例如，企业用银行存款5 000元购买原材料，在单式记账法下，只登记“银行存款”账户减少5 000元，至于原材料增加了5 000元则不进行记录。而对于有关应收账款、应付账款的现金收付业务，虽然在记现金账的同时也记往来账，但是现金账与往来账是各记各的，彼此没有直接联系。

可见，单式记账法的记账手续虽然简单，但账户之间不能形成相互对应的关系，所以无法全面反映各项经济业务的来龙去脉，也不能正确核算成本和盈亏，更不便于检查账户记录的正确性，从而不能形成一套完整的账户体系，目前这种方法已经很少采用。

2.复式记账法

复式记账法是指对每一项经济业务都要以相等的金额，同时在两个或两个以上相互联系的账户中进行登记的一种记账方法，例如上例，在复式记账法下，除了在“银行存款”账户中做减少5 000元的登记之外，同时还要在“原材料”账户中作增加5 000元的登记。这样登记之后，就可以清楚地知道银行存款减少的原因是购买了原材料。

复式记账法有如下两个特点：（1）需要设置完整的账户体系，对每一项经济业务都要在相互联系的两个或两个以上的账户中进行记录，根据账户记录的结果，不仅可以了解每一项经济业务的来龙去脉，而且可以通过会计要素的增减变动全面、系统地了解经济活动的过程和结果；（2）由于复式记账要求以相等的金额在两个或两个以上的账户中同时记账，因此，可以对账户记录的结果进行试算平衡，以检查账户记录的正确性。

二、复式记账的理论依据

复式记账的理论依据是基本会计等式，即：

资产=负债+所有者权益

如前所述，每一项经济业务都会引起有关会计要素之间或某项会计要素内部至少两个项目发生增减变化，并且金额相等。这些变化的类型不外乎以下几种：资产和负债要素具体项目同时等额增加或同时等额减少；资产和所有者权益要素具体项目同时等额增加或同时等额减少；资产要素内部、负债要素内部或所有者权益要素内部具体项目一增一减，且增减金额相等；负债和所有者权益要素具体项目一增一减，且增减金额相等。但无论发生哪种类型的变化，会计等式的平衡关系都不会被打破。因此，为了全面系统地反映与会计要素有关具体项目的增减变动情况和结果，企业对于任何一笔经济业务都要以相等的金额同时在两个或两个以上相互联系的账户中进行登记，这就是复式记账法。

思政课堂

从复式记账看人生守恒

复式记账是指每一项经济业务发生后，要求同时在两个或两个以上的互相联系的账户中，以相等的金额进行全面、连续、系统记录的一种方法。复式记账的主要特点是能够明确资金的来龙去脉，其理论基础是会计恒等式，即资产＝负债＋所有者权益。会计恒等式的经济含义就是资金的来源（负债、所有者权益）等于资金的去处（资产）。

对于当代大学生而言，复式记账和会计恒等式可以带给我们很多思考。

（1）学习上的得失守恒

大学生活丰富多彩，很多同学在学习与娱乐之间总是难以取舍。这时我们不妨用复式记账的原理分析一下，即“学习的付出=学习的收获”，我们在学习上付出的每一分努力，洒下的每一滴汗水，都将有所回报。因此，每个大学生都应该树立正确的学习目标，并通过刻苦努力学习去实现这个目标，在这个过程中也许需要放弃一些享乐，但只要持之以恒，不轻言放弃，就一定能够取得更多的收获。

（2）财富守恒定律

会计恒等式还可以帮助我们对财富进行衡量，一方面可以用于衡量物质财富，资产减去负债的剩余部分是属于我们自己的权益，它代表着我们将多少社会财富变为己有；另一方面可以用于衡量精神财富，资产是你给予他人多少帮助，付出了多少情义，负债是你获得多少帮助，资产减去负债，留下的是你对社会的净贡献。作为当代大学生，希望大家能够努力增加人生的资产，减少人生的负债，从而留下更多的权益为社会做出贡献。

三、复式记账的基本原则

运用复式记账法应该遵循以下几个基本原则：

1.以会计等式作为记账的基础

会计等式是将会计对象的具体内容，即会计要素之间的相互关系，运用数学方程式的原理进行描述。它是客观存在的必然经济现象，同时也是资金运动规律的具体化。为了揭示资金运动的内在规律性，复式记账必须以会计等式作为其记账的基础。

2.对每项经济业务都要以相等的金额在两个或两个以上相互联系的账户中进行反映

前已述及，会计主体发生任何一项经济业务都会引起两个或两个以上会计要素具体项目发生等量变化，为了反映这种等量变化，就必须在两个或两个以上账户中做等额双重记录。

3.必须按经济业务对会计等式的影响类型进行记录

前已说明，尽管企业单位发生的经济业务复杂多样，但对会计等式的影响无外乎两种类型：一类是影响会计等式等号两边会计要素同时发生变化的经济业务，这类业务能够变更企业的资金总额，使会计等式等号两边等额同增或等额同减；另一类是影响会计等式等号某一边会计要素发生变化的经济业务，这类业务不变更企业的资金总额，只会使会计等式等号某一边等额地有增有减。这就决定了会计上对第一类经济业务，应在等式两边的账户中等额记同增或同减；对第二类经济业务，应在等式某一边的账户中等额记有增有减。

4.定期汇总的全部账户记录必须平衡

通过复式记账的每笔经济业务的双重等额记录，定期汇总的全部账户的数据必然会保持会计等式的平衡关系。复式记账试算平衡有发生额平衡法和余额平衡法两种。发生额平衡法，是将一定时期会计等式等号两边账户的发生额增、减交叉相加之和进行核对相等，其计算公式是：资产账户增加额合计+权益账户减少额合计=权益账户增加额合计+资产账户减少额合计余额平衡法，是将某一时点会计等式等号两边账户的余额分别加计总数进行核对相等，其计算公式是：资产账户期末余额合计＝权益账户期末余额合计。通过上述方法，如果试算平衡，那么说明账户金额记录基本正确。

四、复式记账的作用

通过以上分析不难看出，复式记账就是利用数学方程式的平衡原理来记录经济业务，这样登记的结果，能够把所有经济业务相互联系地、全面地记入有关账户之中，从而使账户能够全面、系统地反映和监督经济活动的过程和结果，能够提供经营管理所需要的数据资料。同时，由于每笔账户记录都是相互对应地反映每项经济业务引起的资金运动的来龙去脉，因此，应用复式记账法，还可以通过有关账户之间的关系了解经济业务的内容，检查经济业务是否合理、合法。此外，根据复式记账必然相等的平衡关系，会计人员通过全部账户记录结果的试算平衡，还可以检查账户记录有无差错。

综上所述，复式记账法具有单式记账法所无可比拟的优势，因而它也是世界各国公认的一种科学的记账方法。复式记账法是从长期的会计实践中逐步总结形成的，分为增减记账法、收付记账法和借贷记账法三种。其中“增减记账法”和“收付记账法”是我国在计划经济体制的会计核算模式下曾经使用过的两种复式记账法。目前，借贷记账法是世界各国普遍采用的一种记账方法，我国《企业会计准则》规定，中国境内的所有企业统一使用借贷记账法。

知识链接4-1

“增减记账法”与“收付记账法”

第二节 借贷记账法

一、借贷记账法的产生与发展

借贷记账法是以“借”“贷”二字作为记账符号，记录会计要素增减变动情况的一种复式记账方法。

视频

借贷记账法的产生、含义

借贷记账法起源于13世纪的意大利。当时，西方资本主义的商品经济有了长足发展，在商品交换中，为了适应商业资本和借贷资本经营者管理的需要，借贷记账法逐步形成。

“借”“贷”二字的含义，最初是从借贷资本家的角度来解释的。借贷资本家以经营货币资金的借入和贷出为主要业务，对于借进的款项，记在贷主（creditor）名下，表示自身的债务增加；对于贷出的款项，则记在借主（debtor）名下，表示自身的债权增加。这样，“借”“贷”二字分别表示债权（应收款）、债务（应付款）的变化。随着商品经济的发展，经济活动的内容日趋复杂化，记录的经济业务也不再限于货币资金的借贷业务，而逐渐扩展到财产物资、经营损益和经营资本等的增减变化。这时，为了求得记账的一致，对于非货币资金借贷的业务，也利用“借”“贷”二字说明经济业务的变化情况。这样，“借”“贷”二字逐渐失去了原来的字面含义，演变为单纯的记账符号，成为会计上的专门术语。

到15世纪，借贷记账法逐渐完备，被用来反映资本的存在形态和所有者权益的增减变化。与此同时，西方国家的会计学者提出了借贷记账法的理论依据，即“资产=负债+资本”的平衡公式（亦称会计方程式），并根据这个理论确立了借贷记账法的记账规则，使借贷记账法成为一种科学的记账方法，并被世界上许多国家广泛采用，也使得会计成为一种国际商业语言。

知识链接4-2 复式簿记的演变

二、借贷记账法的特点

（一）记账符号

记账符号，是会计核算中采用的一种抽象标记，表示经济业务的增减变动和记账方向。

借贷记账法以“借”和“贷”作为记账符号，“借”（英文简写为Dr）表示记入账户的借方；“贷”（英文简写为Cr）表示记入账户的贷方。

最早的“借”“贷”二字分别表示债权、债务的增减变化，但随着商品经济的发展和经济业务内容的日趋复杂，“借”“贷”已逐渐失去了其原来的字面含义，转化为纯粹的记账符号，用于标明记账的方向。

（二）账户结构

借贷记账法的账户基本结构是：每一个账户都分为“借方”和“贷方”，一般规定账户的左方为“借方”，账户的右方为“贷方”。如果在账户的借方记录经济业务，则可以称为“借记某科目”；如果在账户的贷方记录经济业务，则可以称为“贷记某科目”。

当采用借贷记账法时，账户的借贷两方必须做相反方向的记录，即对于每一个账户来说，如果规定借方用来登记增加额，那么贷方就用来登记减少额；如果规定借方用来登记减少额，那么贷方就用来登记增加额。究竟哪个账户的哪一方用来登记增加额，哪一方用来登记减少额呢？这要根据各个账户所反映的经济内容和账户的性质来决定。不同性质的账户，其结构是不同的。

视频 借贷记账法的账户结构

1.资产类账户

资产类账户的结构是：账户的借方登记资产的增加额，贷方登记资产的减少额。在一个会计期间内（年、季、月），借方记录的合计数额称为借方发生额，贷方记录的合计数称为贷方发生额。在每一会计期间的期末将借方发生额与贷方发生额相比较，其差额称为期末余额。由于资产的减少额不可能大于它的期初余额与本期增加额之和，因此，资产类账户的期末余额一般在借方。

该类账户期末余额的计算公式如下：

资产类账户期末借方余额=期初借方余额+本期借方发生额-本期贷方发生额

如果用“T”形账户表示，则资产类账户结构如下：

资产类账户

借方		贷方	
期初余额	×××		
(1) 增加额	×××	(1) 减少额	×××
(2) 增加额	×××	(2) 减少额	×××
本期发生额	×××	本期发生额	×××
期末余额	×××		

2.负债及所有者权益类账户

由会计等式“资产=负债+所有者权益”所决定，负债及所有者权益类账户的结构与资产类账户的结构正好相反，其贷方登记负债及所有者权益的增加额，借方登记负债及所有者权益的减少额。由于负债及所有者权益的增加额与期初余额之和，通常要大于（或等于）其本期减少额，因此，负债及所有者权益类账户的期末余额一般在贷方。

该类账户期末余额的计算公式如下：

负债及所有者权益类账户期末贷方余额=期初贷方余额+本期贷方发生额-本期借方发生额

如果用“T”形账户表示，则负债及所有者权益类账户结构如下：

负债及所有者权益类账户

借方		贷方	
		期初余额	×××
(1) 减少额	×××	(1) 增加额	×××
(2) 减少额	×××	(2) 增加额	×××
本期发生额	×××	本期发生额	×××
		期末余额	×××

3.费用类账户

企业在生产经营过程中所发生的各种耗费，大多由资产转化而来，所以费用在抵销收入之前，可将其视为一种特殊资产，因此费用类账户的结构与资产类账户基本相同，账户的借方登记费用的增加额，贷方登记费用的减少（转销）额，由于借方登记的费用增加额一般要通过贷方转出，因此，费用类账户通常没有期末余额。

如果用“T”形账户表示，则费用类账户结构如下：

费用类账户

借方		贷方	
(1) 增加额	×××	(1) 减少额	×××
(2) 增加额	×××	(2) 减少额	×××
本期发生额	×××	本期发生额	×××

4.收入类账户

收入类账户的结构与负债及所有者权益类账户的结构相似，账户的贷方登记收入的增加额，借方登记收入的减少（转销）额，由于贷方登记的收入增加额一般要通过借方转出，因此，收入类账户通常也没有期末余额。

如果用“T”形账户表示，则收入类账户结构如下：

借方	收入类账户		贷方
（1）减少额	×××	（1）增加额	×××
（2）减少额	×××	（2）增加额	×××
本期发生额	×××	本期发生额	×××

5.利润类账户

利润类账户的结构也与负债及所有者权益类账户的结构大致相同，账户的贷方登记利润的增加额，借方登记利润的减少额，期末余额通常在贷方。

如果用“T”形账户表示，则利润类账户结构如下：

借方	利润类账户		贷方
		期初余额	×××
（1）减少额	×××	（1）增加额	×××
（2）减少额	×××	（2）增加额	×××
本期发生额	×××	本期发生额	×××
		期末余额	×××

为了便于掌握和使用不同的账户，现将上述各类账户的结构用表4-1概括如下：

表4-1 **借贷记账法下各类账户结构**

账户类别	借方	贷方	余额
资产类	增加	减少	一般在借方
负债类	减少	增加	一般在贷方
所有者权益类	减少	增加	一般在贷方
收入类	减少（转销）	增加	一般无余额
费用类	增加	减少（转销）	一般无余额
利润类	减少	增加	一般在贷方

一般来说，借贷记账法下各类账户的期末余额与记录增加额的一方在同一个方向，即资产类账户的期末余额一般在借方，负债及所有者权益类账户的期末余额一般在贷方。因此，我们可以根据账户余额所在方向来判断账户的性质，即账户若为借方余额，则为资产（包括有余额的费用）类账户；账户若为贷方余额，则为负债

或所有者权益（利润）类账户。借贷记账法的这一特点，决定了它可以设置双重性质账户。

双重性质账户，是指既可以用来核算资产、费用，又可以用来核算负债、所有者权益和收入的账户，如“其他往来”“待处理财产损溢”“投资收益”等。这类账户或者只有借方余额，或者只有贷方余额，根据双重性质账户期末余额的方向，可以确定账户的性质。由于任何一个双重性质账户都是把原来的两个有关账户合并在一起，并具有合并前两个账户的功能，因此，设置双重性质账户，可以减少账户数量，使账务处理简便灵活。

（三）记账规则

在借贷记账法下，根据复式记账原理，对发生的每一笔经济业务都以相等的金额、相反的方向，同时在两个或两个以上相互联系的账户中进行记录，即按照经济业务的内容，一方面记入一个或几个有关账户的借方，另一方面记入一个或几个有关账户的贷方，并且记入借方和记入贷方的金额必须相等。这就是借贷记账法的记账规则：有借必有贷，借贷必相等。

下面举例说明借贷记账法的记账规则。

【例4-1】华夏有限责任公司2022年1月5日接受新华公司的追加投资150 000元，款项存入银行。

分析：这笔经济业务使得资产类的银行存款和所有者权益类的实收资本同时增加150 000元。资产类账户增加在借方，所有者权益类账户增加在贷方。因此，一方面应在“银行存款”账户的借方做记录，另一方面应在“实收资本”账户的贷方做记录，如下所示：

借方	银行存款	贷方
150 000		

借方	实收资本	贷方
		150 000

【例4-2】华夏有限责任公司2022年1月12日以银行存款20 000元购入一台设备。

分析：这笔经济业务使得资产类的银行存款减少20 000元，同时使得资产类的固定资产增加20 000元。资产类账户增加在借方，减少在贷方。因此，一方面应在“银行存款”账户的贷方做记录，另一方面应在“固定资产”账户的借方做记录，如下所示：

借方	银行存款	贷方
		20 000

借方	固定资产	贷方
20 000		

【例4-3】华夏有限责任公司2022年1月15日从供应单位购入材料8 000元，货款尚未支付。

分析：这笔经济业务使得资产类的原材料和负债类的应付账款同时增加8 000

元。资产类账户增加在借方，负债类账户增加在贷方。因此，一方面应在“原材料”账户的借方做记录，另一方面应在“应付账款”账户的贷方做记录，如下所示：

借方 原材料	贷方
8 000	

借方 应付账款	贷方
	8 000

【例 4–4】2022年1月21日，华夏有限责任公司的应付账款到期，向银行取得期限6个月的借款35 000元直接偿还应付账款。

分析：这笔经济业务使得负债类的应付账款减少35 000元，同时使得负债类的短期借款增加35 000元。负债类账户减少在借方，增加在贷方。因此，一方面应在“应付账款”账户的借方做记录，另一方面应在“短期借款”账户的贷方做记录，如下所示：

借方 应付账款	贷方
35 000	

借方 短期借款	贷方
	35 000

【例 4–5】2022年1月25日，华夏有限责任公司将资本公积80 000元按法定程序转增资本。

分析：这笔经济业务使得所有者权益类的资本公积减少80 000元，同时使得所有者权益类的实收资本增加80 000元。所有者权益类账户减少在借方，增加在贷方。因此，一方面应在“资本公积”账户的借方做记录，另一方面应在“实收资本”账户的贷方做记录，如下所示：

借方 资本公积	贷方
80 000	

借方 实收资本	贷方
	80 000

从以上例子可以看出，每一项经济业务发生之后，采用借贷记账法进行账务处理，都必须在记入某一个账户借方的同时记入另一个账户的贷方，并且借贷金额相等。如果是复杂的经济业务，则可能需要登记在一个账户的借方和几个账户的贷方，或几个账户的借方和一个账户的贷方，或几个账户的借方和几个账户的贷方，并且借贷总金额相等。由此可见，在借贷记账法下，不论发生何种经济业务，记账时都必然体现“有借必有贷，借贷必相等”的规则。

三、账户的对应关系和会计分录

（一）账户的对应关系

采用借贷记账法，当某项经济业务发生时，总会在有关账户之间形成应借、应贷的关系。我们把账户之间应借、应贷的相互关系，称为账户的对应关系，把形成对应关系的账户，称为对应账户。

例如，用银行存款5 000元购买原材料，需要在“原材料”账户的借方和“银行存款”账户的贷方进行记录。这样“原材料”与“银行存款”账户就发生了对应关系，这两个账户也就成了对应账户。由于账户的对应关系反映了每项经济业务的内容，以及由此引起的资金运动的来龙去脉，因此，当采用借贷记账法登记各项经济业务时，要先通过编制会计分录来确定其所涉及的账户及其对应关系，从而保证账户记录的正确性。

（二）会计分录

会计分录（简称分录），是标明某项经济业务应借、应贷账户的名称及其金额的记录。在各项经济业务登记到账户之前，都要先根据经济业务的内容，运用借贷记账法的记账规则，确定所涉及的账户及其应借、应贷的方向和金额。在实际工作中，这项工作通过在记账凭证上编制会计分录完成。

会计分录按其所运用账户的多少分为简单会计分录和复合会计分录两种。简单会计分录，是指由两个账户所组成的会计分录，即一借一贷的会计分录。简单会计分录反映问题直观，账户对应关系简单明了，便于检查。复合会计分录，是指由两个以上账户所组成的会计分录，包括一借多贷、一贷多借和多借多贷的会计分录。复合会计分录实际上是由几个简单会计分录组合而成，因此必要时可将其分解成若干个简单会计分录。编制复合会计分录，账户的对应关系较为复杂，但可以集中、全面地反映某项经济业务的全面情况，简化记账手续。

编制会计分录应按下列步骤进行：

（1）根据经济业务所涉及的会计科目，确定账户名称；

（2）分析所涉及账户的性质；

（3）根据所涉及账户的性质和增减变动情况，确定记账的方向；

（4）按照借贷相等的原理，确定账户中所记录的金额；

（5）分录编好后，应检查分录中应借应贷科目是否正确，借贷方金额是否相等。

会计分录的书写格式为借方在上，贷方在下，借和贷两个字要错开，一般贷方的记账符号、账户名称和金额都要比借方退后一至二格。

现将前面【例4-1】至【例4-5】这五笔经济业务的会计分录列示如下：

（1）借：银行存款	150 000	
贷：实收资本		150 000
（2）借：固定资产	20 000	
贷：银行存款		20 000
（3）借：原材料	8 000	
贷：应付账款		8 000
（4）借：应付账款	35 000	
贷：短期借款		35 000
（5）借：资本公积	80 000	
贷：实收资本		80 000

以上会计分录均为简单会计分录，下面再举例说明复合会计分录的编制。

【例4-6】2022年1月27日，华夏有限责任公司购入原材料30 000元，其中20 000元以银行存款支付，其余10 000元尚欠（暂不考虑增值税）。

分析：这笔经济业务使得资产类的原材料增加30 000元和银行存款减少20 000元，负债类的应付账款增加10 000元。因此，一方面应记入"原材料"账户的借方，另一方面应记入"银行存款"和"应付账款"账户的贷方。其会计分录为：

借：原材料　　30 000

　贷：银行存款　　20 000

　　　应付账款　　10 000

【例4-7】2022年1月30日，华夏有限责任公司以银行存款50 000元，偿还银行短期借款30 000元和前欠某单位货款20 000元。

分析：这笔经济业务使得资产类的银行存款减少50 000元，负债类的短期借款和应付账款分别减少30 000元和20 000元。因此，一方面应记入"银行存款"账户的贷方，另一方面应记入"短期借款"和"应付账款"账户的借方。其会计分录为：

借：短期借款　　30 000

　　应付账款　　20 000

　贷：银行存款　　50 000

需要注意的是，在实际工作中，如果一项经济业务涉及多借多贷的科目，为全面反映此项经济业务，可以编制多借多贷的复合会计分录，但不允许将不同类型的经济业务合并在一起编制多借多贷的复合会计分录，以免因账户的对应关系不清楚，不便于以后的检查和审计。

四、借贷记账法的试算平衡

视频

试算平衡

试算平衡，是指根据会计等式的平衡关系，按照记账规则的要求，通过汇总计算和比较，为检查账户记录的正确性、完整性而采用的一种技术方法。

（一）发生额试算平衡

按照借贷记账法"有借必有贷，借贷必相等"的记账规则，发生任何一笔经济业务编制的会计分录借贷发生额都是相等的，而且当一定会计期间全部经济业务的会计分录都记入相关账户后，所有账户的借方发生额合计数与所有账户贷方发生额合计数也必然相等。用借贷记账法记账，就要根据借贷必相等的规则进行试算平衡，检查每笔经济业务的会计分录是否正确，检查全部账户的本期发生额是否正确，因此有发生额试算平衡公式：

全部账户借方发生额合计=全部账户贷方发生额合计

（二）余额试算平衡

通过前面账户结构的说明，我们可以得出结论，凡是借方余额的账户都是资产类账户，凡是贷方余额的账户都是负债或所有者权益类账户。由于"资产=负债+

所有者权益”的会计恒等式，因此，全部账户借方余额合计数与全部账户贷方余额合计数存在着相等的关系，从而有余额试算平衡公式：

全部账户借方余额合计=全部账户贷方余额合计

（三）编制试算平衡表

在实际工作中，试算平衡工作一般是在月末结出各个账户本期发生额和期末余额后，通过编制试算平衡表来进行的。试算平衡表有三种格式：一种是总分类账户本期发生额试算平衡表（见表4-2）；一种是总分类账户期末余额试算平衡表（见表4-3）；还有一种是将本期发生额和期末余额合并在一张表上进行试算平衡的总分类账户本期发生额及余额试算平衡表（见表4-4）。

表4-2 **总分类账户本期发生额试算平衡表**

年 月 日 单位：元

账户名称	借方发生额	贷方发生额
合 计		

表4-3 **总分类账户期末余额试算平衡表**

年 月 日 单位：元

账户名称	期末借方余额	期末贷方余额
合 计		

表4-4 **总分类账户本期发生额及余额试算平衡表**

年 月 日 单位：元

账户名称	期初余额		本期发生额		期末余额	
	借方	贷方	借方	贷方	借方	贷方
合 计						

在试算平衡的过程中，如果借贷金额（发生额或余额）不相等，可以肯定账户的记录或计算有错误；但如果借贷金额相等，却不能肯定账户记录一定没有错误，因为有些错误并不会影响借贷双方的平衡，如重记某项经济业务、漏记某项经济业务、记录某项经济业务时颠倒了记账方向、方向正确但记错了账户等。因此，根据试算平衡的结果，只能确认账户记录是否基本正确。

现将前例所举华夏有限责任公司的7笔经济业务记入有关的总分类账户，结出各账户的本期发生额和期末余额，并编制“总分类账户本期发生额及余额试算平衡表”（见表4-6）。

假设华夏有限责任公司2022年1月1日各总分类账户期初余额见表4-5。

表4-5 **总分类账户期初余额**

2022年1月1日 单位：元

账户名称	期初余额	
	借　方	贷　方
银行存款	450 000	
原材料	150 000	
固定资产	800 000	
短期借款		120 000
应付账款		70 000
实收资本		1 000 000
资本公积		210 000
合　计	1 400 000	1 400 000

借方 **银行存款** 贷方

期初余额	450 000		
(1)	150 000	(2)	20 000
		(6)	20 000
		(7)	50 000
本期发生额	150 000	本期发生额	90 000
期末余额	510 000		

借方 **原材料** 贷方

期初余额	150 000		
(3)	8 000		
(6)	30 000		
本期发生额	38 000	本期发生额	0
期末余额	188 000		

借方	固定资产		贷方
期初余额	800 000		
(2)	20 000		
本期发生额	20 000	本期发生额	0
期末余额	820 000		

借方	短期借款		贷方
		期初余额	120 000
(7)	30 000	(4)	35 000
本期发生额	30 000	本期发生额	35 000
		期末余额	125 000

借方	应付账款		贷方
		期初余额	70 000
(4)	35 000	(3)	8 000
(7)	20 000	(6)	10 000
本期发生额	55 000	本期发生额	18 000
		期末余额	33 000

借方	实收资本		贷方
		期初余额	1 000 000
		(1)	150 000
		(5)	80 000
本期发生额	0	本期发生额	230 000
		期末余额	1 230 000

借方	资本公积		贷方
		期初余额	210 000
(5)	80 000		
本期发生额	80 000	本期发生额	0
		期末余额	130 000

表4-6 **总分类账户本期发生额及余额试算平衡表**

2022年1月31日 单位：元

账户名称	期初余额		本期发生额		期末余额	
	借方	贷方	借方	贷方	借方	贷方
银行存款	450 000		150 000	90 000	510 000	
原材料	150 000		38 000		188 000	
固定资产	800 000		20 000		820 000	
短期借款		120 000	30 000	35 000		125 000
应付账款		70 000	55 000	18 000		33 000
实收资本		1 000 000		230 000		1 230 000
资本公积		210 000	80 000			130 000
合　计	1 400 000	1 400 000	373 000	373 000	1 518 000	1 518 000

本章小结

记账方法按记录方式分为单式记账法和复式记账法。复式记账法是现代会计采用的一种科学的记账方法，是指对每一项经济业务都以相等的金额，同时在两个或两个以上相互联系的账户中进行登记的记账方法。目前，借贷记账法已成为全世界通用的商业语言，我国企业均采用借贷记账法。借贷记账法以“资产=负债+所有者权益”为理论依据，以“借”和“贷”作为记账符号，以“有借必有贷、借贷必相等”作为记账规则。会计分录是标明某项经济业务应借、应贷账户的名称及其金额的记录，分为简单会计分录和复合会计分录两种。账户的对应关系是指账户之间相互依存的应借、应贷关系，存在对应关系的账户，互为对应账户。试算平衡，是指根据会计等式的平衡关系，按照记账规则的要求，通过汇总计算和比较，为检查账户记录的正确性、完整性而采用的一种技术方法。

章后练习

一、名词解释

1.复式记账法　2.借贷记账法　3.会计分录　4.对应账户
5.简单分录　6.复合分录　7.试算平衡　8.发生额平衡法
9.余额平衡法

二、简答题

1.什么是复式记账？复式记账的理论依据是什么？
2.什么是借贷记账法？借贷记账法的记账规则是什么？
3.借贷记账法下各类账户的结构特征如何？
4.什么是会计分录？如何编制会计分录？
5.什么是试算平衡？如何进行试算平衡？
6.试算平衡能否发现所有记账错误？为什么？

三、实训题

实训一

【目的】掌握借贷记账法下的账户结构及账户金额的计算方法。

【资料】伊斯利公司2022年3月31日部分账户资料如下（见表4-7）：

表4-7　**伊斯利公司部分账户资料**

2022年3月31日　单位：元

账户名称	期初余额	借方发生额	贷方发生额	期末余额
银行存款	125 000	56 200		89 400
原材料	256 800		124 800	275 350
固定资产		750 000	150 000	1 250 000
应付账款	380 000	260 000	25 000	
盈余公积	750 000		200 000	900 000
预收账款	85 000	32 500		58 000
应收票据		25 600	48 500	39 300

【要求】根据各类账户的结构，计算并填写表4-7中的空格。

实训二

【目的】掌握借贷记账法下编制会计分录、登记账户和试算平衡的方法。

【资料】黄河公司2022年5月1日有关总分类账户的余额如下（见表4-8）：

表4-8 黄河公司有关总分类账户余额

2022年5月1日

单位：元

账户名称	借方余额	账户名称	贷方余额
库存现金	1 500	短期借款	80 000
银行存款	213 000	应付账款	120 500
原材料	120 000	实收资本	534 000
生产成本	40 000	盈余公积	200 000
固定资产	560 000		
合　计	934 500	合　计	934 500

该企业5月发生如下经济业务：

（1）接受A公司投资500 000元，款项已存入银行；

（2）用银行存款42 000元归还前欠供货单位货款；

（3）购入价值34 000元的原材料一批，款项未付；

（4）开出商业汇票一张，面值65 000元，直接偿还前欠货款；

（5）从银行提取现金2 000元，以备零用；

（6）王明出差，预借差旅费2 800元，以现金支付；

（7）用银行存款60 000元偿还短期借款。

（8）生产领用原材料50 000元；

（9）接受B企业投资的生产设备一套，价值200 000元；

（10）以盈余公积100 000元转增资本。

【要求】1.根据上述经济业务编制会计分录。

2.根据资料开设并登记有关总分类账户（开设“T”形账户即可）。

3.编制黄河公司2022年5月份的总分类账户本期发生额及余额试算平衡表（见表4-9）。

表4-9 总分类账户本期发生额及余额试算平衡表

年　　月　　日

单位：元

账户名称	期初余额		本期发生额		期末余额	
	借方	贷方	借方	贷方	借方	贷方
合　计						

第五章

制造业企业主要经济业务的核算

学习目标

1. 了解制造业企业主要经济业务核算的内容；
2. 掌握制造业企业主要经济业务核算设置的账户及用途；
3. 掌握制造业企业主要经济业务会计分录的编制。

第一节 制造业企业主要经济业务概述

为了更加全面、深入地掌握账户和借贷记账法，这一节将以制造业企业日常发生的主要经济业务为例，进一步阐述在借贷记账法下，如何建立一套完整的账户体系，以及如何利用这套体系进行日常账务处理。

制造业企业是产品的生产单位，其完整的生产经营过程由供应过程、生产过程和销售过程构成。企业为了进行生产经营活动，生产适销对路的产品，必须拥有一定数量的经营资金，而这些经营资金都是从一定的渠道取得的。经营资金在生产经营过程中被具体运用时表现为不同的占用形态，一般可以分为货币资金、固定资金、储备资金、生产资金、成品资金等，而且随着生产经营过程的不断进行，这些资金形态不断转化，从而形成经营资金的循环与周转。

企业生产经营过程的正常进行，首先需要筹集生产经营所需的资金，而筹资的渠道主要包括接受投资者的投资和向债权人借入。完成筹资任务即接受投资或形成负债，资金筹集业务的完成意味着资金投入企业。

接下来企业通过供应过程将筹集到的货币资金用来购买机器设备等劳动资料从而形成固定资产，以及购买原材料等劳动对象从而形成储备资金，进而为生产产品做好物资上的准备。在这个过程中，企业的货币资金分别转化为固定资金形态和储备资金形态。由于劳动资料大多是固定资产，一旦购买完成将长期供企业使用，因此，供应过程的主要核算内容是用货币资金（或形成结算债务）购买原材料的业务，完成了供应材料价款和税款、发生采购费用、计算采购成本、材料验收入库结转成本等。

进入生产过程，劳动者借助劳动资料对劳动对象进行加工，发生各种材料费用、人工费用和固定资产折旧费等生产费用，生产各种产品。生产过程既是产品的制造过程，又是物化劳动和活劳动的耗费过程，即费用、成本的发生过程。从消耗或加工对象的实物形态及其变化过程看，原材料等劳动对象通过加工形成在产品，在随着生产过程的不断进行，在产品终究要转化为产成品；从价值形态来看，在生产过程中发生的各种耗费形成企业的生产费用，具体而言，为生产产品耗费材料会形成材料费用，耗费活劳动会形成工资及福利等人工费用，使用厂房、机器设备等劳动资料会形成折旧费用等。在生产过程中发生的这些生产费用总和构成产品的生产成本（亦称制造成本）。其资金形态从固定资金、储备资金和一部分货币资金转化为生产资金，随着生产过程的不断进行，产成品生产出来并验收入库之后，其资金形态又转化为成品资金。生产费用的发生、归集和分配，以及完工产品生产成本的计算等构成了生产过程核算的基本内容。

在销售过程中，企业通过销售产品形成收入，随着货款的收回，使得资金状态由成品资金状态转化为货币资金状态，从而完成一次资金的循环。销售过程是产品价值的实现过程。在销售过程中还要发生各种诸如包装费、广告费等销售费用，需要计算并及时缴纳各种销售税金，结转销售成本，这些都属于销售过程的核算内容。

企业在生产经营过程中所获得的各项收入遵循配比的要求抵偿了各项成本、费用之后的差额，形成企业的所得，即利润。企业实现的利润，一部分要以所得税的形式上缴国家，形成国家的财政收入；另一部分即税后利润，要按照规定的程序在各有关方面进行合理的分配，如果发生了亏损，还要按照规定的程序进行弥补。通过利润分配，一部分资金要退出企业，一部分资金要以公积金等形式继续参加企业的资金周转。

综合上述各类业务的特点，企业在经营过程中发生的主要经济业务包括资金筹集业务、材料采购业务、生产业务、销售业务、利润形成与分配业务等，下面将对主要经济业务的核算进行说明。

第二节　资金筹集业务的核算

企业生存和发展的首要前提就是要筹集到与企业规模相适应的资金。企业资金有两个主要来源：一是企业所有者投入的资金，如企业通过发行股票或签订投资协议等形式吸收投资所获得的资金，其所有权属于企业的投资者，属于企业的所有者权益；二是企业向债权人借入的资金，如企业通过向银行借款或发行债券等形式所获得的资金，体现为企业和债权人之间的债权债务关系，属于企业的负债。这两种资金来源由于在性质、还款方式、收益的享有及企业风险承担等方面均存在较大不同，因此，在会计处理上也有较大的区别。

一、接受投资业务的核算

（一）接受投资业务核算的主要内容

我国法律明确规定，设立企业必须有符合国家规定并与其生产经营和服务规模相适应的资本，它是保证企业正常经营的必要条件，也是企业承担经营风险的保障。

实收资本，是指投资者按照企业章程或合同、协议的约定，实际投入企业的资

知识链接5-1
“注册资本”与“实收资本”

本。企业接受投资者投入的资本，按照投资主体（即由谁投资）的不同，可分为国家投入资本、法人投入资本、个人投入资本和外商投入资本等；按照投入资产形态（即投入的是什么）的不同，可分为货币资金投资、实物投资和无形资产投资等。因此，接受投资业务核算的主要内容包括：接受货币资金投资、接受实物投资、接受无形资产投资以及接受投资超出注册资本法定份额的会计处理。

知识链接5-2
注册资本认缴登记制

我国目前实行的是注册资本认缴登记制度，要求认缴期满时企业的实收资本应与注册资本一致。企业接受各方投资者投入的资本金应遵守资本保全（又称资本维持）制度的要求，除法律、法规另有规定者外，不得随意抽回。

（二）接受投资业务核算应设置的账户

1.“实收资本”/“股本”账户

该账户属于所有者权益类账户，用来核算和监督企业实收资本的增减变动情况及其结果，其贷方登记企业实际收到投资者作为资本投入资金的数额，借方登记实收资本的减少额，期末余额在贷方，表示期末企业实有的资本数额。该账户应按投资者的名称设置明细账户，进行明细分类核算。

“实收资本”账户结构如下：

借方　　**实收资本**　　贷方

实收资本的减少额	实收资本的增加额
	期末余额：实收资本的实有额

对于股份有限公司，应将“实收资本”账户改为“股本”账户，该账户用来核算股份有限公司由股东投入企业的资本增减变动情况及其结果，其贷方登记按股票面值与已发行股份总数的乘积计算的金额，借方登记按法定程序报经批准减少的注册资本，贷方余额表示企业实有的股本总额。本账户按普通股和优先股设置明细账户，进行明细分类核算。

“股本”账户结构如下：

借方　　**股本**　　贷方

股本的减少额	股本的增加额
	期末余额：股本的实有额

知识链接5-3
“有限责任公司”与“股份有限公司”

2.“资本公积”账户

该账户属于所有者权益类账户，用来核算和监督企业资本公积的增减变动情况及其结果，其贷方登记企业取得的资本公积金，借方登记资本公积的减少额，期末余额在贷方，表示期末企业资本公积的实际结存数。该账户应设置“资本溢价”“股本溢价”“其他资本公积”等明细账户，进行明细分类核算。

"资本公积"账户结构如下：

借方	资本公积	贷方
资本公积的减少额		资本公积的增加额
		期末余额：资本公积的结存数

企业资本公积的主要来源是所有者投入资本中的超过法定资本份额的部分和直接计入资本公积的各种利得或损失等。资本公积的主要用途就在于转增资本，即在办理增资手续后用资本公积转增实收资本，按所有者原有投资比例增加投资者的实收资本。按照《公司法》的规定，资本公积转增资本时，所留存的该项公积金不得少于转增前公司注册资本的25%。

（三）接受投资业务核算的账务处理

1.接受货币资金的投资

企业接受投资者以货币资金投入的资本，应以实际收存开户银行的金额，借记"银行存款"账户，贷记"实收资本"账户。

【例5-1】华夏有限责任公司接受M公司的投资200 000元，款项已存入银行。

分析：这笔经济业务的发生，一方面使得企业的银行存款增加了200 000元，属于资产增加，应记入"银行存款"账户的借方；另一方面使得企业的投资者M公司的权益增加200 000元，属于所有者权益增加，应记入"实收资本"账户的贷方。编制会计分录如下：

借：银行存款　　200 000

　贷：实收资本——M公司　　200 000

2.接受实物投资

企业接受投资者的实物投资，如原材料、固定资产等，应按投资各方确认的价值，借记"原材料""固定资产"等账户，贷记"实收资本"账户。

【例5-2】华夏有限责任公司接受H公司投资的一台全新设备，确认的价值为180 000元，设备已投入使用（假定该设备不涉及增值税）。

分析：这笔经济业务的发生，一方面使得企业的设备增加了180 000元，属于资产增加，应记入"固定资产"账户的借方；另一方面使得企业的投资者H公司的权益增加180 000元，属于所有者权益增加，应记入"实收资本"账户的贷方。编制会计分录如下：

借：固定资产　　180 000

　贷：实收资本——H公司　　180 000

3.接受无形资产投资

企业接受投资者以专利权、非专利技术、商标权、土地使用权等无形资产的投资，应按投资各方确认的价值，借记"无形资产"账户，贷记"实收资本"账户。

【例5-3】华夏有限责任公司接受X公司投资的一项专利权，确认的价值为320 000元。

分析：这笔经济业务的发生，一方面使得企业的专利权增加了320 000元，属于资产增加，应记入“无形资产”账户的借方；另一方面使得企业的投资者X公司的权益增加320 000元，属于所有者权益增加，应记入“实收资本”账户的贷方。编制会计分录如下：

借：无形资产　　320 000

　贷：实收资本——X公司　　320 000

4.接受的投资超出注册资本法定份额

对于实际收到的货币资金或投资各方确认的资产价值超过其在注册资本中所占份额的部分，应作为超额缴入资本，计入资本公积，即按照实际收到的货币资金额或投资各方确认的资产价值，借记“银行存款”“原材料”“固定资产”“无形资产”等账户，按其在注册资本中所占份额，贷记“实收资本”账户，按超出注册资本法定份额的部分，贷记“资本公积”账户。

【例5-4】华夏有限责任公司接受W公司的投资500 000元，其中400 000元作为实收资本，另外100 000元作为资本公积，上述款项已经收存银行。

分析：这笔经济业务的发生，一方面使得企业的银行存款增加了500 000元，属于资产增加，应记入“银行存款”账户的借方；另一方面使得投资者W公司的权益增加400 000元，属于所有者权益增加，应记入“实收资本”账户的贷方，同时另外的100 000元作为W公司投入的超出注册资本的法定份额部分，属于所有者权益增加，应记入“资本公积”账户的贷方。编制会计分录如下：

借：银行存款　　500 000

　贷：实收资本——W公司　　400 000

　　　资本公积——资本溢价　　100 000

5.转增资本

公司增加注册资本主要有两种途径：一是吸收外来新资本，包括增加新股东或者公司原股东追加投资；二是用资本公积、盈余公积转增资本或者未分配利润转增资本。公司将资本公积、盈余公积转增资本时，按转增资本的金额，借记“资本公积”“盈余公积”账户，贷记“实收资本”账户。

【例5-5】华夏有限责任公司经股东大会批准，将公司的资本公积300 000元转增资本。

分析：这项经济业务的发生，一方面使得公司的资本公积减少300 000元，属于所有者权益减少，应记入“资本公积”账户的借方；另一方面使得公司的实收资本增加300 000元，属于所有者权益增加，应记入“实收资本”账户的贷方。编制会计分录如下：

借：资本公积　　300 000

　贷：实收资本　　300 000

二、借入资金的核算

（一）借入资金核算的主要内容

企业筹集资金的另一个来源是向债权人借入资金。企业在生产经营过程中，由于资金周转不灵或筹建固定资产等原因，可以向银行或其他金融机构借款，也可以按规定发行债券。另外，企业还可以通过欠购货款、推迟付款等方式，间接借入资金。对于发行债券筹集资金的内容，将在财务会计中讲述；对于间接借入资金，将在本书后面的环节中介绍，本节只简要讲述银行借款的核算。

银行借款是企业根据与银行签订的借款合同向银行或其他金融机构借入的约定在一定期限内还本付息的款项。根据借款偿还期的不同，可将银行借款分为短期借款和长期借款两类。本节主要介绍短期借款和长期借款的会计处理。

（二）借款业务核算应设置的账户

1.“短期借款”账户

该账户属于负债类账户，用来核算企业向银行或其他金融机构借入的期限在1年以内（含1年）的各项借款。短期借款一般是企业为维持正常的生产经营所需资金而借入的，或是为抵偿某项债务而借入的，它形成企业的流动负债。该账户的贷方登记企业取得的短期借款本金，借方登记偿还的短期借款本金，期末余额在贷方，表示企业尚未偿还的短期借款本金。该账户应按债权人设置明细账户，并按照借款种类进行明细分类核算。

“短期借款”账户结构如下：

借方 **短期借款** 贷方

借方	贷方
偿还的短期借款本金	取得的短期借款本金
	期末余额：尚未偿还的短期借款本金

2.“长期借款”账户

该账户属于负债类账户，用来核算企业向银行或其他金融机构借入的期限在1年以上（不含1年）的各项借款。长期借款一般是企业为购建固定资产等所需资金而借入的，它形成企业的非流动负债。该账户的贷方登记取得的长期借款数额，借方登记偿还的长期借款数额，期末余额在贷方，表示企业尚未偿还的长期借款数额。该账户应按债权人设置明细账户，并按照借款种类进行明细分类核算。

“长期借款”账户结构如下：

借方 **长期借款** 贷方

借方	贷方
偿还的长期借款数额	取得的长期借款数额
	期末余额：尚未偿还的长期借款数额

3.“财务费用”账户

该账户属于损益类账户，用来核算企业为筹集生产经营所需资金而发生的各种筹资费用，包括利息支出（减利息收入）、汇兑损失（减汇兑收益）以及相关手续费等。该账户借方登记本期发生的各项财务费用，贷方登记发生的应冲减财务费用的利息收入、汇兑收益以及期末转入“本年利润”账户的财务费用净额。经过结转之后，该账户期末没有余额。该账户按费用项目设置明细账户，进行明细分类核算。

“财务费用”账户结构如下：

借方 财务费用	贷方
发生的各项财务费用：	
利息支出	利息收入
汇兑损失	汇兑收益
手续费	期末转入“本年利润”账户的财务费用

（三）借款业务核算的账务处理

1.短期借款的账务处理

企业取得短期借款时，按借入款项的本金，借记“银行存款”账户，贷记“短期借款”账户。期末计算借款利息时，借记“财务费用”账户，贷记“银行存款”或“应付利息”账户。借款到期偿还时，按借款的本金，借记“短期借款”账户，按尚未支付的利息数，借记“应付利息”账户，按实际支付的借款本息数，贷记“银行存款”账户。

【例5-6】华夏有限责任公司因生产经营的临时性需要，向银行借入期限为6个月的借款500 000元，存入银行。

分析：这笔经济业务的发生，一方面使得企业的银行存款增加了500 000元，属于资产增加，应记入“银行存款”账户的借方；另一方面使得企业的短期借款增加500 000元，属于负债增加，应记入“短期借款”账户的贷方。编制会计分录如下：

借：银行存款　　500 000

　贷：短期借款　　500 000

【例5-7】假设上述华夏有限责任公司取得的借款年利率为6%，利息按月预提，到期连同本金一并支付，经计算本月应负担的利息为2 500元。

分析：这笔经济业务，首先应按权责发生制的要求，计算本月应负担的短期借款利息。

短期借款利息计算公式为：利息=本金×利率×期限。

借款利息属于企业的一项财务费用，由于利息按月预提，到期支付，因此，一方面使得企业本月的财务费用增加2 500元（500 000×6%÷12），属于费用增加，应记入“财务费用”账户的借方；另一方面由于利息尚未支付，使得企业本月的应付利息增加2 500元，属于负债增加，应记入“应付利息”账户的贷方。编制会计分录如下：

知识链接5-4

短期借款利息的处理

借：财务费用　　2 500

　贷：应付利息　　2 500

2. 长期借款的账务处理

企业取得长期借款时，按借入款项的本金，借记“银行存款”账户，贷记“长期借款”账户。长期借款的利息处理，将在财务会计课程中讲解。

【例 5-8】华夏有限责任公司向银行借入期限为3年的借款1 800 000元，用于购建厂房，款项已存入银行。

分析：这笔经济业务的发生，一方面使得企业的银行存款增加了1 800 000元，属于资产增加，应记入“银行存款”账户的借方；另一方面使得企业的长期借款增加1 800 000元，属于负债增加，应记入“长期借款”账户的贷方。编制会计分录如下：

借：银行存款　　1 800 000

　贷：长期借款　　1 800 000

企业筹集资金主要业务的核算程序如图5-1所示。

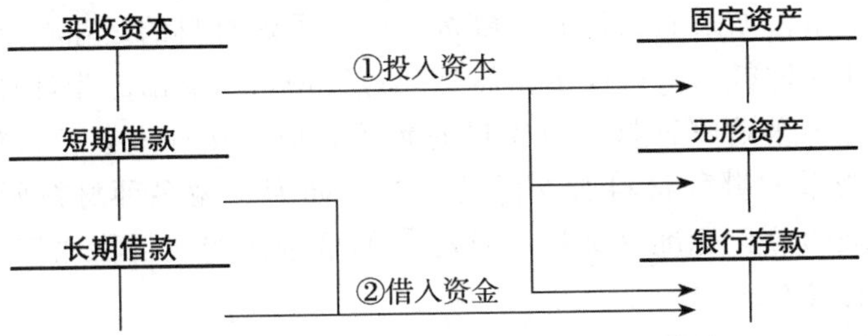

图5-1　筹集资金主要业务核算程序

第三节　材料采购业务的核算

企业要进行正常的产品生产经营活动，就必须购买和储备一定品种和数量的原材料。原材料是企业生产产品不可缺少的物质要素，在生产过程中，材料经过加工改变其原来的实物形态，从而生产出社会需要的产品。因此，企业要有计划地采购材料，既要保证及时、按质、按量地满足生产上的需要，又要避免储备过多，导致不必要的资金占用。

一、材料采购业务核算的主要内容

企业储备的材料，通常都是向外单位采购而取得的。在材料采购的过程中，一方面要反映材料物资的购进和验收，另一方面要反映为采购材料而向供应单位支付的货款和发生的各项采购费用，以及企业与供应单位或其他有关单位办理款项的结算情况。因此，材料采购业务核算的主要内容包括：计算材料的采购成本、与供应商的货款结算和材料的验收入库三个方面。

1. 计算材料的采购成本

材料的采购成本由买价和采购费用组成。

（1）买价

买价是指企业采购材料时，购货发票上注明的货款金额。

（2）采购费用

采购费用是指企业在采购材料的过程中支付的各项费用，包括以下几项组成内容：

①在采购过程中发生的运杂费，包括运输费、包装费、装卸费、保险费、仓储费等，但不包括按规定根据运输费的一定比例计算的可抵扣的增值税税额；

②材料在运输途中发生的合理损耗①；

③材料入库之前发生的整理挑选费用，包括在整理挑选过程中发生的人工费支出和必要的损耗，并减去回收的下脚废料价值；

④按规定应计入材料采购成本中的各种税金，如为国外进口材料支付的关税、购买材料发生的消费税以及不能从增值税销项税额中抵扣的进项税额等；

⑤其他费用，如大宗物资的市内运杂费等。

需要注意的是，在实际会计工作中，为了简化核算，常把某些本应计入材料采购成本的采购费用，如采购人员的差旅费、市内采购材料的运输费、专设采购机构的经费等，不计入材料的采购成本，而是列为管理费用支出。当计算材料采购成本时，凡能分清是为采购哪种材料所支付的费用，应直接计入该种材料的采购成本；凡不能分清是为采购哪种材料所支付的费用，如为运输多种材料所支付的运输费等，应采用合理的分配标准（如按各种材料的重量比例或价格比例等），分配计入各种材料的采购成本。

2.与供应商的货款结算

企业采购材料后，与供应商之间的货款结算是必不可少的一项工作。货款结算的方式是多种多样的，常见的方式有：企业购入材料后，直接以现金或银行存款支付货款，或是以银行汇票、商业汇票等票据支付货款，还可以赊购，即企业购入材料后，货款暂欠。

3.材料的验收入库

企业购买的材料运回后，应根据事先签订的购销合同对材料进行验收，如果符合合同要求，则将材料放入仓库中储备保管，同时还应确认入库材料的价值，并在账面上予以反映。对于已经验收入库的材料，其采购成本可以于平时每一批材料入库时进行结转，也可以平时不结转于月末时将本月所有的入库材料的采购成本一次性进行结转，这样可以简化会计核算的手续。

二、材料采购业务核算应设置的账户

1.“在途物资”账户

该账户属于资产类账户，用来核算企业购入各种材料的买价和采购费用，并据以计算各种材料的采购成本。其借方登记购入材料的买价和采购费用（实际采购成本），贷方登记已验收入库材料的实际采购成本，期末余额在借方，表示尚未运达

---

① 材料在运输途中发生的损耗包括合理损耗、不合理损耗和意外损耗等。其中，合理损耗计入材料采购成本，不合理损耗应向责任人或责任单位索取赔偿，意外损耗扣除保险公司给予的赔偿以及残值后的净损失计入营业外支出，除以上各项之外的其他损失计入管理费用。

企业或已经运达企业但尚未验收入库的在途材料的实际采购成本。该账户应按购入材料的品种或类别设置明细账户，进行明细分类核算。

"在途物资"账户结构如下：

借方　　在途物资　　贷方

购入材料的买价和采购费用	结转验收入库材料的实际采购成本
期末余额：在途材料的实际采购成本	

2."原材料"账户

该账户属于资产类账户，用来核算企业库存材料成本的增减变动及其结存情况。其借方登记已验收入库材料的成本，贷方登记发出材料的成本，期末余额在借方，表示期末库存材料的成本。该账户应按购入材料的保管地点、材料的类别和品种规格设置明细账户，进行明细分类核算。

"原材料"账户结构如下：

借方　　原材料　　贷方

验收入库材料的成本	发出材料的成本
期末余额：库存材料的成本	

3."应付账款"账户

该账户属于负债类账户，用来核算企业因购买材料、商品和接受劳务供应等经营活动而应付给供应单位的款项。其贷方登记应付给供应单位的款项（包括买价、增值税、由供应单位代垫的运杂费等），借方登记已向供应单位偿还的款项，期末余额在贷方，表示期末尚未偿还的应付款项。该账户应按供应单位的名称设置明细账户，进行明细分类核算。

"应付账款"账户结构如下：

借方　　应付账款　　贷方

偿还应付给供应单位的款项	应付给供应单位款项的增加额
	期末余额：尚未偿还的应付账款

4."应付票据"账户

该账户属于负债类账户，用来核算企业为购买材料、商品和接受劳务供应等而开出并承兑的商业汇票的增减变动及其结存情况。其贷方登记企业开出并承兑商业汇票的增加额，借方登记到期商业汇票的减少额，期末余额在贷方，表示期末尚未到期的商业汇票的结余数。该账户应按债权人设置明细账户，进行明细分类核算，同时设置"应付票据备查簿"，详细登记商业汇票的种类、号数、出票日期、到期日、票面金额、交易合同号、收款人姓名或收款单位名称、付款日期及金额等资料。应付票据到期结清时，应在备查簿中注销。

"应付票据"账户结构如下：

借方　　**应付票据**　　贷方

借方	贷方
到期应付票据的减少额	开出并承兑商业汇票的增加额
	期末余额：尚未到期的商业汇票结余数

5."预付账款"账户

知识链接5-5

商业汇票

该账户属于资产类账户，用来核算企业按照合同规定向供应单位预付购料款而与供应单位发生的结算债权的增减变动及结余情况。其借方登记结算债权的增加，即预付款的增加，贷方登记收到供应单位提供的材料物资而应冲销的预付款债权，即预付款的减少。期末余额一般在借方，表示尚未结算的预付款的结余额，如果该账户期末余额出现在贷方，则表示企业尚未补付的款项。该账户应按照供应单位的名称设置明细账户，进行明细分类核算。

"预付账款"账户结构如下：

借方　　**预付账款**　　贷方

借方	贷方
预付款的增加额	收到供应单位提供的材料物资而应冲销的预付款
期末余额：尚未结算的预付款	

如果企业预付款项的情况不多，也可以不设置本科目，将预付的款项直接记入"应付账款"账户进行核算。

6."应交税费"账户

该账户属于负债类账户，用来核算企业按税法规定计算缴纳的各种税费（印花税等不需要预计税额的税费除外）的应交和实际缴纳的结算情况。其贷方登记计算出的各种应交而未交的税费，包括增值税、消费税、所得税、城市维护建设税、资源税、教育费附加等，借方登记实际缴纳的各种税费，期末余额方向不固定，如果在贷方，则表示尚未缴纳税费的结余数；如果在借方，则表示多交的或尚未抵扣的税费。该账户应按税费品种设置明细账户，进行明细分类核算。

在材料采购业务中设置"应交税费"账户主要是为了核算增值税。增值税是对在我国境内销售货物、加工修理修配劳务、服务[①]、无形资产或者不动产以及进口货物的单位和个人，就其取得的货物、应税劳务、应税服务、无形资产或者不动产的销售额，以及进口货物的金额计算税款，并实行税款抵扣制的一种流转税。增值税是一种价外税。实际上，增值税是就货物、应税劳务、应税服务、无形资产或者不动产的增值部分征收的一种税，有增值才征税，没有增值不征税。

根据经营规模大小及会计核算水平的健全程度，增值税纳税人分为一般纳税人和小规模纳税人两种。我国现行的增值税暂行条例，对小规模纳税人采取简易的征

① 包括提供交通运输服务、建筑服务、邮政服务、电信服务、金融服务、现代服务、生活服务。

收办法，对一般纳税人采用抵扣法计征。

采用税额抵扣的办法，即根据货物或应税劳务的销售额，按照规定的税率，计算出销项税额，然后从中扣除上一环节已缴纳的增值税进项税额，其余额即为纳税人应缴纳的增值税税额，用公式表示为：

应纳税额=当期销项税额-当期进项税额

公式中的“当期销项税额”是指纳税人销售货物、提供加工修理修配劳务、服务、无形资产或者不动产，按照销售额或应税劳务、应税服务收入和规定的税率计算并向购买方收取的增值税税额。其中，销售额为纳税人发生应税销售行为收取的全部价款和价外费用，但是不包括收取的销项税额。当期销项税额的计算公式：

销项税额=销售额×税率

为了核算企业应交增值税的情况，企业应在“应交税费”总账下设置“应交增值税”明细账户。

思政课堂

从增值税税率调整看我国的减税降费

近年来，我国把降低企业税负作为推进供给侧结构性改革、实施跨周期调节的重要抓手，不断增强减税降费工作的针对性、有效性与可持续性，减税降费取得重大成效，各类型企业税负全面下降。

党的十八大以来，我国不仅通过实施“营改增”改革消除了重复征税，而且连续大幅降低增值税税率。2017年7月1日起，增值税税率由四档减至17%、11%和6%三档，取消13%这一档税率。2018年5月1日起，将制造业等行业增值税税率从17%降至16%，将交通运输、建筑、基础电信服务等行业及农产品等货物的增值税税率从11%降至10%。2019年4月1日起，增值税一般纳税人发生增值税应税销售行为或者进口货物，原适用16%税率的，税率调整为13%；原适用10%税率的，税率调整为9%。3年内，国家3次调低增值税税率，将17%的标准税率逐渐降至13%，并阶段性地将小规模纳税人征收率由3%降至1%。

知识链接5-6

准予抵扣的增值税项目

减税降费大幅度降低了我国企业税负，从而有力激发了市场主体活力，大大优化并改善了市场营商环境，促进市场主体不断发展壮大，为经济发展积蓄了基本力量。

在“应交税费——应交增值税”明细账中，一般应设置“进项税额”“销项税额”“出口退税”“已交税金”“进项税额转出”等专栏进行核算。企业购买材料、商品等物资时，所涉及的增值税记入借方“进项税额”专栏中；企业销售材料、商品等物资时，所涉及的增值税记入贷方“销项税额”专栏中。

“应交税费”账户结构如下：

借方　　　　　　　　**应交税费**　　　　　　　　贷方

实际缴纳的各种税费 （包括增值税进项税额）	计算出的应交而未交的各种税费 （包括增值税销项税额）
期末余额：多交或尚未抵扣的税费	期末余额：尚未缴纳的税费

三、材料采购业务核算的账务处理

延伸阅读5-1

2022年增值税留抵退税新政

下面继续以华夏有限责任公司为例，说明企业材料采购业务的核算，假定华夏有限责任公司为增值税一般纳税人，适用增值税税率为16%。

【例5-9】华夏有限责任公司从常山工厂购入甲材料2 500千克，每千克20元，价款共计50 000元，增值税税额6 500元，已收到对方开来的增值税专用发票；购入材料发生运杂费2 000元。上述款项共计58 500元，以转账支票支付，材料尚未运达企业（假定暂不考虑运费的增值税抵扣）。

分析：这笔经济业务的发生，一方面使企业购买材料的采购成本增加52 000元（其中买价50 000元，运杂费2 000元），且上述材料尚未验收入库，应记入“在途物资”账户的借方，同时发生了增值税进项税额6 500元，应记入“应交税费——应交增值税（进项税额）”账户的借方；另一方面使得企业的银行存款减少58 500元，应记入“银行存款”账户的贷方。编制会计分录如下：

借：在途物资——甲材料　　52 000

　　应交税费——应交增值税（进项税额）　　6 500

　贷：银行存款　　58 500

【例5-10】华夏有限责任公司从红星工厂购入乙、丙两种材料，其中乙材料1 500千克，单价10元/千克，价款15 000元，增值税税额1 950元；丙材料2 000千克，单价12元/千克，价款24 000元，增值税税额3 120元，红星公司代垫上述两种材料的运杂费2 800元。上述款项均未支付，材料尚未运达企业（假定暂不考虑运费的增值税抵扣）。

分析：首先需要对乙、丙两种材料共同负担的2 800元运杂费进行分配：

分配率=运杂费÷材料重量总额=2 800÷（1 500+2 000）=0.8（元/千克）

乙材料应负担的运杂费=乙材料的重量×分配率=1 500×0.8=1 200（元）

丙材料应负担的运杂费=丙材料的重量×分配率=2 000×0.8=1 600（元）

这笔经济业务的发生，一方面使企业购买乙材料的采购成本增加16 200元（其中买价15 000元，运杂费1 200元），丙材料的采购成本增加25 600元（其中买价24 000元，运杂费1 600元），且上述材料尚未验收入库，应记入“在途物资”账户的借方，同时共发生了增值税进项税额5 434元，应记入“应交税费——应交增值税（进项税额）”账户的借方；另一方面因购买材料相关款项未付，使得企业的应付账款增加46 870元，应记入“应付账款”账户的贷方。编制会计分录如下：

借：在途物资——乙材料　　16 200

　　　　　　——丙材料　　25 600

　　应交税费——应交增值税（进项税额）　　5 434

　贷：应付账款——红星工厂　　47 234

【例5-11】华夏有限责任公司从泰安工厂购入甲材料2 500千克，每千克18元，价款共计45 000元，增值税进项税额5 850元，已收到对方开来的增值税专用发票，华夏有限责任公司开出并承兑一张商业汇票用于支付上述款项，材料尚未运达企业。

分析：这笔经济业务的发生，一方面使企业购买材料的采购成本增加45 000元（其中买价45 000元），且上述材料尚未验收入库，应记入“在途物资”账户的借方，同时发生了增值税进项税额5 850元，应记入“应交税费——应交增值税（进项税额）”账户的借方；另一方面使得企业的应付票据增加50 850元，应记入“应付票据”账户的贷方。编制会计分录如下：

借：在途物资——甲材料　　45 000
　　应交税费——应交增值税（进项税额）　　5 850
　贷：应付票据——泰安工厂　　50 850

【例5-12】华夏有限责任公司开出转账支票一张，偿还前欠红星工厂的购货款48 430元。

分析：这笔经济业务的发生，一方面企业因开出转账支票而使银行存款减少48 430元，应记入“银行存款”账户的贷方，另一方面使得企业欠红星工厂的负债（所欠货款）也减少48 430元，应记入“应付账款”账户的借方。编制会计分录如下：

借：应付账款——红星工厂　　48 430
　贷：银行存款　　48 430

【例5-13】华夏有限责任公司按照合同规定，以银行存款预付给胜利公司订货款100 000元。

分析：这笔经济业务的发生，一方面使得华夏有限责任公司预付的订货款增加100 000元，属于资产（债权）增加，应记入“预付账款”账户的借方；另一方面使得华夏有限责任公司的银行存款减少100 000元，属于资产的减少，应记入“银行存款”账户的贷方。编制会计分录如下：

借：预付账款——胜利公司　　100 000
　贷：银行存款　　100 000

【例5-14】华夏有限责任公司收到胜利公司发运来的前已预付货款的乙材料，随货物附来的发票注明该批乙材料的价款200 000元，增值税进项税额26 000元，除冲销原预付款100 000元外，不足款项立即用银行存款支付。

分析：这笔经济业务的发生，一方面使得华夏有限责任公司购买乙材料的采购成本增加200 000元，且上述材料尚未验收入库，应记入“在途物资”账户的借方，同时发生了增值税进项税额26 000元，应记入“应交税费——应交增值税（进项税额）”账户的借方；另一方面使得华夏有限责任公司的预付款减少100 000元，应记入“预付账款”账户的贷方，银行存款减少126 000元（200 000+26 000−100 000），应记入“银行存款”账户的贷方。编制会计分录如下：

借：在途物资——乙材料　　200 000
　　应交税费——应交增值税（进项税额）　　26 000

贷：预付账款——胜利公司　　100 000

　　银行存款　　126 000

【例5-15】月末，上述材料均已到达并验收入库，结转上述入库材料的实际采购成本。

分析：本月共采购材料4笔且均已验收入库，其中甲材料的采购成本为97 000元（52 000+45 000），乙材料的采购成本为216 200（16 200+200 000）元，丙材料的采购成本为25 600元。这笔经济业务的发生，一方面使得企业已验收入库材料的实际采购成本增加338 800元，应记入“原材料”账户的借方，另一方面入库材料采购成本的转出，应记入“在途物资”账户的贷方。编制会计分录如下：

借：原材料——甲材料　　97 000

　　　　　——乙材料　　216 200

　　　　　——丙材料　　25 600

　贷：在途物资——甲材料　　97 000

　　　　　　——乙材料　　216 200

　　　　　　——丙材料　　25 600

企业材料采购主要业务的核算程序如图5-2所示。

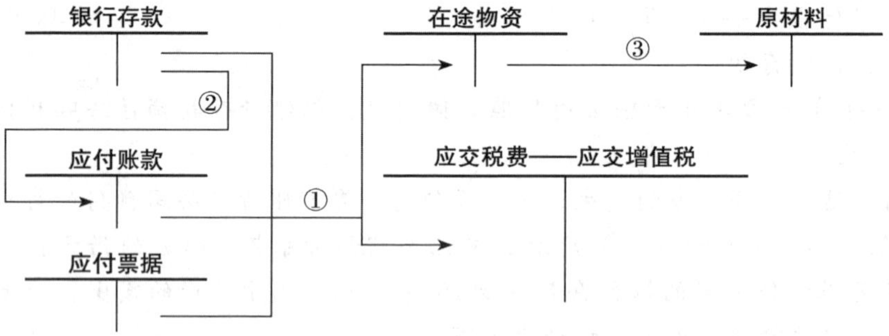

图5-2　材料采购主要业务核算程序

业务说明：①表示以现购、赊购或商业汇票的结算形式采购材料；

②表示偿还前欠供应单位货款；

③表示结转入库材料成本。

第四节　生产业务的核算

一、生产业务核算的主要内容

制造业企业的主要经济活动是生产符合社会需要的产品，因此，生产过程是制造业企业生产经营的中心环节。生产过程既是产品的制造过程，又是物化劳动和活劳动的耗费过程。在产品生产过程中，一方面劳动者借助劳动资料对劳动对象进行加工，制造产品，以满足社会的需要；另一方面，为了制造产品，会发生各种各样的耗费，如消耗各种原材料，支付生产工人和生产管理人员的职工薪酬，发生机器设备、厂房的磨损以及其他为生产而发生的费用等，这些耗费都是为生产产品而发生的，因此被称为生产费用。

生产费用包括：直接材料、燃料及动力、直接人工和制造费用。直接材料是指直接用于产品生产，构成产品实体的各种原料、主要材料以及有助于产品形成的辅助材料等；燃料及动力是指企业直接用于产品生产的外购和自制的燃料和动力，如果企业不设置“燃料及动力”成本项目，则外购的燃料计入直接材料；直接人工是指直接从事产品生产的工人的工资、津贴、补贴和职工福利费等；制造费用是指企业为生产产品而发生的各项间接费用，即应计入产品生产成本，但其发生时不能直接计入某一产品生产成本的有关费用。

在生产过程中各项生产费用要按一定的标准进行归集和分配，计入生产产品的成本中，因此，生产过程的主要业务包括：各项生产费用的发生、归集和分配，产品成本的形成以及完工产品的入库。

二、生产业务核算应设置的账户

1.“生产成本”账户

该账户属于成本类账户，用来归集和分配企业进行工业性生产所发生的各项生产费用，以正确地计算产品的生产成本。其借方登记当期发生的各项生产费用，包括直接计入产品生产成本的直接材料费、直接人工费和期末按照一定方法分配计入产品生产成本的制造费用；贷方登记结转完工入库产品的生产成本，期末如有余额，应在借方，表示尚未完工产品（在产品）的成本。该账户应按产品品种或类别设置明细账户，进行明细分类核算。

“生产成本”账户结构如下：

借方　　　　　　　　　　**生产成本**　　　　　　　　　　贷方

借方	贷方
为生产产品而发生的各项生产费用： 直接材料 直接人工 制造费用	结转完工入库产品的生产成本
期末余额：在产品的成本	

2.“制造费用”账户

该账户属于成本类账户，用来归集和分配企业生产车间范围内为组织和管理产品的生产活动而发生的各项间接生产费用，包括在车间范围内发生的管理人员的薪酬、折旧费、修理费、办公费、水电费等。其借方登记实际发生的各项制造费用；贷方登记期末经分配转入“生产成本”账户的制造费用，经结转后该账户期末无余额。该账户应按不同生产车间设置明细账户，按照费用项目设置专栏进行明细核算。

“制造费用”账户结构如下：

借方　　制造费用　　贷方

借方	贷方
归集车间范围内发生的各项间接费用	期末，分配并转入“生产成本”账户的制造费用

3. “管理费用”账户

该账户属于损益类账户，用来核算企业为组织和管理生产经营活动而发生的各种费用，包括企业在筹建期间内发生的开办费、董事会和行政管理部门在企业的经营管理过程中发生的或应由企业统一负担的公司经费（包括行政管理部门职工的薪酬、物料消耗、低值易耗品摊销、办公费和差旅费等）、行政管理部门负担的工会经费、董事会费（包括董事会成员津贴、会议费和差旅费等）、聘请中介机构费、咨询费（含顾问费）、诉讼费、业务招待费、技术转让费、研究费用、排污费等。企业生产车间（部门）和行政管理部门发生的固定资产修理费用等后续支出，也作为管理费用核算。其借方登记发生的各项管理费用；贷方登记期末转入“本年利润”账户的管理费用，结转后期末无余额。该账户应按费用项目设置明细账户，进行明细分类核算。

“管理费用”账户结构如下：

借方　　管理费用　　贷方

借方	贷方
发生的各项管理费用	期末转入“本年利润”账户的管理费用

4. “应付职工薪酬”账户

该账户属于负债类账户，用来核算企业应付给职工的各种薪酬总额与实际发放情况，并反映和监督企业与职工的薪酬结算情况。该账户贷方登记本月计算的应付职工薪酬总额，包括各种工资、奖金、津贴和福利费等，借方登记实际支付的职工薪酬。期末一般没有余额，如有余额，一般在贷方，表示本月应付职工薪酬大于实际支付的职工薪酬，即应付未付的职工薪酬。该账户应按照“工资”“职工福利”“社会保险费”“住房公积金”“职工教育经费”等项目设置明细账户，进行明细分类核算。

知识链接 5-7

职工薪酬

“应付职工薪酬”账户结构如下：

借方　　应付职工薪酬　　贷方

借方	贷方
实际支付的职工薪酬	月末计算分配的职工薪酬
	期末余额：应付未付的职工薪酬

5. “累计折旧”账户

该账户属于资产类账户，又是固定资产的备抵账户，用来核算企业固定资产已提折旧的累计情况。固定资产在较长的使用期内虽仍保持原有的实物形态，但其价值却随着使用中发生的损耗而逐渐减少，固定资产这种因损耗而减少的价值，就是固定资产的折旧。必须指出的是，固定资产因折旧而减少的价值，并不能直接记入“固定资产”账户的贷方。这是因为固定资产能多次使用且不改变其原有形态，为了体现固定资产的这一特点，“固定资产”账户的借、贷方是按照固定资产的原始价值来反映其增减变动情况的。那么，对于固定资产因折旧而减少的价值，就必须单独设置一个账户，即“累计折旧”账户来反映。该账户的贷方登记企业每月计提的固定资产折旧，借方登记固定资产折旧的减少或注销，期末余额在贷方，表示现有固定资产已提取的累计折旧额。将“固定资产”账户的期末借方余额减去“累计折旧”账户的期末贷方余额，即可求得期末固定资产的净值。

“累计折旧”账户结构如下：

借方　　　　**累计折旧**　　　　贷方

借方	贷方
固定资产折旧的减少（注销）	提取的固定资产折旧额
	期末余额：现有固定资产累计折旧额

6.“库存商品”账户

该账户属于资产类账户，用来核算企业库存的各种商品的成本。其借方登记已完工并验收入库产成品的实际成本（由“生产成本”账户转入），贷方登记发出的各种产品的实际成本，期末余额在借方，表示企业库存商品的实际成本。该账户应按商品的品种、规格、名称或类别设置明细账户，进行明细分类核算。

“库存商品”账户结构如下：

借方　　　　**库存商品**　　　　贷方

借方	贷方
完工入库产品的生产成本	结转已发出产品的成本
期末余额：库存商品的实际成本	

三、生产业务核算的账务处理

下面将继续以华夏有限责任公司为例，说明企业材料采购业务的核算。

【例5-16】华夏有限责任公司根据当月领料凭证，编制领料凭证汇总表，见表5-1。

表5-1　　　　**领料凭证汇总表**　　　　金额单位：元

用　途	甲材料		乙材料		丙材料		金额合计
	数量（千克）	金额	数量（千克）	金额	数量（千克）	金额	
制造产品领用							
A产品耗用	2 000	40 000	1 000	10 000	1 000	12 000	62 000
B产品耗用	1 000	20 000	800	8 000	600	7 200	35 200
车间一般耗用			300	3 000			3 000
企业管理部门耗用					200	2 400	2 400
合　计	3 000	60 000	2 100	21 000	1 800	21 600	102 600

分析：这笔经济业务的发生，一方面根据领料凭证汇总表可知，本月发出材料

共计102 600元，其中直接用于A产品的62 000元，直接用于B产品的35 200元，应直接记入“生产成本”账户的借方；车间一般性消耗的材料和企业管理部门消耗的材料，不属于直接材料费，应分别记入“制造费用”和“管理费用”账户的借方；另一方面，由于仓库发出材料，使库存的原材料减少了102 600元，应记入“原材料”账户的贷方。编制会计分录如下：

借：生产成本——A产品　　62 000

　　　　　　——B产品　　35 200

　　制造费用　　3 000

　　管理费用　　2 400

　贷：原材料——甲材料　　60 000

　　　　　　——乙材料　　21 000

　　　　　　——丙材料　　21 600

【例5-17】华夏有限责任公司以银行存款支付办公费5 000元，其中车间办公费2 000元，行政管理部门办公费3 000元。

分析：这笔经济业务的发生，一方面使企业的银行存款减少5 000元，应记入“银行存款”账户的贷方；另一方面使车间的办公费增加2 000元，应记入“制造费用”账户的借方，行政管理部门的办公费增加3 000元，应记入“管理费用”账户的借方。编制会计分录如下：

借：制造费用　　2 000

　　管理费用　　3 000

　贷：银行存款　　5 000

【例5-18】华夏有限责任公司以银行存款支付应由本月负担的车间保险费1 500元。

分析：这笔经济业务的发生，一方面使企业的银行存款减少1 500元，应记入“银行存款”账户的贷方；另一方面使车间的保险费增加1 500元，应记入“制造费用”账户的借方。编制会计分录如下：

借：制造费用　　1 500

　贷：银行存款　　1 500

【例5-19】月末，华夏有限责任公司结算本月应付职工工资140 000元，其中生产A产品的工人的工资60 000元，生产B产品的工人的工资40 000元，车间管理人员工资18 000元，行政管理部门人员工资22 000元。

分析：这笔经济业务的发生，一方面使企业应支付给职工的工资增加了140 000元，应记入“应付职工薪酬”账户的贷方；另一方面使企业的工资费用也增加了140 000元，工资费用增加，应按不同的部门记入不同的账户中进行反映。其中，生产A、B产品的工人的工资能够直接归属于A、B产品，属于直接人工费用，可以直接记入“生产成本”账户的借方，车间管理人员的工资，是为组织管理A、B产品的生产而发生的共同性费用，属于间接费用，应记入“制造费用”账户的借方，行政管理部门人员工资属于期间费用，应记入“管理费用”账户的借方。编制会计分录如下：

借：生产成本——A产品　60 000
　　　　　　——B产品　40 000
　　制造费用　18 000
　　管理费用　22 000
　贷：应付职工薪酬——工资　140 000

【例5-20】月末，华夏有限责任公司按上述工资总额的一定比例列支职工福利费19 600元。其中，生产A产品的工人的福利费为8 400元，生产B产品的工人的福利费为5 600元，车间管理人员的福利费为2 520元，行政管理部门人员的福利费为3 080元。

分析：职工福利费是按照职工工资总额的一定比例列支，用于职工困难补助等方面的支出。这笔经济业务的发生，一方面使企业应支付的职工福利费增加了19 600元，应记入“应付职工薪酬”账户的贷方；另一方面使企业应负担的职工福利支出也增加了19 600元，列支的福利费用，应按照工资费用的归属，分别记入“生产成本”“制造费用”“管理费用”账户的借方。编制会计分录如下：

借：生产成本——A产品　8 400
　　　　　　——B产品　5 600
　　制造费用　2 520
　　管理费用　3 080
　贷：应付职工薪酬——职工福利　19 600

【例5-21】华夏有限责任公司开出现金支票从银行提取现金140 000元，以备发放工资。

分析：这笔经济业务的发生，一方面使企业的现金增加140 000元，应记入“库存现金”账户的借方；另一方面使企业的银行存款减少140 000元，应记入“银行存款”账户的贷方。编制会计分录如下：

借：库存现金　140 000
　贷：银行存款　140 000

【例5-22】华夏有限责任公司以现金140 000元发放职工工资。

分析：这笔经济业务的发生，一方面使企业的现金减少140 000元，应记入“库存现金”账户的贷方；另一方面使企业应支付给职工的工资减少140 000元，应记入“应付职工薪酬”账户的借方。编制会计分录如下：

借：应付职工薪酬——工资　140 000
　贷：库存现金　140 000

【例5-23】月末，华夏有限责任公司按规定计提本月固定资产折旧费13 600元，其中车间使用固定资产计提折旧5 480元，行政管理部门使用固定资产计提折旧8 120元。

分析：企业的固定资产由于使用等原因会发生磨损，其磨损的价值即为折旧，因而对固定资产应通过提取折旧的方式将其磨损的价值计入当期成本或损益中去。当提取固定资产折旧时，一方面意味着当期的成本费用增加，应区分不同的空间范围记入不同的成本费用类账户，其中，车间固定资产提取的折旧额应记入“制造费用”账户的借方，行政管理部门固定资产提取的折旧额应记入“管理费用”账户的借方；另一方面固定资产已提折旧额的增加，应记入“累计折旧”账户的贷方。编制会计分录如下：

借：制造费用　　5 480
　　管理费用　　8 120
　贷：累计折旧　　13 600

【例5-24】月末，华夏有限责任公司汇总并结转本月发生的制造费用32 500元，其中：A产品应负担19 500元，B产品应负担13 000元（假设本月的制造费用按生产工人的工资比例进行分配）。

分析：制造费用是为生产产品而发生的间接费用，同样是构成产品成本的组成部分，最终应由受益产品负担。企业因生产一种产品而发生的制造费用，可以直接计入这种产品的成本；而企业因生产几种产品而共同发生的制造费用，期末应按照一定标准分配后计入各产品的生产成本。

知识链接5-8

制造费用的分配标准

制造费用分配率=制造费用总额÷各产品工时之和（或各种产品生产工人的工资之和）

某种产品应负担的制造费用=该种产品的生产工时×制造费用分配率

或　　=该种产品生产工人的工资×制造费用分配率

将【例5-16】至【例5-23】发生的制造费用汇总可知，本月共发生制造费用32 500元（3 000+2 000+1 500+18 000+2 520+5 480）。

计算本月制造费用分配率及各产品负担的制造费用：

制造费用分配率=32 500÷（60 000+40 000）=0.325

A产品负担的制造费用=60 000×0.325=19 500（元）

B产品负担的制造费用=40 000×0.325=13 000（元）

这笔经济业务的发生，一方面使A、B两种产品的成本分别增加了19 500元和13 000元，应记入“生产成本”账户的借方，另一方面使企业本月的制造费用因结转而减少了32 500元，应记入“制造费用”账户的贷方。编制会计分录如下：

借：生产成本——A产品　　19 500
　　　　　　——B产品　　13 000
　贷：制造费用　　32 500

【例5-25】月末，华夏有限责任公司本月生产的A、B两种产品全部完工，其中A产品的完工总成本为149 900元，B产品的完工总成本为93 800元，上述完工产品均已验收入库，结转其成本（假设月初没有在产品成本）。

分析：月末，通常将“生产成本”账户借方归集的生产费用，按产品的完工情况采用一定的方法在完工产品和在产品之间进行分配，计算完工产品的成本和月末在产品的成本。

月初在产品成本+本月生产费用=完工产品成本+月末在产品成本

由于本题月初没有在产品成本，而本月生产的A、B两种产品又全部完工，因此，本月两种产品的生产费用即为这两种完工产品的成本。

A产品的生产成本=生产A产品的直接材料+生产A产品的直接人工+A产品应负担的制造费用

=62 000+60 000+8 400+19 500

=149 900（元）

B产品的生产成本=生产B产品的直接材料+生产B产品的直接人工+B产品应负担的制造费用

=35 200+40 000+5 600+13 000

=93 800（元）

这笔经济业务的发生，一方面产品已全部完工并验收入库，表示库存商品增加，应记入“库存商品”账户的借方，其中A产品总成本为149 900元，B产品总成本为93 800元；另一方面产品生产完工应按实际成本结转，记入“生产成本”账户的贷方。编制会计分录如下：

借：库存商品——A产品　　149 900

　　　　　　——B产品　　93 800

　贷：生产成本——A产品　　149 900

　　　　　　　——B产品　　93 800

企业产品生产主要业务的核算程序如图5-3所示。

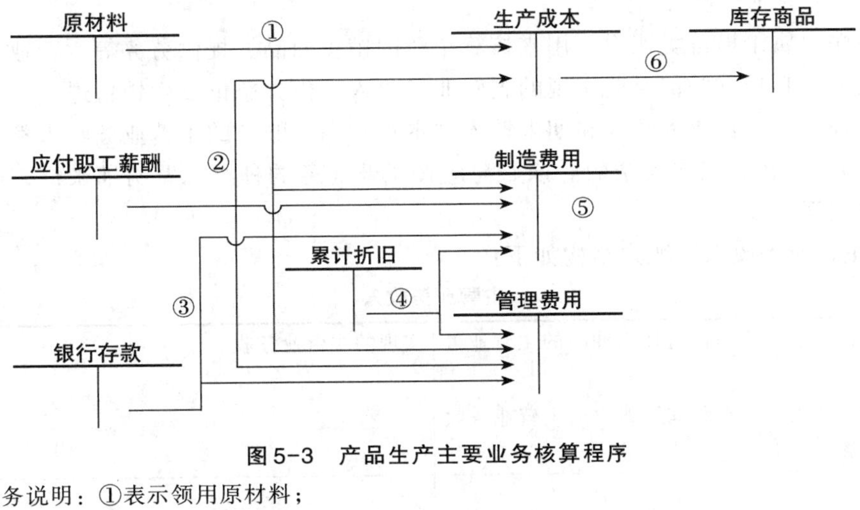

图5-3　产品生产主要业务核算程序

业务说明：①表示领用原材料；

②表示分配工资；

③表示支付制造费用；

④表示计提固定资产折旧；

⑤表示分配结转制造费用；

⑥表示结转完工入库产品成本。

第五节 销售业务的核算

一、销售业务核算的主要内容

企业的销售过程，就是把生产过程制造完工的产品销售给购买方，并按照销售价格和结算制度规定，办理结算手续，及时收取价款，取得销售商品收入的过程。销售过程是企业生产经营活动的最后阶段。制造业企业通过产品销售，收回货币资金，以保证企业再生产的顺利进行。

在销售过程中，一方面企业取得销售商品的收入，另一方面为取得一定数量的销售收入，企业必须付出相应数量的产品，因此需要结转售出商品的销售成本；此外，企业还会发生一些销售费用，如销售产品的运输费、装卸费、包装费和广告费等；而当取得销售收入时，企业还应按国家税法的规定计算缴纳各种销售税金。企业销售产品取得的收入，扣除因销售商品而发生的销售成本和按国家税法规定计算缴纳的各种销售税金后的差额，即为企业的主营业务利润，这是企业营业利润的主要构成部分。企业在销售过程中，除了发生销售商品、提供劳务等主营业务外，还可能发生一些其他业务，如销售材料、出租包装物等。

因此，企业销售业务核算的主要内容包括：核算商品的销售收入；结转商品销售成本；支付商品销售费用；计算和缴纳商品销售税金。

二、销售业务核算应设置的主要账户

1.“主营业务收入”账户

该账户属于损益类账户，用来核算企业因销售商品、提供劳务等主营业务所实现的收入。其贷方登记企业实现的主营业务收入，借方登记发生销售退回、销售折让时应冲减的主营业务收入和期末转入“本年利润”账户的主营业务收入额（按净额结转），结转后期末无余额。该账户应按主营业务的种类设置明细账户，进行明细分类核算。

“主营业务收入”账户结构如下：

借方　　主营业务收入　　贷方

借方	贷方
（1）因销售退回或销售折让而冲减的主营业务收入； （2）期末转入“本年利润”账户的主营业务收入的净额	实现的主营业务收入

2.“主营业务成本”账户

该账户属于损益类账户，用来核算企业因销售商品、提供劳务等主营业务而发生的实际成本。制造业的主营业务成本是指产品的销售成本。其借方登记销售商品、提供劳务等发生的实际成本，贷方登记需要冲减的主营业务成本和期末转入“本年利润”账户的主营业务成本额（按净额结转），结转后期末无余额。该账户应

按主营业务的种类设置明细账户，进行明细分类核算。

"主营业务成本"账户结构如下：

主营业务成本

借方	贷方
发生的主营业务成本	（1）因销售退回等而冲减的主营业务成本； （2）期末转入"本年利润"账户的主营业务成本净额

3."销售费用"账户

该账户属于损益类账户，用来核算企业销售商品和材料、提供劳务的过程中发生的各种费用，包括企业在销售商品过程中发生的保险费、包装费、展览费和广告费、商品维修费、预计产品质量保证损失、运输费、装卸费等以及为销售本企业商品而专设的销售机构（含销售网点、售后服务网点等）的职工薪酬、业务费、折旧费等经营费用。企业发生的与专设销售机构相关的固定资产修理费用等后续支出也属于销售费用。其借方登记发生的各项销售费用；贷方登记期末转入"本年利润"账户的销售费用，结转后期末无余额。该账户应按费用项目设置明细账户，进行明细分类核算。

"销售费用"账户结构如下：

销售费用

借方	贷方
发生的各项销售费用	期末转入"本年利润"账户的销售费用

4."税金及附加"账户

该账户属于损益类账户，用来核算企业在销售商品等日常活动中应负担的税金及附加，包括消费税、城市维护建设税、资源税、教育费附加及房产税、城镇土地使用税、车船税、印花税等相关税费。其借方登记按规定计算确定的应负担的税金及附加额；贷方登记期末转入"本年利润"账户的税金及附加额，结转后期末无余额。

"税金及附加"账户结构如下：

税金及附加

借方	贷方
按照计税依据计算的消费税、城市维护建设税等	期末转入"本年利润"账户的税金及附加额

5."应收账款"账户

知识链接5-9

印花税

该账户属于资产类账户，用来核算企业因销售商品、提供劳务等应向购货单位或接受劳务单位收取的款项。不单独设置"预收账款"账户的企业，预收的账款也在本账户中核算。其借方登记由于销售商品以及提供劳务而发生的应收账款，其中包括企业代购货单位垫付的包装费、运杂费等；贷方登记已经收回的应收账款，期末余额一般在借方，表示期末尚未收回的应收账款，如在贷方，则表示企业预收的账款。该账户应按购货单位或接受劳务的单位设置明细账户，进行明细分类核算。

"应收账款"账户结构如下：

借方　　**应收账款**　　贷方

发生的各项应收账款	收回的各项应收账款
期末余额：尚未收回的应收账款	期末余额：预收的账款

6."应收票据"账户

该账户属于资产类账户，用来核算企业因销售商品等而收到的商业汇票。其借方登记企业收到的商业汇票；贷方登记企业因商业汇票到期而收回的票面金额和持未到期票据向银行贴现的票面金额，期末余额在借方，表示期末尚未到期的应收票据的金额。

企业应设置"应收票据备查簿"，逐笔登记每一张应收票据的种类、号数、出票日期、票面金额、交易合同号、付款人、承兑人、背书人的姓名或单位名称、到期日、背书转让日、贴现日、贴现率、贴现净额、收款日和收回金额、退票情况等资料。商业汇票到期结清票款或退票后需在备查簿中注销。

"应收票据"账户结构如下：

借方　　**应收票据**　　贷方

收到的商业汇票	到期收回票款（或提前贴现）的商业汇票
期末余额：尚未收回的商业汇票	

7."预收账款"账户

该账户属于负债类账户，用来核算企业按照合同的规定预收购货单位订货款的增减变动及结余情况。其贷方登记预收购买单位订货款的增加金额，借方登记销售实现时冲减的预收货款。期末余额如在贷方，则表示企业预收款的结余额；期末余额如在借方，则表示购货单位应补付给本企业的款项。本账户应按照购货单位设置明细账户，进行明细分类核算。

"预收账款"账户结构如下：

借方　　**预收账款**　　贷方

销售实现时冲减的预收货款	预收货款的增加额
期末余额：购货单位应补付的款项	期末余额：预收款的结余

值得注意是，对于预收账款业务不多的企业，可以不单独设置"预收账款"账户，而将预收的款项直接记入"应收账款"账户，此时，"应收账款"账户就成为

双重性质账户。

三、销售业务核算的账务处理

【例5-26】华夏有限责任公司向光明公司销售A产品400件，每件售价300元，价款共计120 000元，增值税销项税额15 600元，产品已发出，货款收存银行。

分析：这笔经济业务的发生，一方面企业因销售产品实现销售收入120 000元，应记入“主营业务收入”账户的贷方，同时，增值税销项税额增加15 600元，应记入“应交税费——应交增值税（销项税额）”账户的贷方；另一方面，相关款项已经收到，使得企业的银行存款增加135 600元，应记入“银行存款”账户的借方。编制会计分录如下：

借：银行存款　　135 600

　贷：主营业务收入　　120 000

　　　应交税费——应交增值税（销项税额）　　15 600

【例5-27】华夏有限责任公司向兴达公司销售B产品200件，每件售价500元，价款共计100 000元，增值税税额13 000元，产品已发出，华夏有限责任公司以银行存款为兴达公司代垫运杂费2 000元，所有款项尚未收到。

分析：这笔经济业务的发生，一方面企业因销售产品实现销售收入100 000元，应记入“主营业务收入”账户的贷方，同时，增值税销项税额增加13 000元，应记入“应交税费——应交增值税（销项税额）”账户的贷方，代垫运杂费使得企业银行存款减少2 000元，应记入“银行存款”账户的贷方；另一方面，相关款项均未收到，使得企业的应收账款增加，应记入“应收账款”账户的借方。编制会计分录如下：

借：应收账款——兴达公司　　115 000

　贷：主营业务收入　　100 000

　　　应交税费——应交增值税（销项税额）　　13 000

　　　银行存款　　2 000

【例5-28】华夏有限责任公司向凯瑞公司销售A产品600件，每件售价300元，价款共计180 000元，增值税税额23 400元，产品已发出，收到对方单位开出并承兑的商业汇票一张，金额为203 400元。

分析：这笔经济业务的发生，一方面企业因销售产品实现销售收入180 000元，应记入“主营业务收入”账户的贷方，同时，增值税销项税额增加23 400元，应记入“应交税费——应交增值税（销项税额）”账户的贷方；另一方面，收到商业汇票一张，使得企业的应收票据增加203 400元，应记入“应收票据”账户的借方。编制会计分录如下：

借：应收票据——凯瑞公司　　203 400

　贷：主营业务收入　　180 000

　　　应交税费——应交增值税（销项税额）　　23 400

【例5-29】华夏有限责任公司按照合同规定预收红星集团订购B产品的货款

80 000元，存入银行。

分析：这笔经济业务的发生，一方面使得公司的银行存款增加80 000元，应记入“银行存款”账户的借方；另一方面使得公司的预收账款增加80 000元，预收账款的增加属于负债增加，应记入“预收账款”账户的贷方。编制会计分录如下：

借：银行存款　　80 000

　贷：预收账款——红星集团　　80 000

【例5-30】承【例5-29】，华夏有限责任公司向红星集团发出B产品300件，发票注明的价款150 000元，增值税销项税额19 500元。原预收合同款不足，其差额部分当即收到并存入银行。

分析：这笔经济业务的发生，一方面公司以前已经预收款项并满足收入合同成立条件，使得公司的商品销售收入增加150 000元，应记入“主营业务收入”账户的贷方。同时，增值税销项税额增加19 500元，属于负债增加，应记入“应交税费——应交增值税（销项税额）”账户的贷方。另一方面公司原预收红星集团的货款80 000元，而现在发货的价税款为169 500元（150 000+19 500），不足款项的差额为89 500元（169 500−80 000），发货后，公司预收款减少，属于负债减少，应记入“预收账款”账户的借方。同时，差额部分收存银行，银行存款增加，属于资产增加，应记入“银行存款”账户的借方。

借：预收账款——红星集团　　80 000

　　银行存款　　89 500

　贷：主营业务收入　　150 000

　　　应交税费——应交增值税（销项税额）　　19 500

【例5-31】华夏有限责任公司以银行存款支付广告费8 000元。

分析：这笔经济业务的发生，一方面企业的销售费用增加8 000元，应记入“销售费用”账户的借方；另一方面，使得企业的银行存款减少8 000元，应记入“银行存款”账户的贷方。编制会计分录如下：

借：销售费用　　8 000

　贷：银行存款　　8 000

【例5-32】按税法规定计算，华夏有限责任公司本月应交消费税为15 000元。

分析：企业将商品销售出去，实现了商品的销售，就应按税法规定缴纳各种税金及附加，这些税金及附加一般是在当月根据本期销售额或应税额乘以规定的税率，并于下月初缴纳。因此，按税法规定缴纳各种税金及附加，一方面是企业发生的一项费用，另一方面形成了企业的负债。这笔经济业务的发生，一方面企业的税金及附加增加15 000元，应记入“税金及附加”账户的借方；另一方面，因税费尚未缴纳，形成公司的一项负债，应记入“应交税费”账户的贷方。编制会计分录如下：

借：税金及附加　　15 000

　贷：应交税费——应交消费税　　15 000

【例5-33】月末，结转本月已售产品的成本。其中，A产品的单位成本为180元/件，B产品的单位成本为320元/件。

分析：计算本期已售产品成本，应按照已售产品的数量乘以单位成本计算确定。由于所销售的产品不一定都是本期生产完工的，而各期生产的同一种产品的单位生产成本也不一定完全相同，因此应采用一定的计价方法（如先进先出法、一次加权平均法、移动加权平均法等）来确定本期产品的销售成本。

由于本期销售A产品共计1 000件（400+600），其销售成本为180 000元（180×1 000）；本期销售B产品500件（200+300），其销售成本为160 000元（320×500）。这笔经济业务的发生，一方面使企业的销售成本增加了340 000元（180 000+160 000），应记入"主营业务成本"账户的借方；另一方面使企业的A、B两种产品由于销售而分别减少了180 000元和160 000元，应记入"库存商品"账户的贷方。编制会计分录如下：

借：主营业务成本　　340 000
　贷：库存商品——A产品　　180 000
　　　　　　——B产品　　160 000

企业销售主要经济业务核算程序如图5-4所示。

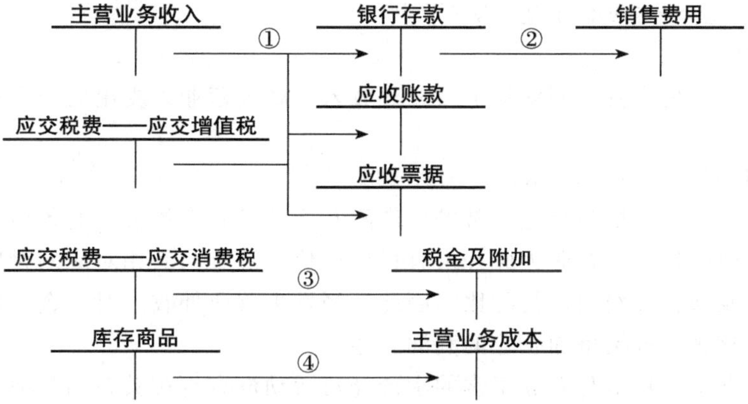

图5-4　销售主要业务核算程序

业务说明：①表示销售产品，确认收入；
②表示支付销售费用；
③表示计提税金及附加；
④表示结转已售商品成本。

第六节 利润形成与分配业务的核算

财务成果是企业生产经营活动的最终成果，即利润或亏损。企业作为一个独立的经济实体，其经营活动的主要目的就是要不断提高企业的盈利水平，增强企业的获利能力，而利润就是一个反映企业获利能力的综合指标。利润的确认和计量，是以企业在生产经营过程中所实现的收入和发生的费用的确认和计量为基础的，同时还应包括通过投资活动而获得的投资收益，以及与生产经营活动没有直接关系的营业外收支等。企业实现的利润，要按照税法的规定缴纳所得税，缴纳所得税后的净利润，再按照国家的有关规定进行分配。因此，企业财务成果核算的主要内容，就是确定企业实现的利润并对其进行分配。

一、利润形成的核算

（一）利润的构成与计算

利润是企业在一定会计期间的经营成果，包括营业利润、利润总额和净利润。

1.营业利润

营业利润是企业利润的主要来源，是指营业收入减去营业成本、税金及附加、期间费用，加上其他收益、投资收益、公允价值变动收益、资产减值损失（损失以“–”号填列）、资产处置收益（损失以“–”号填列）后的金额。用公式表示为：

营业利润=营业收入-营业成本-税金及附加-销售费用-管理费用-研发费用-财务费用+其他收益+投资收益+公允价值变动收益（损失以“-”号填列）+资产减值损失（损失以“-”号填列）+资产处置收益（损失以“-”号填列）

其中：营业收入=主营业务收入+其他业务收入

营业成本=主营业务成本+其他业务成本

2.利润总额

利润总额，是指营业利润加上营业外收入、减去营业外支出后的金额。用公式表示为：

利润总额=营业利润+营业外收入–营业外支出

营业外收入，是指与企业正常的生产经营活动没有直接关系的各项收入。营业外收入是一项纯收入，企业为此并没有付出代价，没有与其相对应的费用发生，不需要也不可能与有关费用进行配比。因此，当发生营业外收入时，企业按实际发生的数额进行核算，直接增加企业的利润总额。

营业外支出，是指与企业正常的生产经营活动没有直接关系的各项支出。当发生营业外支出时，企业并没有获得相对应的收入。因此，当发生营业外支出时，企业不能以营业外收入直接冲减营业外支出，而应按实际发生的数额直接冲减企业当期的利润总额。

3.净利润

净利润，是指利润总额减去所得税费用后的金额。用公式表示为：

净利润=利润总额–所得税费用

所得税费用，是指企业按照国家税法的规定，对企业某一经营年度实现的经营所得和其他所得，按照规定的所得税税率计算缴纳的一种税款。所得税费用是企业使用政府所提供的各种服务而向政府应尽的义务，对企业而言，向国家缴纳了所得税，意味着企业经济利益的减少，符合费用要素的定义，因此所得税费用属于企业承担的一项费用。

企业计算应缴纳的所得税时，要以税法规定的应税所得为依据。应当注意的是，应税所得和会计所得是两个不同的概念。会计所得是按照《企业会计准则》的规定将确认的收入和费用进行配比计算得出的税前会计利润，而应税所得是根据税法规定的收入和准予扣除的费用计算得出的企业纳税所得，即应税利润。由于会计法规和税法是经济领域中的两个不同的范畴，它们服务于不同的目的，遵循不同的原则和方法，因此在收入、费用等项目的认定上存在一定的差异，因而对同一个企业的同一个会计期间来说，计算出的会计利润和应税利润也可能不一致，我们一般把在计算口径和确认时间方面存在的计税差异，称为纳税调整项目。出于简化，我们学习基础会计时，通常假定不存在纳税调整项目。

（二）利润形成核算应设置的账户

1.“其他业务收入”账户

该账户属于损益类账户，用来核算企业除主营业务活动以外的其他经营活动所实现的收入，包括销售材料、出租固定资产、出租无形资产、出租包装物和商品等实现的收入。其贷方登记取得的其他业务收入，借方登记期末转入“本年利润”账户的其他业务收入额，结转后无余额。该账户应按其他业务的种类设置明细账户，进行明细分类核算。

“其他业务收入”账户结构如下：

借方　　**其他业务收入**　　贷方

借方	贷方
期末，转入“本年利润”账户的其他业务收入	本期实现的各项其他业务收入

2.“其他业务成本”账户

该账户属于损益类账户，用来核算企业除主营业务活动以外的其他经营活动所发生的支出，包括销售材料的成本、出租固定资产的折旧额、出租无形资产的摊销额、出租包装物的成本或摊销额等。其借方登记发生的其他业务成本，贷方登记期末转入“本年利润”账户的其他业务成本额，结转后无余额。该账户应按其他业务的种类设置明细账户，进行明细分类核算。

“其他业务成本”账户结构如下：

借方　　**其他业务成本**　　贷方

借方	贷方
本期发生的各项其他业务成本	期末，转入“本年利润”账户的其他业务成本

3.“投资收益”账户

该账户属于损益类账户，用来核算企业因对外投资所确认的投资收益或投资损失。其贷方登记增加的投资收益或期末转入“本年利润”账户的投资净损失，借方登记发生的投资损失或期末转入“本年利润”账户的投资净收益，结转后无余额。该账户应按投资的种类设置明细账户，进行明细分类核算。

“投资收益”账户结构如下：

借方	投资收益 贷方
发生的投资损失	实现的投资收益
期末，转入“本年利润”账户的投资净收益	期末，转入“本年利润”账户的投资净损失

4.“营业外收入”账户

该账户属于损益类账户，用来核算企业发生的与其生产经营无直接关系的各项收入，主要包括债务重组利得、与企业日常活动无关的政府补助、盘盈利得、捐赠利得、非流动资产损毁报废利得、罚款收入等。其贷方登记实现的营业外收入，借方登记期末转入“本年利润”账户的营业外收入额，结转后无余额。该账户应按收入的具体项目设置明细账户，进行明细分类核算。

“营业外收入”账户结构如下：

借方	营业外收入 贷方
期末，转入“本年利润”账户的营业外收入	本期实现的各项营业外收入

5.“营业外支出”账户

该账户属于损益类账户，用来核算企业发生的与其生产经营无直接关系的各项支出，主要包括债务重组损失、公益性捐赠支出、非常损失、盘亏损失、非流动资产损毁报废损失、罚款支出等。其借方登记发生的营业外支出，贷方登记期末转入“本年利润”账户的营业外支出额，结转后无余额。该账户应按支出的具体项目设置明细账户，进行明细分类核算。

“营业外支出”账户结构如下：

借方	营业外支出 贷方
本期发生的各项营业外支出	期末，转入“本年利润”账户的营业外支出

6.“所得税费用”账户

该账户属于损益类账户，用来核算企业根据有关规定应在当期损益中扣除的所得税费用。其借方登记按照应纳税所得额计算出的所得税费用，贷方登记期末转入“本年利润”账户的所得税费用额，结转后无余额。

“所得税费用”账户结构如下：

借方	所得税费用 贷方
计算出的所得税费用	期末，转入“本年利润”账户的所得税费用

7.“本年利润”账户

该账户属于所有者权益类账户，用来核算企业实现的净利润或发生的净亏损情况。其贷方登记会计期末转入的各项收入，包括主营业务收入、其他业务收入、投资净收益、营业外收入等，借方登记会计期末转入的各项费用，包括主营业务成本、税金及附加、其他业务成本、销售费用、管理费用、财务费用、投资净损失、营业外支出和所得税费用等，年内期末余额如果在贷方，则表示实现的累计净利润，如果在借方，则表示发生的累计净亏损。年末应将该账户的余额转入“利润分配——未分配利润”账户（如果是净利润，则应自该账户的借方转入“利润分配”账户的贷方；如果是净亏损，则应自该账户的贷方转入“利润分配”账户的借方），结转后无余额。

“本年利润”账户结构如下：

借方　　　　本年利润	贷方
期末转入的各项费用 年末结转的净利润	期末转入的各项收入 年末结转的净亏损

（三）利润形成核算的账务处理

下面继续以华夏有限责任公司为例，说明企业利润形成业务的核算。

【例5-34】华夏有限责任公司出售丁材料10吨，价款共计20 000元，增值税销项税额2 600元，价税款已收存银行。

分析：这笔经济业务的发生，一方面，企业因销售材料使得其他业务收入增加20 000元，应记入“其他业务收入”账户的贷方，同时，增值税销项税额增加2 600元，应记入“应交税费——应交增值税”账户的贷方；另一方面，相关款项已经收到，使得企业的银行存款增加22 600元，应记入“银行存款”账户的借方。编制会计分录如下：

借：银行存款　　22 600

　贷：其他业务收入　　20 000

　　　应交税费——应交增值税（销项税额）　　2 600

【例5-35】华夏有限责任公司收到某单位交来的违约罚款13 500元，存入银行。

分析：这笔经济业务的发生，一方面，使得企业的银行存款增加13 500元，应记入“银行存款”账户的借方；另一方面，罚款收入属于营业外收入，即企业的营业外收入增加13 500元，应记入“营业外收入”账户的贷方。编制会计分录如下：

借：银行存款　　13 500

　贷：营业外收入　　13 500

【例5-36】华夏有限责任公司以银行存款向希望小学捐款5 000元。

分析：这笔经济业务的发生，一方面，使得企业的银行存款减少5 000元，应记入“银行存款”账户的贷方；另一方面，公益性捐赠支出属于营业外支出，即企业的营业外支出增加5 000元，应记入“营业外支出”账户的借方。编制会计分录如下：

借：营业外支出　　5 000

　贷：银行存款　　5 000

【例5-37】结转上述售出丁材料的实际成本12 000元。

分析：这笔经济业务的发生，一方面，使得企业的库存原材料减少12 000元，应记入“原材料”账户的贷方；另一方面，根据权责发生制，应结转这部分已售材料的成本，使得企业的其他业务成本增加12 000元，应记入“其他业务成本”账户的借方。编制会计分录如下：

借：其他业务成本　　12 000

　贷：原材料——丁材料　　12 000

【例5-38】期末，将各收入类账户余额转入“本年利润”账户。其中，“主营业务收入”账户贷方余额550 000元，“其他业务收入”账户贷方余额20 000元，“营业外收入”账户贷方余额13 500元。

分析：这笔经济业务的发生，一方面，使得企业的有关损益类账户所记录的各项收入减少了，应记入“主营业务收入”“其他业务收入”“营业外收入”账户的借方；另一方面，使得企业的利润总额增加了，应记入“本年利润”账户的贷方。编制会计分录如下：

借：主营业务收入　　550 000

　　其他业务收入　　20 000

　　营业外收入　　13 500

　贷：本年利润　　583 500

【例5-39】期末，将各费用类账户余额转入“本年利润”账户。其中，“主营业务成本”账户的借方余额340 000元，“税金及附加”账户的借方余额15 000元，“其他业务成本”账户的借方余额12 000元，“管理费用”账户的借方余额38 600元，“销售费用”账户的借方余额8 000元，“财务费用”账户的借方余额2 500元，“营业外支出”账户的借方余额5 000元。编制会计分录如下：

借：本年利润　　421 100

　贷：主营业务成本　　340 000

　　　税金及附加　　15 000

　　　其他业务成本　　12 000

　　　管理费用　　38 600

　　　销售费用　　8 000

　　　财务费用　　2 500

　　　营业外支出　　5 000

【例5-40】华夏有限责任公司按利润总额162 400元计算并结转本期的所得税费用。所得税税率为25%，假设没有纳税调整项目。

应交所得税=应纳税所得额×所得税税率

应纳税所得额=利润总额±所得税前利润中予以调整的项目

可以看出，在不存在纳税调整项目的前提下，所得税费用计算的基数就是利润总额，因此，华夏有限责任公司的应交所得税为40 600元（162 400×25%）。

分析：这笔经济业务的发生，一方面，使得企业的所得税费用增加，应记入“所得税费用”账户的借方；另一方面，由于该项税费实际尚未缴纳，表示企业的负债增加，因此，应记入“应交税费——应交所得税”账户的贷方。编制会计分录如下：

知识链接5-10

“账结法”与“表结法”

借：所得税费用	40 600	
贷：应交税费——应交所得税		40 600

“所得税费用”账户也属于损益类账户，期末余额也应转入“本年利润”账户。为此，编制会计分录如下：

借：本年利润	40 600	
贷：所得税费用		40 600

二、利润分配的核算

利润分配，就是企业根据股东大会或类似权力机构批准的、对企业可供分配利润指定其特定用途和分配给投资者的行为。企业实现的净利润，应当按照国家的有关规定进行分配。利润的分配过程和结果，不仅关系到所有者的合法权益能否得到保障，而且关系到企业能否长期、稳定地发展。企业净利润分配的去向主要有：以利润的形式分配给投资者，作为投资者对企业投资的回报；以公积金的形式留存于企业，用于企业进一步扩大生产经营；以未分配利润的形式留存于企业。

（一）利润分配的顺序

根据我国《公司法》的规定，公司税后利润分配的顺序是：

1.弥补企业以前年度亏损

公司的法定公积金不足以弥补以前年度亏损的，在提取法定公积金之前，应当先用当年利润弥补亏损。

2.计算可供分配的利润

企业应根据本年利润（或亏损）与年初未分配利润（或亏损）、其他转入的金额（如盈余公积弥补亏损）等项目，计算可供分配的利润，即：

可供分配的利润=净利润(或亏损)+年初未分配利润-弥补以前年度亏损+其他转入金额

如果可供分配的利润为负数（即累计亏损），则不能进行后续分配；如果可供分配的利润为正数（即累计盈利），则可进行后续分配。

3.提取法定盈余公积金

根据公司法的规定，企业应当按照当年净利润（弥补亏损后）的10%提取法定盈余公积金，即如果不存在年初累计亏损，则提取法定盈余公积的基数为当年实现的净利润；如果存在年初的累计亏损，则提取法定盈余公积的基数为当年实现的净利润扣除弥补亏损后的数额。当法定盈余公积金已达到注册资本的50%时，企业可不再提取。法定盈余公积金可用于弥补亏损、扩大企业生产经营或转增资本，但企业用盈余公积金转增资本后，法定盈余公积金的余额不得低于转增前公司注册资本的25%。

4.提取任意盈余公积金

企业从净利润中提取法定盈余公积后，经股东会或者股东大会决议，还可以从净利润中提取任意盈余公积。

5.向股东（投资者）分配股利（利润）

企业可供分配的利润扣除提取的盈余公积后，形成可供投资者分配的利润，即：

可供投资者分配的利润 = 可供分配的利润 - 提取的盈余公积

企业可采用现金股利、股票股利、财产股利等形式向投资者分配股利（或利润）。可供投资者分配的利润扣除向投资者分配利润后的余额形成企业的未分配利润。

（二）利润分配核算应设置的主要账户

1.“利润分配”账户

该账户属于所有者权益类账户，用来核算企业利润的分配（或亏损的弥补）和历年利润分配（或弥补亏损）后的结存余额。其贷方登记年终时从“本年利润”账户借方转来的全年实现的净利润总额以及用盈余公积弥补亏损额，借方登记年终时从“本年利润”账户贷方转来的全年净亏损总额以及按规定实际分配的利润数（如提取盈余公积、给股东分配股利等）。年终余额若在贷方，则表示企业历年结存的未分配利润；年终余额若在借方，则表示历年结存的未弥补亏损。该账户按利润分配的具体项目，一般应设置“提取法定盈余公积”“提取任意盈余公积”“应付股利”“盈余公积补亏”“未分配利润”等明细账户，进行明细分类核算。

“利润分配”账户结构如下：

借方　　利润分配	贷方
（1）年末，从“本年利润”账户转入的净亏损； （2）实际分配的利润额	（1）年末，从“本年利润”账户转入的净利润； （2）盈余公积弥补亏损额
年末余额：累计未弥补亏损额	年末余额：累计未分配利润额

2.“盈余公积”账户

该账户属于所有者权益类账户，用来核算企业从税后利润中提取的盈余公积金的增减变动及其结余情况。其贷方登记提取的盈余公积金，借方登记实际使用的盈余公积金，期末余额在贷方，表示企业盈余公积的结存数。该账户应按盈余公积的种类设置“法定盈余公积”“任意盈余公积”等明细账户，进行明细分类核算。

“盈余公积”账户结构如下：

借方	盈余公积 贷方
实际使用的盈余公积金（减少数）	年末提取的盈余公积金（增加数）
	期末余额：结存的盈余公积金

3.“应付股利”账户

该账户属于负债类账户，用来核算企业经董事会、股东大会或类似机构决议确定分配的现金股利或利润。其贷方登记企业按照规定计算的应付给投资者的现金股利或利润，借方登记实际向投资者支付的现金股利或利润，期末余额在贷方，表示企业尚未支付给投资者的现金股利或利润。这里需要注意的是，企业分配给投资者的股票股利不在本账户核算。

“应付股利”账户结构如下：

借方	应付股利 贷方
实际支付的现金股利或利润	应付未付的现金股利或利润
	期末余额：尚未支付的现金股利或利润

（三）利润分配业务核算的账务处理

【例5-41】期末，将“本年利润”账户贷方余额121 800元转入“利润分配”账户。

分析：年末，“本年利润”账户的贷方余额121 800（583 500−421 100−40 600），表示企业实现了净利润，该账户应于年末结清，因此，企业的净利润应从“本年利润”账户的借方转出，转入到“利润分配——未分配利润”账户的贷方。编制会计分录如下：

借：本年利润　　121 800

　贷：利润分配——未分配利润　　121 800

【例5-42】华夏有限责任公司根据规定，按净利润的10%提取法定盈余公积。

分析：这笔经济业务的发生，一方面是企业计提法定盈余公积，属于企业实际进行的利润分配，应记入“利润分配”账户的借方；另一方面，企业的盈余公积金增加，应记入“盈余公积”账户的贷方。编制会计分录如下：

借：利润分配——提取法定盈余公积　　12 180

　贷：盈余公积——法定盈余公积　　12 180

【例5-43】华夏有限责任公司按照批准的利润分配方案，向投资者分配现金股利60 000元。

分析：这笔经济业务的发生，一方面是企业向投资者分配现金股利，属于企业实际进行的利润分配，应记入“利润分配”账户的借方；另一方面，企业尚未将现金股利支付给投资者，从而形成了企业的一项负债，应记入“应付股利”账户的贷方。编制会计分录如下：

借：利润分配——应付股利　　60 000

贷：应付股利　　60 000

企业利润形成与分配主要业务核算程序如图5-5所示。

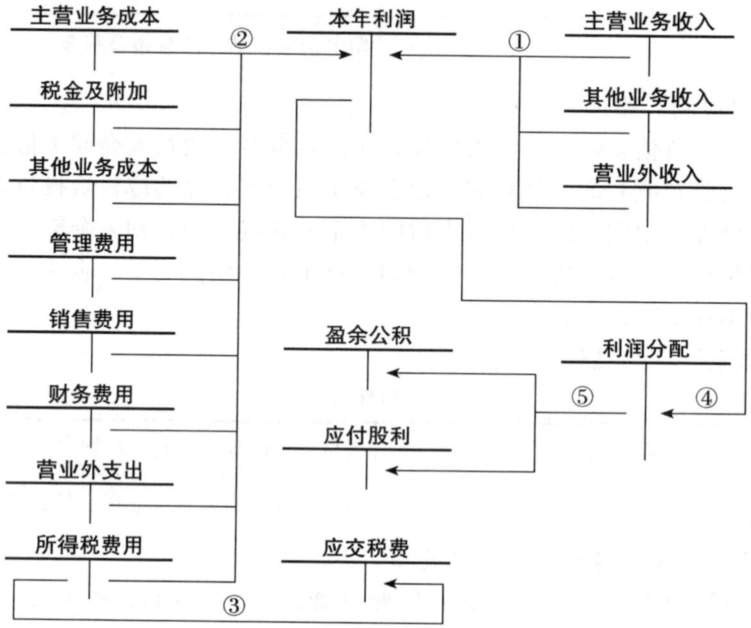

图5-5　利润的形成和分配主要业务核算程序

业务说明：①表示结转各项收入；

②表示结转各项费用；

③表示计算应交所得税；

④表示年终结转净利润；

⑤表示分配利润。

本章小结

本章主要介绍制造业企业主要经济业务的核算，具体包括资金筹集业务核算、材料采购业务核算、生产业务核算、销售业务核算、利润形成与分配业务核算。企业资金筹集渠道主要包括接受投资者投资和取得借款，前者形成企业的所有者权益，后者形成企业的负债，两者在企业中享有的要求权不同，所以应在不同的账户中进行核算。企业在供应过程中要购买用以生产产品的原材料，需要支付买价和采购费用，采购费用应采用一定的方法在各种材料之间进行分配，某种材料的买价和应分配的采购费用，构成该种材料的采购成本。企业在生产经营过程会发生各种各样的耗费，与生产产品有直接关系的耗费称为生产费用，为了维持一定生产经营能力的耗费称为期间费用，包括销售费用、管理费用和财务费用。生产费用可进一步划分为直接费用和间接费用，直接费用直接计入产品成本，间接费用分配计入产品成本，将生产费用归集、分配到各种产品的名下，可计算出产品制造成本。期间费用不由具体产品承担，而从当期收入中冲减。企业在销售过程中将生产的产品和多余的材料对外销售，属于日常经营活动，要确认销售收入，同时需要结转销售成本、确认发生的销售费用和应上缴的销售税费。财务成果包括利润的形成与分配，利润是企业在一定会计期间的经营成果，包括营业利润、利润总额和净利润。企业在计算出可供分配利润后，按照提取法定盈余公积、提取任意盈余公积、向投资者分配股利（或利润）的顺序对利润进行分配。

章后练习

一、名词解释

1.实收资本	2.资本公积	3.采购成本	4.生产成本
5.制造费用	6.累计折旧	7.期间费用	8.管理费用
9.销售费用	10.财务费用	11.主营业务收入	12.主营业务成本
13.营业外收入	14.营业外支出	15.所得税费用	16.净利润
17.利润分配			

二、简答题

1.简述制造业企业的主要经济业务。

2.企业筹集资金的主要方式有哪几种？如何对其进行核算？

3.原材料实际采购成本包括哪些内容？材料采购费用如何计入材料采购成本？

4.产品生产成本由哪些成本项目构成？

5.月末应如何进行制造费用的分配？其分配的标准有哪些？

6.如何计算、结转完工产品的生产成本？

7.怎样理解“累计折旧”账户的用途和结构？

8.简要说明在销售业务的核算中，收入和费用之间的关系。

9.反映企业利润的指标有哪些？如何计算？

10.什么是营业外收入和营业外支出？两者之间是否存在配比关系？

11.如何结转收入和费用类账户余额？

12.简述企业利润分配的顺序。

三、实训题

实训一

【目的】练习资金筹集业务的核算。

【资料】宏远公司2022年6月发生下列经济业务：

1.接受恒远科技公司投入的一项商标权，双方确认的价值为240 000元。

2.收到华茂电子公司投资的一套生产设备，双方确认的价值为50 000元，已交付使用。

3.收到海涛公司投资的一批原材料，双方确认的价值为150 000元。

4.收到长江公司投入资本200 000元，款项已存入银行。

5.从银行取得期限为6个月的借款100 000元存入银行。

6.向银行借入期限3年、年利率6%的借款2 000 000元，存入银行。

7. 用银行存款80 000元偿还到期的银行临时借款。

8. 经有关部门批准，将资本公积50 000元转增资本。

【要求】根据上述资料编制会计分录。

实训二

【目的】练习材料采购业务的核算（原材料按实际成本核算）。

【资料】宏远公司为制造业一般纳税人单位，2022年6月发生下列材料采购业务：

1. 公司从华海工厂购入A材料2 000千克，单价10元/千克，增值税进项税额为2 600元，全部款项以银行存款支付。

2. 用现金支付上述A材料的运杂费250元（假定暂不考虑运费的增值税抵扣）。

3. 公司从四方公司购入B材料4 000千克，单价28元/千克，增值税进项税额为14 560元，款项尚未支付。

4. 开出转账支票，支付上月应付东方公司的购料款35 100元。

5. 公司从顺利公司购入A材料2 000千克，单价10.50元/千克，C材料3 000千克，单价15元/千克，增值税进项税额为8 580元，全部款项以银行存款支付。

6. 上述从顺利公司购入的A、C两种材料共发生运杂费560元，以现金支付（按两种材料的重量比例分配，假定暂不考虑运费的增值税抵扣）。

7. 公司从泰康公司购入C材料1 000千克，单价14.80元/千克，增值税进项税额为1 924元，全部款项用签发并承兑的商业汇票结算。

8. 月末，本月购入的上述三种材料均已验收入库，结转其成本。

【要求】根据上述资料，编制会计分录。

实训三

【目的】练习产品生产业务的核算。

【资料】宏远公司2022年6月发生下列产品生产业务：

1. 开具银行转账支票1 500元购买办公用品，其中行政管理部门用1 000元，车间用500元。

2. 生产甲产品领用原材料24 000元，生产乙产品领用原材料18 000元。

3. 以银行存款支付本月电费8 000元，其中生产甲产品的动力电为3 000元，生产乙产品的动力电为2 400元，车间照明用电为1 600元，行政管理部门照明用电为1 000元。

4. 车间一般耗用原材料一批，价值1 200元。

5. 以银行存款支付本月车间的财产保险费900元。

6. 计算分配本月工资费用，其中生产甲产品工人工资32 000元，生产乙产品工人工资28 000元；

车间管理人员工资15 000元；厂部管理人员工资10 000元。

7. 按上述工资总额的14%列支职工福利费。

8. 到银行提取现金85 000元，备发工资。

9.以现金85 000元发放本月工资。

10.王华出差去大连，预借差旅费3 000元，以现金支付。

11.计提本月固定资产折旧，其中车间折旧额1 200元，行政管理部门折旧额800元。

12.预提应由本月负担的短期借款利息600元。

13.王华出差回来，报销差旅费3 300元，不足款项以现金支付。

14.分配并结转本月发生的制造费用（以生产工人工资作为分配标准）。

15.本月生产的甲产品300件，乙产品200件全部完工并已验收入库，结转成本(假设没有期初、期末在产品)。

【要求】根据上述资料，编制会计分录。

实训四

【目的】练习产品销售业务的核算。

【资料】宏远公司为制造业一般纳税人单位，2022年8月发生下列销售业务：

1.销售给旺达公司一批产品，价款200 000元，增值税26 000元，款项收到并已存入银行。

2.以现金支付产品包装费300元。

3.销售给万海公司一批产品，价款96 000元，增值税12 480元，以银行存款为对方垫付运杂费500元，款项尚未收到。

4.用银行存款3 000元支付销售产品的广告费。

5.接到银行转来的进账通知单，上月的销货款35 100元已收妥入账。

6.销售给泾川公司一批产品，价款80 000元，增值税10 400元，收到对方签发并承兑的商业汇票一张。

7.计提本月专设销售机构的人员工资10 000元，并按14%列支职工福利费。

8.计提本月专设销售机构的固定资产折旧费800元。

9.结转本月已销产品成本250 000元。

10.经计算本月应负担的城市维护建设税为2 400元。

【要求】根据上述资料，编制会计分录。

实训五

【目的】练习有关利润形成与分配业务的核算。

【资料】宏远公司2022年12月发生下列有关利润形成与分配的业务：

1.以银行存款支付本季度短期借款利息1 800元（其中已计提1 200元)。

2.以银行存款向税务机关缴纳上月的增值税48 000元和所得税25 000元。

3.开出银行转账支票一张，支付向希望小学的捐款50 000元。

4.交易中因对方单位违约，收到罚款收入30 000元，存入银行。

5.月末，结转本月实现的各项收入，其中：主营业务收入450 000元，其他业务收入20 000元，营业外收入30 000元。

6.月末，结转本月发生的各项费用，其中：主营业务成本200 000元，税金及附加6 000元，其他业务成本12 000元，销售费用8 500元，管理费用36 000元，财务费用600元，营业外支出50 000元。

7.假定不考虑纳税调整，按利润总额的25%计算本月所得税费用并予以结转。

8.年末，结转本年净利润1 250 000元。

9.按本年净利润的10%提取法定盈余公积金。

10.按本年净利润的40%向投资者分配利润。

【要求】根据上述资料，编制会计分录。

第六章

会计凭证

学习目标

1. 理解会计凭证的含义和作用，熟悉会计凭证的种类；
2. 熟悉原始凭证的基本内容，掌握原始凭证的填制和审核；
3. 熟悉记账凭证的基本内容，掌握记账凭证的填制和审核；
4. 了解会计凭证传递和保管的基本要求。

第一节 会计凭证概述

一、会计凭证的含义

会计凭证是原始凭证和记账凭证的统称，是记录经济业务发生和完成情况、明确经济责任的书面证明，是记账的重要依据。合法地取得、正确地填制和审核凭证是会计的专门方法之一。

任何会计主体发生的每项经济业务，都要由经办人员或有关部门填制或取得能证明经济业务发生的凭证，并且签名盖章，以明确经济责任，例如：采购材料、商品等，根据供货单位的发票、运输单位的运货凭证和银行的结算凭证，经仓库的材料保管人员验收入库后，需要编制收料单（或材料入库单），表明材料已验收入库；会计人员根据报送的收料单、发票和银行结算凭证等编制记账凭证，作为记账的依据；领用材料要有领料单等。会计部门必须对所有凭证的真实性和合法性进行审核，只有经过审核并确认为合法、真实和正确的凭证，才能作为记账的依据。因此，填制和审核会计凭证，就成为会计核算方法中的一种专门方法，它是借助会计凭证去办理会计手续，以便及时反映和监督经济业务的发生和完成情况，保证会计记录真实、正确、合理、合法，是会计核算工作的起点和基础。认真做好这项工作，对完成会计任务、加强会计管理具有十分重要的意义。

二、会计凭证的作用

1.反映经济业务

企业发生的每一笔经济业务，按照规定有关部门和人员都要根据经济业务发生的时间、地点、内容和完成情况，填制必要的会计凭证。这样，平时发生了哪些经济业务，这些经济业务的执行完成情况，通过会计凭证，就能如实地反映出来，如产品销售，经办单位或个人将产品销售的名称、数量、单价、金额、销售日期、凭证编号、经手人签字、销售单位公章和购货单位名称等，都写明在发票上，以便如实反映销售业务情况。

2.明确经济责任

由于每一项经济业务都要填制或取得适当的会计凭证，有关经办人员都要在凭证上签名或盖章，表明对该项经济业务承担的经济责任。这样，就加强了经济管理中的岗位责任制，促使有关人员在自己的职责范围内严格按照规章制度办事，一旦出现问题，也可以确定有关部门和人员承担的责任。

3.登记账簿的依据

为了保证账簿记录的真实可靠，对发生的任何一项经济业务，必须取得或填制会计凭证，并经过审核无误后，方可登记入账。将全部会计凭证的记录不重不漏地登记在账簿上，从而保证账簿记录的完整。

4.监督经济业务

当经济业务发生时，会计主管人员或其他会计人员，根据会计凭证的记录，对经济业务进行会计监督，以检查经济业务是否符合国家的方针、政策、法律和制度，防止不合理、不合法的经济业务发生。通过对会计凭证的检查，会计人员可随时发现情况，并采取措施纠正，改进日常会计核算工作，从而加强会计管理工作。

三、会计凭证的种类

会计凭证按其填制的程序和用途的不同，可分为原始凭证和记账凭证两种。

由于不同的会计主体，经济业务的性质和管理上的要求不同，因此，会计凭证的种类也有所差异。为了了解各种不同的会计凭证，会计人员必须对会计凭证按照一定的分类标准进行区分，以便在日常会计核算中正确使用会计凭证，充分发挥会计凭证应有的作用。

原始凭证是指在经济业务发生时取得或填制的，用以办理业务手续的书面证明，如发票、委托银行收款结算凭证、收据、借款单、差旅费报销单、收料单和领料单等。原始凭证的作用在于如实反映经济业务情况，明确经济业务经办单位和个人的经济责任，监督经济业务的真实性、合法性和合理性，作为编制记账凭证的依据。

记账凭证是指会计人员根据原始凭证编制的据以登记会计账簿的书面证明，如收款凭证、付款凭证、转账凭证和通用记账凭证等。

第二节 原始凭证的填制和审核

一、原始凭证的基本内容

企业的经济业务是纷繁复杂的，反映其具体内容的原始凭证也是多种多样的，例如，发票记载的是材料购买的品种、数量、单价、金额；而差旅费报销单则反映出差事由、报销金额、有关领导的审批等内容。这两种原始凭证反映的内容显然不同，但无论哪一种原始凭证，都应该说明有关经济业务的执行和完成情况，都应该明确有关经办人员和单位的经济责任。因此，各种原始凭证尽管格式不统一，名称、内容不尽相同，但都应该具备一些共同的基本内容，这些基本内容有：

（1）凭证的名称。

（2）填制凭证的日期。

（3）填制凭证单位名称或者填制人姓名。

（4）填制单位的公章和经办人员的签名或者盖章。

（5）接受凭证单位的名称。

（6）经济业务的内容、数量、单价和金额等。

（7）凭证的编号和联次。

有些原始凭证，不仅要满足会计工作的需要，而且要满足其他管理工作的需要。因此，在有些凭证上，除上述基本内容外，还应增加一些补充项目，例如，要注明与该笔经济业务有关的合同号码、结算方式、币别、汇率等，以更加完整地反映经济业务。

二、原始凭证的种类

（一）原始凭证按来源不同分类

原始凭证按来源不同，可分为外来原始凭证和自制原始凭证两种。

1.外来原始凭证

外来原始凭证是指由业务经办人员在业务发生或完成时从其他单位或个人直接取得的凭证，如采购时从供方单位取得的发票，付款时由收款方开具的收据，银行转来的收款通知等。发票和银行收费凭证的一般格式见表6-1和表6-2。

表6-1　　　　辽宁增值税专用发票　　　　№015927228

（全国统一发票监制章　国家税务总局　辽宁省税务局）　发票联

开票日期：2022年8月10日

购买方	名　　称：锦华丝绸服装有限公司 纳税人识别号：200456789666666 地 址、电 话：汉东市江北路168号0225-32883116 开户行及账号：工行汉东分行江北路分理处012345600000			密码区	（略）		
货物或应税劳务、服务名称	规格型号	单位	数量	单价	金额	税率	税额
A材料		吨	10	6 000.00	600 000.00	13%	78 000
合计					¥600 000.00		¥78 000
价税合计（大写）	人民币陆拾柒万捌仟元整				（小写）	¥678 000.00	
销售方	名　　称：时尚服装辅料厂 纳税人识别号：20045615412332 地 址、电 话：汉东市西城区19号0225-76356642 开户行及账号：工行汉东市西城区支行211256556332			备注	时尚服装辅料厂 20045615412332 发票专用章		

第二联：发票联　购货方记账凭证

收款人：肖好　　复核：李臣　　开票人：程海　　销货单位：

表 6-2　　**中国工商银行　收费凭证**

2022年11月5日

户名	锦华丝绸服装有限公司			账号	012345600000	
收费项目	起止号码	数量	单价	工本费	手续费	邮电费
					0.5	10.00
金额小计					0.5	10.00
金额合计（大写）	壹拾元伍角整				亿千百十万千百十元角分	¥1050

工行汉东分行江北路分理处 2022.11.5 转账 转讫

第一联 客户回单

制票：郑倩倩　　　　复核：闫松

知识链接 6-1

原始凭证分割单

2. 自制原始凭证

自制原始凭证是由本单位经办业务的部门或个人，在办理某项经济业务时自行填制的凭证，如收料单、领料单、工资结算单、成本计算单、产品入库单等。领料单、产品入库单的一般格式见表 6-3 和表 6-4。

表 6-3　　**领　料　单**

领料部门：　　　　　　　　　　　　凭证编号：

用　　途：　　　　年　月　日　　　收料仓库：

材料类别	材料编号	材料名称及规格	计量单位	数量		单价	金额
				请领	实发		
备注：						合计	

第　页

记账：　　　发料：　　　审批：　　　领料：

（二）原始凭证按填制的方法不同分类

原始凭证按填制的方法不同，可分为一次原始凭证、累计原始凭证和汇总原始凭证三种。

（1）一次原始凭证。一次原始凭证是指在经济业务发生或完成后一次填制完毕，用以记载一项或若干项同类经济业务的原始凭证。在原始凭证中，外来原始凭证都属于一次原始凭证；自制原始凭证绝大多数也属于一次原始凭证，如收料单等。一次原始凭证能反映一笔经济业务的内容，使用方便灵活，但数量较多，核算较麻烦。

表6-4 **产品入库单**

凭证编号：

交库单位： 年 月 日 产品仓库：

产品编号	产品名称	规格	计量单位	交付数量	检验结果		实收数量	单价	金额
					合格	不合格			
备注：							合计		

第 页

记账： 保管： 制单：

（2）累计原始凭证。累计原始凭证又称多次有效凭证，是指在一张凭证连续累计登记一定时期内不断重复发生的若干项同类经济业务，凭证填制手续是随着经济业务的发生分次进行的，直到期末才能填制完毕的原始凭证，如限额领料单（格式见表6-5）就是一种累计原始凭证。累计原始凭证可以减少凭证张数，简化填制手续，同时，也可以随时计算累计发生额，以便同计划或定额数量进行比较，反映业务执行或完成的工作总量，便于控制管理。

表6-5 **限额领料单**

领料车间：______ 年 月 日

材料类别：______ 编号：______

计划产量：______ 单位消耗定额：______ 仓库：______

材料编号	材料名称	规格	计量单位	领用限额	实际领用			记账
					数量	单价	金额	

领料日期	请领数量	实发数量	领料人签章	发料人签章	限额结余
合计					

生产计划部门负责人： 供应部门负责人： 仓库负责人：

（3）汇总原始凭证。汇总原始凭证又称原始凭证汇总表，是指根据若干反映同类经济业务的原始凭证定期加以汇总编制而成的原始凭证，如发出材料汇总表，工资结算汇总表等。将相同经济业务的凭证汇总填制在一张凭证上，有利于简化编制记账凭证和登记账簿的手续，也有利于分析经济业务。发出材料汇总表的格式见表6-6。

表6-6 **发出材料汇总表**

年 月 日

会计科目		领料部门	原材料	燃 料	合 计
生产成本	基本生产车间	一车间			
		二车间			
		小 计			
	辅助生产车间	供电车间			
		机修车间			
		小 计			
制造费用		一车间			
		二车间			
		小 计			
合 计					

（三）原始凭证按用途不同分类

原始凭证按用途不同，可以分为通知原始凭证、执行原始凭证和计算原始凭证三种。

（1）通知原始凭证。通知原始凭证又称命令凭证，是指要求、指示或命令企业进行某项经济业务的原始凭证，如录用或调出职工通知单、扣款通知书、付款通知单、产品订货单等。这种凭证由有关部门签字发出，通知有关部门执行。它不能证明某项经济业务已经完成。

（2）执行原始凭证。执行原始凭证又称证明凭证。执行原始凭证是用来证明某项经济业务已经完成的凭证。执行原始凭证大多都可以立即据以编制记账凭证，如收料单、发票、产品入库单等。

（3）计算原始凭证。计算原始凭证是指根据已完成经济业务的资料，通过一定的计算而填制的原始凭证。计算原始凭证一般是为了便于以后记账和了解各项数据来源和产生情况而编制的，如制造费用分配表、产品成本计算单、工资计算表等。

（四）原始凭证按凭证格式、使用范围不同分类

原始凭证按凭证格式、使用范围不同，可以分为统一原始凭证和专用原始凭证。

（1）统一原始凭证。统一原始凭证是指全国或某一地区、某一部门统一格式的原始凭证，如由中国银行统一制定的用于转账结算的支票，由税务部门统一制定的发票等。这种凭证格式标准、内容规范、便于比较，且统一印制可以降低费用。

（2）专用原始凭证。专用原始凭证是指一些单位内部，根据本单位管理要求设计的具有特定内容、格式和专门用途的原始凭证，这种凭证一般在凭证名称之前写

上企业单位的名称，如××单位差旅费报销单等。

在上述分类中，有些原始凭证按不同分类标志可分属不同的种类，如收料单既是自制原始凭证，又是一次原始凭证。另外，各种凭证间还有如下关系：外来原始凭证大多是一次原始凭证，计算原始凭证、累计原始凭证大多为自制原始凭证。

三、原始凭证的填制

原始凭证填制是由填制人员将各项原始凭证要素按规定方法填写齐全，办妥签章手续，明确经济责任。

视频

增值税专用发票的填制

视频

银行转账支票的填制

由于各种凭证的内容和格式千差万别，因此，原始凭证填制的具体方法也不同。一般来讲，自制原始凭证，一部分是根据经济业务的执行和完成的实际情况直接填制的，如根据实际入库产品的名称、数量和质量情况填制产品入库单；一部分原始凭证是根据账簿记录对某项经济业务加以归类、整理而重新编制的，如月末根据“制造费用”账户的借方发生额，填制的制造费用分配表，将全月发生的制造费用按照一定的分配标准结转到有关的成本计算对象中去。另外，自制的汇总原始凭证是根据若干张反映同类经济业务的原始凭证定期汇总填制。外来原始凭证是由其他单位或个人填制的，根据经济业务的执行或完成情况填制。

原始凭证是具有法律效力的证明文件，是进行会计核算的依据，必须认真填制。为了确保会计核算资料的正确、全面和及时，填制原始凭证必须符合下列要求。

1.记录真实

要在凭证上如实填写交易或事项的实际情况，所记载的交易或事项内容，有关的数量、单价和金额等必须真实可靠，不得弄虚作假。记录真实体现了会计信息质量的可靠性要求。

2.手续完备

当填制原始凭证时，需要办理的各种手续必须完整，不得缺项，如交易或事项每一个环节上的经办人员必须在凭证上签名或盖章，以示对交易或事项的真实性负责。外来原始凭证必须加盖填制单位的财务专用章才能生效。

3.内容齐全

凭证的基本内容和补充内容都要按照规定的格式和内容逐项填写齐全，不得遗漏或省略；有些原始凭证需要填写一式多联的，联次不能短缺。

4.书写规范

凭证上的数字和文字，要字迹清楚、整齐和规范，易于辨认。对于少数特殊业务和特殊凭证还应按规定的墨迹填写。凭证填写如有差错，应按照规定的办法更正，或做作废处理，不得随意涂改、刮擦和挖补。

原始凭证要用蓝黑或黑色笔填写，文字、数字书写要规范，应具体符合下列要求：

（1）阿拉伯数字应当一个一个地写，不得连笔写。阿拉伯数字金额前面应当书写货币币种符号，如人民币符号“¥”，美元符号“$”。币种符号与阿拉伯数字之间不得留有空白。凡阿拉伯数字前写有币种符号的，数字后面不再写货币单位。

（2）所有以元为单位（其他货币种类为货币基本单位，下同）的阿拉伯数字，除表示单价等情况外，一律填写到角分；无角分的，角位和分位可写“00”或“—”；有角无分的，分位应当写“0”，不得用符号“—”代替。

（3）汉字大写数字金额如零、壹、贰、叁、肆、伍、陆、柒、捌、玖、拾、佰、仟、万、亿等，一律用正楷字或者行书体书写，不得用0、一、二、三、四、五、六、七、八、九、十等代替，不得任意自造简化字。大写金额数字到元或角为止的，在“元”或者“角”之后应写“整”或者“正”字；大写金额数字有分的，分字后面不写“整”或者“正”字。

（4）大写金额数字前未印有货币名称的，应当加填货币名称，货币名称与金额数字之间不得留有空白。

（5）当阿拉伯数字金额中间有“0”时，汉字大写金额要写“零”字；阿拉伯数字金额中间连续有几个“0”时，汉字大写金额中可以只写一个“零”字，例如¥7 006.13，汉字大写金额应写成“人民币柒仟零陆元壹角叁分”。阿拉伯数字金额元位是“0”，或者数字中间连续有几个“0”、元位也是“0”但角位不是“0”时，汉字大写金额可以只写一个“零”字，也可以不写“零”字，例如¥1 580.43，应写成“人民币壹仟伍佰捌拾元零肆角叁分”或者写成“人民币壹仟伍佰捌拾元肆角叁分”；又如¥206 000.54，应写成“人民币贰拾万陆仟元零伍角肆分”或者写成“人民币贰拾万零陆仟元伍角肆分”。

（6）凭证不得随意涂改、刮擦、挖补。若填写错误需要更正时，须划线更正，即将写错的文字或数字，用红字划掉，再将正确的文字或数字写在划线部分的上方，更正处加盖经手人的印章，但提交银行的各种结算凭证的金额大小写一律不得更改，如果填写错误，应加盖“作废”戳记，重新填写。

5. 填制及时

每次交易或事项办理完毕，经办人员应及时取得或填制原始凭证，并送会计部门审核，作为会计核算的依据，不得拖延或积压，以免影响会计部门对交易或事项进行会计处理，进而影响企业交易和事项相关信息的加工和对外报出。

四、原始凭证的审核

为了保证原始凭证内容的真实性和合法性，防止不符合填制要求的原始凭证影响会计正确核算和监督各项信息的质量，必须由会计部门对一切外来的和自制的原始凭证进行严格审核，主要审查以下两方面的内容：

1. 审核原始凭证反映的经济业务是否合法、合规、合理

审核时应以有关国家颁布的现行财经法规、财会制度，以及本单位制定的有关规则、预算和计划为依据，审核原始凭证所反映的经济业务的合理性和合法

性。审核经济业务是否合法，对于弄虚作假、营私舞弊、伪造涂改凭证等违法乱纪行为，应扣留凭证，报请领导或上级进行严肃处理；同时要以计划、预算、定额等为依据，审核经济业务是否符合计划要求，是否符合费用的开支标准，是否符合成本效益原则等等。对于不符合以上要求的，财会部门有权拒绝付款、报销和执行。

2.审核原始凭证的填制是否符合规定的要求

首先，审核原始凭证记载的经济业务是否符合实际情况，各项内容是否填写齐全、正确；其次，审核原始凭证所有的数字，包括数量、单价、金额、小计及合计是否正确；最后，审核办理凭证的手续是否完备，即经办部门和人员是否签名或盖章。对于内容填列不完整，数字计算有误，手续上不完备的原始凭证，应退回更正或补办手续。

原始凭证的审核是一项很细致且十分严肃的工作。要做好原始凭证的审核，充分发挥会计监督作用，会计人员应该做到具有一定的会计职业道德和素养，精通会计业务，熟悉有关的政策、法令、规章制度，对本单位的生产经营活动有深入了解。同时还要求会计人员具有维护国家的经济法规、财经制度和本单位管理规定的责任感，敢于坚持原则，敢于负责。只有这样，才能在凭证审核中正确掌握标准，及时发现问题。

延伸阅读6-1

增值税发票虚开骗税案

思政课堂

会计人员的职业素养

会计部门作为现代企业管理的核心机构，对其从业人员的职业素养有着较高的要求，作为一名未来的会计人员，当代大学生应从以下几方面加强自身职业素养：

1.扎实的专业能力

会计工作是一种专业性很强的工作，会计人员需要掌握最新的会计准则、税收政策、法律法规等专业知识，因此需要有不断增强提高专业技能的自觉性和紧迫感，刻苦钻研，努力进取，从而提高自身业务水平，具备完成本职工作和适应信息化时代发展的专业胜任能力。

2.严谨的工作作风

会计工作是一种很精准的工作，要求会计人员准确地核算每一项指标，恰当地适用每一条准则或制度，正确地使用每一个公式，因此必须具备细致严谨的工作作风，否则哪怕是写错一个小数点都可能会给企业带来巨大的损失。

3.恪守职业道德

会计工作和资本的相关性，决定了会计岗位的特殊性，作为会计从业者一定要恪守职业道德，严格遵守规章制度，依法办事，实事求是，不偏不倚，保持应有的独立性，绝对不能逾越国家法律的红线。遵纪守法是对每个会计从业者的最低要求。

第三节 记账凭证的填制和审核

一、记账凭证的基本内容

记账凭证又称传票，是会计人员根据审核无误的原始凭证按照设置的账户运用复式记账法填制，并据以确定会计分录，作为记账依据的会计凭证。

由于账簿需要按照一定的会计科目和记账规则进行登记，而原始凭证有自制的，有外来的，且种类繁多，格式不一，因此，不便于在原始凭证上编制会计分录，这就须将各种原始凭证所反映的经济业务加以归类和整理后，编制记账凭证，然后再据以记账。从原始凭证到记账凭证是经济信息转换成会计信息的过程，是会计信息的初始确认阶段。

虽然记账凭证有不同的种类和格式，编制依据各异，但各种记账凭证的主要作用都在于对原始凭证进行归类，运用账户和复式记账的方法，编制会计分录，为登记账簿提供直接依据。因此，为了满足记账要求，各种记账凭证必须具备下列基本内容：

（1）填制凭证的名称。

（2）凭证的日期和编号。

（3）经济业务的内容摘要。

（4）账户（包括一级、二级或明细账户）名称、记账方向和金额。

（5）所附原始凭证的张数。

（6）填制单位的名称及有关人员的签章。制单人员、稽核人员、记账人员、会计主管人员要签名或者盖章。收款凭证和付款凭证还要有出纳人员的签名或者盖章。

二、记账凭证的种类

（一）记账凭证按其用途不同分类

记账凭证按其用途不同，可分为专用记账凭证和通用记账凭证两类。

1.专用记账凭证

专用记账凭证是指分类反映经济业务的一种记账凭证。按其所反映的经济业务内容不同，专用记账凭证又分为收款凭证、付款凭证和转账凭证三种。收款凭证和付款凭证是用来反映货币资金收入、付出业务的凭证；转账凭证是用来反映非货币资金业务的凭证。

（1）收款凭证。收款凭证是指专门用来记载库存现金和银行存款增加业务的记账凭证。它是出纳员收款的证明，也是登记库存现金日记账和银行存款日记账及总账的依据，格式见表6-7。

（2）付款凭证。付款凭证是指专门用来记载库存现金和银行存款减少业务的记账凭证。它是出纳员付出款项的证明，也是登记库存现金日记账和银行存款日记账及总账的依据，格式见表6-8。

表6-7 **收款凭证** 出纳编号________

借方科目____________ 年 月 日 凭证编号________

摘 要	贷方科目		金 额										记账
	总账科目	明细科目	千	百	十	万	千	百	十	元	角	分	
附单据 张	合 计												

会计主管： 记账： 出纳： 复核： 填制：

表6-8 **付款凭证** 出纳编号________

贷方科目____________ 年 月 日 凭证编号________

摘 要	借方科目		金 额										记账
	总账科目	明细科目	千	百	十	万	千	百	十	元	角	分	
附单据 张	合 计												

会计主管： 记账： 出纳： 复核： 填制：

（3）转账凭证。转账凭证是指专门用来记载不涉及库存现金和银行存款收付的其他各项经济业务的记账凭证，是登记总分类账和明细分类账的依据，格式见表6-9。

表6-9 **转账凭证**

年 月 日 凭证编号________

摘 要	会计科目		√	借方金额										√	贷方金额									
	总账科目	明细科目		千	百	十	万	千	百	十	元	角	分		千	百	十	万	千	百	十	元	角	分
附单据 张	合 计																							

会计主管： 记账： 复核： 填制：

2.通用记账凭证

通用记账凭证是指用来反映所有经济业务的记账凭证。通用记账凭证的格式一般与转账凭证相同。

（二）记账凭证按填列会计科目的数目分类

记账凭证按其填列会计科目的数目不同，可分为单式记账凭证和复式记账凭证两类。

（1）单式记账凭证。单式记账凭证是在一张记账凭证上只填列每笔会计分录中的一方科目，其对应科目只作参考，不据以记账。填列借方科目的称为借项记账凭证（格式见表6-10），填列贷方科目的称为贷项记账凭证（格式见表6-11）。这样，每笔会计分录至少要填列两张单式记账凭证，用编号将其联系起来，以便查对。设置单式记账凭证的目的：一是便于汇总，即每张凭证只汇总一次，并且可减少差错；二是为了实行会计部门内部的岗位责任制，即每个会计岗位工作人员都应对与其有关的账户负责；三是利于贯彻内部控制制度，防止差错和舞弊。但由于凭证张数多，不易保管，填制凭证的工作量较大，因此，使用单式记账凭证的单位较少。

表6-10

借项记账凭证

对应科目：银行存款　　　　2022年×月×日　　　　凭证编号_____

摘　要	一级科目	二级或明细科目	金　额	记　账
偿还华科公司货款	应付账款	华科公司	50 000.00	

附单据　张

会计主管：　　记账：　　出纳：　　复核：　　填制：

表6-11

贷项记账凭证

对应科目：应付账款　　　　2022年×月×日　　　　凭证编号_____

摘　要	一级科目	二级或明细科目	金　额	记　账
偿还华科公司货款	银行存款		50 000.00	

附单据　张

会计主管：　　记账：　　出纳：　　复核：　　填制：

（2）复式记账凭证。复式记账凭证是在一张凭证上完整地列出一笔经济业务所涉及的全部科目。上述专用记账凭证和通用记账凭证均为复式记账凭证。复式记账凭证的优点是在一张凭证上就能完整地反映一笔经济业务的全貌，且填写方便，附件集中，便于凭证的分析及审核。其缺点是不便于分工记账及科目汇总。

（三）记账凭证按包括的内容分类

记账凭证按包括的内容不同，可分为单一记账凭证、汇总记账凭证和记账凭证汇总表（也称为科目汇总表）三类。

（1）单一记账凭证。单一记账凭证是指只包括一笔会计分录的记账凭证。上述的专用记账凭证和通用记账凭证，均为单一记账凭证。

（2）汇总记账凭证。汇总记账凭证是指根据一定时期内同类单一记账凭证定期加以汇总而重新编制的记账凭证。其目的是简化总分类账的登记手续。汇总记账凭证又可以进一步分为汇总收款凭证、汇总付款凭证和汇总转账凭证（格式见表6-12、表6-13、表6-14）。

表6-12　汇总收款凭证

借方账户：　　　　　年　　月　　日　　　　　第　　号

贷方账户	金额				记账	
	(1)	(2)	(3)		借方	贷方

附注：（1）自____日至____日，收款凭证共计____张；

（2）自____日至____日，收款凭证共计____张；

（3）自____日至____日，收款凭证共计____张。

表6-13　汇总付款凭证

贷方账户：　　　　　年　　月　　日　　　　　第　　号

借方账户	金额				记账	
	(1)	(2)	(3)		借方	贷方

附注：（1）自____日至____日，付款凭证共计____张；

（2）自____日至____日，付款凭证共计____张；

（3）自____日至____日，付款凭证共计____张。

表6-14　汇总转账凭证

贷方账户：　　　　　年　　月　　日　　　　　第　　号

借方账户	金额				记账	
	(1)	(2)	(3)		借方	贷方

附注：（1）自____日至____日，转账凭证共计____张；

（2）自____日至____日，转账凭证共计____张；

（3）自____日至____日，转账凭证共计____张。

（3）记账凭证汇总表。记账凭证汇总表是指根据一定时期内所有的记账凭证定期加以汇总而重新编制的记账凭证。其目的也是简化总分类账的登记手续，格式见表6-15。

表6-15

记账凭证汇总表

年　　月　　日至　　日　　　　　　汇总字第　　号

账户名称	本期发生额		总账页数	记账符号
	借　方	贷　方		
合　计				
附单据　　张　　凭证自第　　号至　　号				

三、记账凭证的填制

（一）记账凭证的填制依据

填制记账凭证是会计核算工作的重要环节。记账凭证可以根据每一张原始凭证单独填列，也可以根据反映同类经济业务的若干张原始凭证汇总填列，或者直接根据汇总原始凭证填列，但不得将不同内容和类别的原始凭证汇总填列在一张记账凭证上。另外，用于调整、结账和更正错误的记账凭证可以根据有关账簿记录填列。无论是原始凭证、汇总原始凭证，还是账簿记录，都需经事先审核无误后，才能作为填制记账凭证的依据，以免发生差错。

（二）记账凭证的填制方法

1.专用记账凭证的填制

（1）收款凭证的填制。凡是同现金收入和银行存款收款有关的经济业务，都要编制收款凭证。收款业务主要有借款收入、销货收入和其他收入等。出纳人员对于已经收款的收款凭证及其所附的各种原始凭证，都要加盖“收讫”的戳记，以免重收。

视频
收款凭证的填制

收款凭证中的借方科目应该填写“库存现金”或“银行存款”科目，收款凭证中的贷方科目则应填写与收入现金或银行存款相对应的会计科目。

【例 6-1】华夏有限责任公司 2022 年 5 月 1 日收到英伦公司偿还所欠货款 9 000 元，存入银行，根据进账单填制的收款凭证见表 6-16。

表 6-16　　**收款凭证**　　出纳编号 05-1

借方科目 银行存款　　2022 年 5 月 1 日　　凭证编号 银收 1

摘　要	贷方科目		金　额										记账
	总账科目	明细科目	千	百	十	万	千	百	十	元	角	分	
收到英伦公司偿还货款	应收账款	英伦公司					9	0	0	0	0	0	√
附单据　1　张	合　　计					¥	9	0	0	0	0	0	

会计主管：（签章）　记账：（签章）　出纳：（签章）　复核：（签章）　填制：（签章）

（2）付款凭证的填制。凡是同付出现金和通过银行付款有关的业务，都要编制付款凭证。付款经济业务主要有归还借款、上缴款项、采购材料（商品）、支付工资、支付费用和其他支出等。出纳人员对于已经付款的付款凭证及其所附的各种原始凭证，都要加盖"付讫"的戳记，以免重付。

视频

付款凭证的填制

付款凭证的贷方科目应该填写"库存现金"或"银行存款"科目，付款凭证中的借方科目则应填写与支付现金或银行存款相对应的会计科目。

值得注意的是，对于现金和银行存款之间的划转业务（从银行提取现金、将现金送存银行），为了避免重复记账，一般只编制付款凭证，而不再编制收款凭证。

【例 6-2】2022 年 5 月 2 日，华夏有限责任公司职工林宏预借差旅费 1 200 元，付现金，根据借款单填制的付款凭证见表 6-17。

表 6-17　　**付款凭证**　　出纳编号 05-2

贷方科目 库存现金　　2022 年 5 月 2 日　　凭证编号 现付 1

摘　要	借方科目		金　额										记账
	总账科目	明细科目	千	百	十	万	千	百	十	元	角	分	
预借差旅费	其他应收款	林宏					1	2	0	0	0	0	√
附单据　1　张	合　　计					¥	1	2	0	0	0	0	

会计主管：（签章）　记账：（签章）　出纳：（签章）　复核：（签章）　填制：（签章）

视频

转账凭证的填制

（3）转账凭证的填制。凡不涉及现金和银行存款的经济业务，都要编制转账凭证。转账业务主要是计提费用、应付费用、其他应收或应付款项，以及为计算产品成本、利润的转账和其他调整事项等。当填写金额时，会计人员要注意借方科目的金额填入借方金额栏，贷方科目的金额填入贷方金额栏，其他内容的填制与收、付款凭证相同。

【例6-3】华夏有限责任公司2022年5月31日结转应由甲产品负担的制造费用14 000元。根据制造费用分配表填制的转账凭证见表6-18。

表6-18

转账凭证

2022年5月31日　　　　凭证编号：转字34

摘要	会计科目		√	借方金额										√	贷方金额									
	总账科目	明细科目		千	百	十	万	千	百	十	元	角	分		千	百	十	万	千	百	十	元	角	分
结转制造费用	生产成本	甲产品					1	4	0	0	0	0	0											
	制造费用																	1	4	0	0	0	0	0
附单据 1 张	合　计					¥	1	4	0	0	0	0	0				¥	1	4	0	0	0	0	0

会计主管：（签章）　　记账：（签章）　　复核：（签章）　　填制：（签章）

视频

通用记账凭证的填制

2.通用记账凭证的填制

通用记账凭证的格式和编制方法同转账凭证的格式与填制方法相同，这里不再赘述。

3.汇总记账凭证的填制

汇总记账凭证分为汇总收款凭证、汇总付款凭证和汇总转账凭证三种。汇总收款凭证是根据收款凭证分别按库存现金和银行存款账户的借方设置，并按对应的贷方账户归类汇总。汇总付款凭证是根据付款凭证分别按库存现金和银行存款账户的贷方设置，并按对应的借方账户归类汇总。汇总转账凭证是根据转账凭证按账户的贷方设置，并按对应的借方账户归类汇总。这三种汇总记账凭证都应定期（如每五天或每旬）汇总，每月填制一张。为了便于汇总，对转账凭证的对应关系，要求保持一“借”一“贷”或一“贷”多“借”，而不宜采用一“借”多“贷”。汇总记账凭证可以反映账户的对应关系，便于了解经济业务的来龙去脉，进而有利于分析和检查。但是，汇总的工作量较为繁重。

4.记账凭证汇总表的填制

记账凭证汇总表，又称科目汇总表，是根据收款凭证、付款凭证和转账凭证，按照相同的会计科目归类，定期（每五天或每旬）汇总填制的一种表格。当编制时，会计人员分别归类计算出全部记账凭证的会计科目的借方发生额合计数和贷方发生额合计数后，再分别填列在记账凭证汇总表中。记账凭证汇总表既可以简化登记总分类账的手续，又能起到全部账户发生额的试算平衡作用，其缺点是无法反映账户的对应关系。

（三）记账凭证填制的基本要求

（1）依据正确。依据正确即在对原始凭证审核无误的基础上填制记账凭证。这是内部控制制度的一个重要环节。

（2）摘要简明。记账凭证的摘要应用简明扼要的语言，概括出经济业务的主要内容。既要防止简而不明，又要避免过于烦琐。为了满足登记明细分类账的需要，对于不同性质的账户，其摘要填写应有所区别，例如，反映原材料等实物资产的账户，摘要中应注明品种、数量、单价；反映现金、银行存款或借款的账户，摘要中应注明收付款凭证和结算凭证的号码，以及款项增减的原因、收付款单位名称等。

（3）科目运用准确。必须按会计制度统一规定的会计科目填写，不得任意简化或改动，不得只写科目名称；同时，二级和明细科目要填列齐全。应“借”、应“贷”的记账方向和账户对应关系必须清楚；编制复合会计分录，应是一“借”多“贷”或一“贷”多“借”，一般不编多“借”多“贷”的会计分录。

（4）编号连续。编号连续即记账凭证应当连续编号。这有利于分清会计事项处理的先后顺序，便于记账凭证与会计账簿之间的核对，以确保记账凭证的完整。记账凭证编号的方法有多种，采用通用记账凭证，可按全部经济业务发生的先后顺序编号，每月从第1号编起，如“通字第1号”，顺序编至月末。采用专用记账凭证，可以按现金收付、银行存款收付和转账业务三类分别编号，也可以按现金收入、现金支出、银行存款收入、银行存款支出和转账业务五类进行编号，每月从第1号编起，如“收字第1号”“付字第1号”“转字第1号”，顺序编至月末。各单位应当根据本单位业务的繁简程度、人员多寡和分工情况来选择便于记账、查账、内部稽核的编号方法。一笔经济业务需要填制两张或者两张以上记账凭证的，可以采用分数编号法编号，如8号经济业务需填制三张记账凭证，其编号是$8\frac{1}{3}$、$8\frac{2}{3}$、$8\frac{3}{3}$号。

（5）附件齐全。记账凭证所附的原始凭证必须完整无缺，并在记账凭证上注明所附原始凭证的张数，以便核对摘要及所编制会计分录是否正确无误。所附原始凭证张数的计算，一般以原始凭证的自然张数为准。除结账和更正错误的记账凭证外，记账凭证必须附有原始凭证。

四、记账凭证的审核

记账凭证是登记账簿的直接依据，为了保证账簿记录的正确性，在记账前必须对记账凭证进行严格审核。记账凭证应由专人进行认真、严格的审核。审核的主要内容有：

（1）记账凭证所确定的会计分录，包括应借、应贷的会计科目是否正确，二级或明细科目是否齐全，对应关系是否清楚；金额计算是否准确无误；总账科目金额与所属的明细科目的金额是否相符。

（2）记账凭证是否附有原始凭证；所附原始凭证张数与记账凭证所填列的附件张数是否一致；记账凭证的内容与所附的原始凭证内容是否相符。

（3）审核记账凭证有关内容是否填列齐全，有关人员是否签名盖章。

在审核过程中，若会计人员发现记账凭证有错误，应及时查明原因，并予以重填或按照规定方法予以更正。只有经过审核无误的记账凭证，才能作为记账的依据。《会计法》中对会计凭证的规定：任何单位和个人不得伪造、变造会计凭证。对于伪造、变造会计凭证，授意、指使、强令会计机构、会计人员及其他人员伪造、变造会计凭证的，都应承担相应的法律责任。

第四节 会计凭证的传递和保管

一、会计凭证的传递

会计凭证的传递，是指会计凭证从填制或取得起，经过审核、整理、记账、装订到归档为止，在企业内部有关职能部门和人员之间传递的程序。

会计凭证是办理交易或事项的依据，这就决定了会计凭证会在相关的职能部门和有关人员之间流动。合理组织会计凭证的传递，对于提高会计核算资料的及时性，正确组织经济活动，加强经济责任，实行会计监督，具有重要意义。记账凭证的传递，能够及时、真实地反映和监督各项经济业务的发生和完成情况，为经济管理提供可靠的经济信息，从而提高工作效率。会计凭证的传递，便于有关部门和个人分工协作，相互牵制，加强岗位责任制，实行会计监督。

企业发生的交易或事项内容不同，会计凭证的传递程序也不尽相同，但在会计凭证的传递上都应注意以下几个方面：

（1）确定有序的传递路线。会计凭证的传递路线是指凭证的流经环节及先后次序，应根据交易或事项的具体内容及处理上的要求，确定合理有序的凭证传递路线，规定每种会计凭证的传递过程，必须经过的部门和经办人员，以保证有关部门和人员了解经济业务的发生和完成情况。

（2）办理严密的传递手续。会计凭证的传递手续是指相关部门或人员在凭证的交接过程中应当办理的手续。确定在每一传递环节上应办理的手续，有关人员应负的责任。应做到既完善严密，又简便易行。凭证的收发、交接都应按一定的手续制度办理，以保证会计凭证的安全和可靠，从而防止会计凭证的丢失或损坏，消除会计凭证在传递过程中的安全隐患。

（3）明确合理的传递时间。传递时间是指会计凭证在有关部门或人员手中停留的时间。应考虑各部门和有关人员的工作内容和工作量在正常情况下所需的时间，明确规定凭证在每个部门和业务环节的停留时间和递交时间，不能拖延和积压会计凭证，以保证会计凭证的及时传递，避免停留时间过长而影响下一个环节的处理。

二、会计凭证的保管

会计凭证的保管主要是指对企业在交易或事项发生后所形成的各种会计凭证的保存与管理。会计凭证既是记录经济业务、明确经济责任的证明文件，又是登记账簿的依据，所以它是重要的经济档案和历史资料。企业应当采取措施妥善保管。在将会计凭证上反映的交易或事项登记入账以后，对于使用完毕的会计凭证应进行必要的整理、装订，并归档存查，不得丢失或任意销毁，从而切实保证会计凭证的安全与完整。会计凭证保管期满以后，方可按规定销毁。

属于会计档案的会计凭证有：原始凭证、记账凭证、科目汇总表和其他会计凭证等。

会计凭证的保管应注意以下几个环节：

（1）整理归类，装订成册。企业在每个月月末，一般应对本月已经登记入账的记账凭证进行整理，记账凭证应当连同所附的原始凭证或原始凭证汇总表，按照编号顺序，折叠整齐，装订成册。为方便查阅和保管，会计凭证应加具封面，并在封面上注明单位名称、年度、月份和起讫日期、凭证种类、起讫号数，由装订人在装订线封签处签名或者盖章。

对于数量过多的原始凭证，可以单独装订保管，为便于日后查阅，应在装订成册的凭证上加具封面，并在封面上注明记账凭证日期、编号、种类，同时在记账凭证上证明“附件另订”和原始凭证名称和编号。

（2）妥善保管，控制借阅。会计人员必须做好会计凭证的保管工作，严格防止会计凭证错乱不全或丢失损坏。原始凭证不得外借，其他单位因特殊原因需要借阅原始凭证时，必须经本单位负责人批准。但不得拆散原卷册，并应限期归还。当向外单位提供原始凭证复印件时，原单位应专设登记簿登记，提供人员和收取人员要共同签字盖章。装订成册的会计凭证，应指定由专人保管，并于年度终了时移交财会档案室登记归档。

（3）保管期满，酌情销毁。会计凭证的保管期限和销毁手续，必须严格执行会计制度的有关规定。按照现行《会计档案管理办法》的规定，会计凭证的保管期限为30年。未到保管期限的会计凭证，任何人不得随意销毁。经鉴定可以销毁的会计凭证等会计档案，单位档案管理机构编制会计档案销毁清册，单位负责人、档案管理机构负责人、会计管理机构负责人、档案管理机构经办人、会计管理机构经办人在会计档案销毁清册上签署意见。单位档案管理机构负责组织会计档案销毁工作，并与会计管理机构共同派员监销。监销人在会计档案销毁前，应当按照会计档案销毁清册所列内容进行清点核对；在会计档案销毁后，应当在会计档案销毁清册上签名或盖章。电子会计档案的销毁还应当符合国家有关电子档案的规定，并由单位档案管理机构、会计管理机构和信息系统管理机构共同派员监销。对重要的会计凭证，按规定需要永久保存的，不得销毁。《会计法》规定，对隐匿或者故意销毁依法应当保存的会计凭证；或授意、指使、强令会计机构、会计人员及其他人员隐匿、故意销毁依法应当保存的会计凭证，应当承担相应的法律责任。

讨论与思考6-1

安然事件发生后，美国安然公司和为其进行审计的安达信会计师事务所在其假账丑闻败露之后，暗中销毁了大量的凭证资料证据。在现实生活中，财经新闻也曾经报道过财务人员直接或接受领导指使，故意销毁会计凭证的案件。

任务：

1.请上网查阅有关故意销毁会计凭证的案件资料，分析他们的作案动机；

2.学习《会计法》《会计基础工作规范》《会计档案管理办法》等关于会计凭证保管和销毁的具体规定，说一说有哪些需要特别注意的地方。

本章小结

本章主要介绍会计凭证的有关内容。会计凭证是原始凭证和记账凭证的统称，是记录经济业务发生和完成情况、明确经济责任的书面证明，是记账的重要依据。原始凭证是在经济业务发生时取得或填制的，用以办理业务手续的书面证明。原始凭证按来源不同，可分为外来原始凭证和自制原始凭证；按填制的方法不同，可分为一次原始凭证、累计原始凭证和汇总原始凭证；按用途不同，可以分为通知凭证、执行凭证和计算凭证；按凭证格式、使用范围不同，可以分为统一凭证和专用凭证。记账凭证又称传票，是会计人员根据审核无误的原始凭证按照设置的账户运用复式记账法填制，并据以确定会计分录，作为记账依据的会计凭证。记账凭证按用途不同，可分为专用记账凭证和通用记账凭证；按填列会计科目的数目不同，可分为单式记账凭证和复式记账凭证；按包括的内容不同，可分为单一记账凭证、汇总记账凭证和记账凭证汇总表。原始凭证和会计凭证都要进行严格的审核。属于会计档案的会计凭证有：原始凭证、记账凭证、科目汇总表、其他会计凭证等。

章后练习

一、名词解释

1.会计凭证　2.原始凭证　3.记账凭证　4.外来原始凭证

5.自制原始凭证　6.一次原始凭证　7.累计原始凭证　8.汇总原始凭证

9.收款凭证　10.付款凭证　11.转账凭证　12.通用记账凭证

13.汇总记账凭证

二、简答题

1.什么是会计凭证？会计凭证在会计核算中有哪些作用？

2.什么是原始凭证？原始凭证如何分类？

3.什么是记账凭证？记账凭证如何分类？

4.原始凭证必须具备哪些基本内容？

5.记账凭证必须具备哪些基本内容？

6.如何审核原始凭证和记账凭证？

7.简述收款凭证、付款凭证和转账凭证的填制方法。

8.当采用专用记账凭证时，涉及现金和银行存款之间相互划转的业务应填制哪种记账凭证？

9.如何组织会计凭证的传递？

三、实训题

实训一

【目的】练习原始凭证的填制。

【资料】2022年6月3日，新纺有限公司给北方广告公司开具转账支票6 200.00元支付广告费用（新纺有限公司开户银行：工行聚宝支行；账号：0718914536333；出纳王芳；会计主管刘磊）。

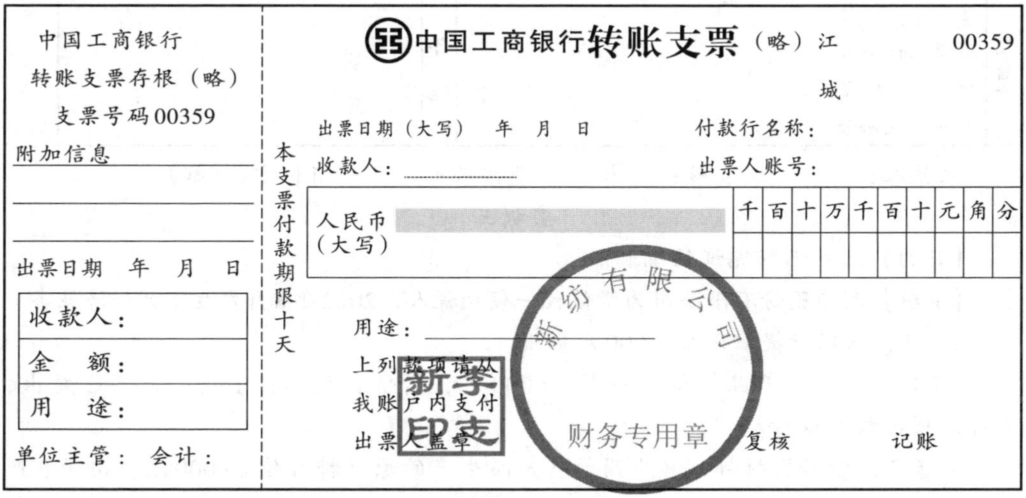

中国工商银行
转账支票存根（略）
支票号码00359
附加信息
出票日期 年 月 日
收款人：
金 额：
用 途：
单位主管： 会计：

中国工商银行转账支票（略）江城 00359
本支票付款期限十天
出票日期（大写） 年 月 日 付款行名称：
收款人： 出票人账号：

人民币（大写）	千	百	十	万	千	百	十	元	角	分

用途：
上列款项请从
我账户内支付
出票人签章 复核 记账

新纺有限公司 财务专用章
新李 印志

【要求】根据所给资料正确填写原始凭证。

实训二

【目的】练习原始凭证的填制。

【资料】2022年8月15日，新纺有限公司向武汉美华服装厂销售KM# 产品美丽绸4 000米，单价10.00元/米，新纺公司开具增值税专用发票一张（武汉美华服装厂位于武昌区36号，开户行：工商银行武昌办事处，账号：721129169178，纳税人识别号：291187442196112；新纺有限公司位于江城市金山路108号，开户银行：工行聚宝支行，账号：0718914536333，纳税人识别号：837548492193729）。

【要求】根据所给资料正确填写原始凭证。

江城增值税专用发票

№015222108

2101133215　　此联不作报销、扣税凭证使用　　开票日期：　年　月　日

购买方	名　　称： 纳税人识别号： 地 址、电 话： 开户行及账号：			密码区			
货物或应税劳务、服务名称	规格型号	单位	数量	单价	金额	税率	税额
合计							
价税合计（大写）					（小写）　¥		
销售方	名　　称： 纳税人识别号： 地 址、电 话： 开户行及账号：			备注			

第一联：记账联　销售方记账凭证

收款人：　　复核：　　开票人：　　销售方：（章）

实训三

【目的】练习记账凭证的编制。

【资料】利华股份有限公司为增值税一般纳税人，2022年8月发生下列经济业务：

1.3日，从银行提取现金2 000元备用。

2.7日，销售A产品一批，价款70 000元，增值税税率为13%，产品已发出，全部款项已收存银行。

3.15日，领用原材料，其中用于A产品生产的原材料价值20 000元，用于B产品生产的原材料价值15 000元，用于车间一般耗用的原材料价值2 000元。

【要求】根据所给资料正确填制下列记账凭证。

付款凭证

出纳编号______

贷方科目______　　年　月　日　　凭证编号______

摘　要	借方科目		金　额										记账
	总账科目	明细科目	千	百	十	万	千	百	十	元	角	分	
附单据　张	合　计												

会计主管：　　记账：　　出纳：　　复核：　　填制：

收款凭证

出纳编号______

借方科目______________　　　　年　　月　　日　　　　凭证编号______

摘　要	贷方科目		金　额										记账
	总账科目	明细科目	千	百	十	万	千	百	十	元	角	分	
附单据　　张	合　　计												

会计主管：　　　　记账：　　　　出纳：　　　　复核：　　　　填制：

转账凭证

年　　月　　日　　　　凭证编号______

摘　要	会计科目		√	借方金额										√	贷方金额									
	总账科目	明细科目		千	百	十	万	千	百	十	元	角	分		千	百	十	万	千	百	十	元	角	分
附单据　　张	合　　计																							

会计主管：　　　　记账：　　　　复核：　　　　填制：

第七章

会计账簿

学习目标

1.掌握会计账簿的含义、种类、登记规则；

2.掌握序时账簿、分类账簿的格式及登记方法；

3.掌握错账更正的方法；

4.掌握结账与对账的方法。

第一节 会计账簿概述

一、会计账簿的含义

任何企事业等单位都要设置会计账簿，以便对企业的资金运动进行全面、系统的反映。会计账簿是由具有一定格式的账页组成的，以审核无误的会计凭证为依据，用以全面、连续、系统地记载各种经济业务的簿籍。会计账簿简称账簿。它是编制会计报表的重要依据。登记会计账簿是会计核算的一种专门方法，是会计核算工作的重要环节。企业、事业等单位都应根据国家会计制度的规定设置并登记会计账簿。《会计法》规定："各单位必须依法设置会计账簿，并保证其真实、完整。"

二、会计账簿的作用

会计账簿对于企业全面反映经济活动，加强经济核算，提高经济效益具有重要作用：

（1）通过账簿可以全面、连续、系统地积累会计信息资料。在设立账簿之前，企业对发生的所有的交易或事项信息已经通过记账凭证的填制等进行了分类处理，但反映在会计凭证上的信息资料是分散零乱的，也不够系统。只有设立在账簿中的账户才能够使这些分散的信息集中化、系统化，即对同一类信息以记账凭证为依据在规定的账户中加以全面、连续、系统的登记，经过对记录的整理，又可得到某账户在一定会计期间发生额合计和期末余额合计等信息。企业所设立的完善的账簿系统，既可以对发生的交易和事项进行分门别类的处理，提供企业资产、负债和所有者权益等方面的局部信息，又可以通过对这些信息资料的进一步加工，提供企业的财务状况、经营成果和现金流量等方面的整体信息。

（2）账簿记录可以为企业财务报告的编制提供基础性数据资料。在会计期末，企业通过对本期账簿记录所积累的该会计期间的信息数据进行加工整理，能够形成财务报告中有关项目的数据资料，构成对外报告信息的组成部分，使日常处理的交易和事项以更加集中、系统综合的形式体现出来，成为向投资者、债权人及其他财务报告使用者报送的有用信息。由此可见，账簿的设置和登记质量与财务报告所反映的数字是否真实、正确，编制报表是否及时，以及能否最终实现企业的会计目标等都有着密切的关系。

（3）账簿记录可以保护企业财产的安全与完整。各种财产账簿的日常记录可以定期同有关财产的实存数相核实，以及时查明盈亏的原因，并进行账务处理，充分发挥会计监督的作用，从而保护企业财产的安全完整。

（4）设置账簿可为考核企业财务状况，评价经营者业绩等提供依据，也是进行会计分析的重要依据。企业的财务状况、经营成果和现金流量等信息，既是企业经营活动的成果体现，又是对企业经营者的业绩进行评价的重要依据。通过账簿的设置与登记，可以将企业实现的财务状况、经营成果和现金流量与预先制定的经营计划和财务预算等相比较，进而分析、判断计划和预算的实施效果，分析企业成本费用的升降水平，总结经验与不足，采取相应对策及时解决存在的问题，有针对性地提出改善意见、提高管理水平，使企业的经营活动能够按照预期目标稳步发展。另外，这样的对比结果也可用于评价企业经营者业绩的提升或下降，为经营者的聘用等提供依据。

三、会计账簿的种类

在会计核算过程中，使用的账簿是多种多样的，不同的会计账簿，其形式、结构及登记的方法都不同。为了便于了解和运用各种账簿，就必须对账簿进行分类。

（一）账簿按用途分类

账簿按用途分类，可分为序时账簿、分类账簿和备查账簿。

1. 序时账簿

序时账簿又称日记账，它是指按照交易或事项发生的时间先后顺序，逐日逐笔登记的账簿。古代会计也把序时账簿称为“流水账”。在实际工作中，序时账簿是按照记账凭证编号的先后顺序逐日逐笔登记的。序时账簿按所记录的交易或事项的内容不同，又可分为普通日记账和特种日记账两类。

（1）普通日记账。普通日记账是指用来记录全部交易或事项的序时账簿。在普通日记账中，一般是根据每天发生交易或事项的先后顺序，逐笔确定会计分录，并作为登记分类账簿的依据。在这种日记账上登记的内容类似于在通用记账凭证上填写的会计分录，因此这种日记账又称“分录账”。早期的会计核算主要采用普通日记账，由于工作量较大等原因，它适用于规模小、业务简单的企业，目前在实务中较少采用。

（2）特种日记账。特种日记账是指专门用来登记某些重要的交易或事项、根据记账凭证逐日逐笔登记的序时账簿。在实务中应用较多的是“库存现金日记账”和“银行存款日记账”。特种日记账的设置，应根据业务特点和管理需要而定，特别是发生频繁、需严加控制的项目，应设置特种日记账。

2.分类账簿

分类账簿是指对全部经济业务进行分类登记，并提供分类核算资料的账簿。按其分类详细程度不同，又分为总分类账和明细分类账。

（1）总分类账。总分类账简称总账，是根据总分类科目设立的总分类账户，可以对企业发生的所有交易或事项进行总括登记，提供各种资产、负债、所有者权益、成本费用、收入和利润等账户记录内容的总括信息。

（2）明细分类账。明细分类账简称明细账，是按照总分类科目所属的二级科目和明细科目设立的明细分类账户，可以对企业发生的所有交易或事项的具体内容进行细化登记，提供某一类资产、负债、所有者权益、成本费用、收入和利润等账户记录内容的详细信息，能够对其所隶属的总账账户提供的总括信息起到补充和说明的作用。

3.备查账簿

备查账簿又称辅助账簿，是对那些在日记账和分类账中未能记载的但又与交易或事项关系密切的相关情况进行补充登记，以便查考的账簿，例如，企业对于租入固定资产应设立"租入固定资产登记簿"等，利用这个账簿主要是记录租入固定资产的时间、租赁期限、归还时间和租金的支付时间及方式等。备查账簿只是对账簿记录的一种补充，它与其他账簿之间不存在严密的依存、钩稽关系。备查账簿并非一定要设置，应视企业的实际需要而定，且没有固定格式。

（二）账簿按外表形式分类

账簿按外表形式不同分类，可分为订本式账簿、活页式账簿和卡片式账簿三种。

（1）订本式账簿。订本式账簿简称订本账，这种账簿是在启用之前把若干账页按顺序编号并固定装订成册的账簿。该账簿可以避免账页散失，防止任意抽换账页，但不便于分工记账，也不能根据需要增减账页。一些具有统驭作用的账簿，以及记录的交易或事项特别重要的账簿都采用订本账，例如，总分类账、库存现金日记账和银行存款日记账一般采用订本账。

（2）活页式账簿。活页式账簿简称活页账，这种账簿就是将一定数量的账页放置在账夹中，会计人员可根据设置的账户和记账的需要随时取用。由于账页没有固定，因此，容易散失或被人为抽换；但优点是账页使用灵活方便，并且便于分工记账。采用活页账，平时应将登记完的账页按顺序编号存放，并在会计期末装订成册，形成订本账。明细分类账一般采用活页账。

（3）卡片式账簿。卡片式账簿简称卡片账，这种账簿就是将一定数量的卡片式账页，存放于卡片箱内。卡片式账簿主要适用于登记那些在企业的经营过程中长期存续，需要在多个会计期间连续进行账务处理的交易或事项。使用卡片式账页，应该对卡片式账页分类、连续编号，并加盖经办人印章，利用卡片箱妥善保管，以保证卡片账的完整和安全。卡片式账页可以跨年使用，但适用范围较窄。该账簿的优缺点与活页式账簿基本相同，不再赘述。该账簿通常适用于固定资产、无形资产等明细分类账。

（三）账簿按账页格式分类

账簿按账页格式分类，可分为三栏式账簿、多栏式账簿、数量金额式账簿和横线登记式账簿等。

知识链接7-1

固定资产卡片账

（1）三栏式账簿。三栏式账簿是指根据交易或事项的数量变化及其结果，分别设置借方、贷方、余额三个金额栏的账页所组成的账簿，是账簿的基本格式。三栏式账簿适用于只需要进行金额核算的经济业务，如总账、债权、债务等分类账。

（2）多栏式账簿。多栏式账簿是指在账页中设置三个以上金额栏的账页所组成的账簿，在实际工作中多栏式账簿金额栏的多少往往取决于项目的多少，但金额栏太多会使账页过长，不便于登记和使用。多栏式账簿适用于需要进行分项具体反映的经济业务，如“管理费用”“制造费用”等明细账。

（3）数量金额式账簿。数量金额式账簿亦称三大栏式账簿，其基本格式也同样采用“借方”“贷方”“余额”三栏，但在每栏下再设“数量”“单价”“金额”三个小栏目，以具体反映这三者之间的关系。数量金额式账页适用于既需要价值核算，又需要数量实务核算的经济业务，如“原材料”“库存商品”等明细账。

（4）横线登记式账簿。横线登记式账簿的基本结构是在同一张账页的同一行，记录某一项交易或事项从发生到结束的全部过程及相关内容。这种账页适用于逐笔结算的经济业务，这样可以反映每一笔业务从发生到完成的来龙去脉，如“材料采购”等明细账。

第二节 会计账簿的设置与登记方法

一、会计账簿设置的原则

会计账簿的设置，就是如何设置账簿，包括账簿的种类、账簿的数量、账簿的内容和账簿的格式。企业单位应该按照国家统一会计制度的规定，根据实际需要设置账簿，既要有科学的严密性和完整性，又要有合理的适用性和可操作性；既要避免重复设置，又要防止过于简化。一般应遵循以下原则：

（1）统一性原则。各单位应当按照国家统一会计制度的规定和本单位的实际需要设置账簿。所设置的账簿应能全面反映可能发生的所有交易或事项进行记录的需要，保证交易和事项的发生所引起的各项会计要素的增减变动及其结果能够得到连续、系统和全面反映，满足企业进行财务状况、经营成果和现金流量等信息加工整理的需要，满足各方面了解企事业单位财务状况和经营成果的需要，有利于加强企业经营管理。

（2）科学性原则。账簿的设置要组织严密，账簿之间提供的信息应具有严密的钩稽关系，各种账簿在记录交易或事项上应既有明确的分工，相互之间又有一定的内在联系，清晰地反映账户的对应关系；有关账户之间还应具有统驭和被统驭的关系以及平行制约关系。整个账簿系统应既能满足复式记账的要求，又能够满足平行登记的要求，以便提供完整、系统的资料。

（3）实用性原则。账簿的设置要结合本企业的规模和交易或事项的数量，还要考虑本企业会计机构的设置和会计人员的配备及素质等情况。从加强管理的实际需要和具体条件出发，既要防止账簿繁杂，又不能过于简化，力求简明实用，以利于提高会计核算质量。在经营规模大和交易或事项都比较多的企业，会计机构、会计人员的配备相对比较完善，应按内部控制制度的要求和会计人员的配备及分工情况，合理设置各种账簿。

（4）合法性原则。各单位必须依据会计法的有关规定设置会计账簿。《会计法》规定，各单位发生的各项经济业务，应当在依法设置的会计账簿上统一登记、核算，不得违反规定私设会计账簿。

二、会计账簿的基本内容

由于各种账簿所记录的经济业务内容不同，管理的要求也不同，所设置的账簿不同，因此，账簿的形式也是多种多样的，但是所有账簿一般都应具备以下基本内容：

1.封面

账簿封面主要用于填写账簿名称和记账单位名称。

2.扉页

扉页用于填明启用日期、截止日期、页数、册次、经管账簿人员一览表及签章、会计主管签章、交接双方人员签章、财会负责人签章、账户目录等。其具体格式见表7-1、表7-2。

表7-1 账簿启用表

单位名称									单位公章	
账簿名称										
账簿编号										
启用日期										
经管人员		接　管			移　交			财会负责人		备注
姓名	签章	年	月	日	年	月	日	姓名	签章	

表 7-2　　目　录　表

科目代号	总账科目	明细科目	账页起页	科目代号	总账科目	明细科目	账页起页

3.账页

账页是账簿的主要内容，基本内容包括账户名称（或称会计科目、二级科目等）；记账日期、凭证种类和号数栏；摘要栏；金额栏；总页次和分户页次。

三、会计账簿的登记方法

会计人员依据审核无误的记账凭证登记账簿，应将记账凭证的有关各栏在账簿中进行登记，“日期”栏登记记账凭证的编制日期而不是账簿的登记日期；“凭证”栏登记所依据记账凭证的种类和编号，以便于凭证和账簿记录相互核对；“摘要”栏一般以记账凭证的摘要栏内容为基础填写，既要简明扼要，又要表达清楚；“金额”栏要按记账凭证金额栏的记账方向和金额进行登记，注意不要记错方向；需要结出余额的账户，要结出余额，并在“借或贷”栏写明余额的性质为“借”“贷”；当余额为零时，在“借或贷”栏写“平”，并在余额栏内用“δ”或“θ”表示。

（一）日记账的格式与登记

日记账又称序时账，是指按交易或事项发生时间的先后顺序逐日、逐笔登记的账簿。它可以序时地反映全部交易或事项，或某一类交易或事项的完成情况。

1.库存现金日记账

库存现金日记账是指用来按全部有关现金的交易或事项发生时间的先后顺序逐日、逐笔进行登记的日记账。企业设置库存现金日记账可以及时地核算和监督单位现金的收入、付出和结存情况。库存现金日记账使用订本账，通常采用三栏式，设“收入”“支出”“结余”三栏。库存现金日记账也可以采用多栏式，即在收入和支出栏内进一步设对方科目：在收入栏内设应贷科目（借方为库存现金）；在支出栏内设应借科目（贷方为库存现金）。为了清晰地反映现金收付业务的具体内容，在“摘要”栏后，还应专设“对方科目”栏，登记对方科目名称。库存现金日记账通常由出纳员根据审核无误的有关现金的收款凭证和付款凭证，逐日逐笔顺序登记。借方栏一般根据现金收款凭证登记，贷方栏根据现金付款凭证登记。对于从银行提取现金的业务，会计人员应根据银行存款付款凭证登记。每日业务终了，会计人员应分别计算出库存现金收入和支出合计数并结出账面余额；结出日余额后，还应将账面余额数与实存的库存现金数相核对；检查每日库存现金收、支、存的情况，做到日清日结，其格式见表 7-3。

表 7-3

库存现金日记账

年		凭证编号	摘 要	对方科目	借 方										√	贷 方										√	余 额									
月	日				千	百	十	万	千	百	十	元	角	分		千	百	十	万	千	百	十	元	角	分		千	百	十	万	千	百	十	元	角	分

2.银行存款日记账

银行存款日记账是指用来逐日、逐笔序时反映企业银行存款的增加、减少和结存情况的账簿。该账簿是由出纳人员根据银行存款的收款凭证和付款凭证序时逐日逐笔登记的，对于现金存入银行的业务，存款的收入数应根据库存现金付款凭证登记。每日终了，会计人员应结出该账户全日的银行存款收入、支出合计数和余额，并定期与银行对账单核对。通过银行存款日记账的设置和登记，企业可以加强对银行存款的日常监督和管理，并便于与开户银行的账项核对。银行存款日记账，有三栏式和多栏式两种，其格式和记账方法与库存现金日记账基本相同。三栏式银行存款日记账的格式见表 7-4。

表 7-4

银行存款日记账

年		凭证编号	摘 要	结算方式		对方科目	借 方										√	贷 方										√	余 额									
月	日			种类	号数		千	百	十	万	千	百	十	元	角	分		千	百	十	万	千	百	十	元	角	分		千	百	十	万	千	百	十	元	角	分

3. 普通日记账

普通日记账最一般的格式是设有借方和贷方两个金额栏。普通日记账既适用于设置特种日记账的企业，又适用于未设置特种日记账的企业。

（二）分类账的格式与登记

1. 总分类账的格式与登记

总分类账简称总账，是根据总分类科目开设，用以记录企业全部经济业务总括核算资料的账簿，一般只提供总括的金额指标。常见的总分类账有两栏式和三栏式两种。两栏式就是“T”形账户标准化格式，多用于教学。三栏式账户一般由借方、贷方和金额三栏组成，常采用订本账，其格式见表7-5。

表7-5 总　账

会计科目__________

年		凭证编号	摘要	对方科目	借方										贷方										√	借或贷	余额									
月	日				千	百	十	万	千	百	十	元	角	分	千	百	十	万	千	百	十	元	角	分			千	百	十	万	千	百	十	元	角	分

企业可以直接根据记账凭证逐笔登记，也可以将记账凭证用一定的方法定期汇总，然后再一次性登记到总分类账中，这取决于企业所采用的会计核算组织程序。

2. 明细分类账的格式与登记

明细分类账简称明细账，是根据总账科目所属的明细科目开设的，是总分类账簿的必要补充，是登记某类经济业务详细情况的账簿。它既可以反映资产、负债、所有者权益、收入、费用等项目的价值变动情况，又可以反映实物量的增减。明细分类账的格式主要根据它所反映的经济业务的特点，以及实物管理的不同要求来设计；明细分类账应根据原始凭证或原始凭证汇总表登记，也可以根据记账凭证登记。由于明细分类账反映的经济业务多种多样，因此，格式可以有多种形式，各单位可以自行选择，比较常用的有以下三种：三栏式明细账、数量金额式明细账、多栏式明细账等。

（1）三栏式明细账。

三栏式明细账的基本结构与三栏式总分类账相同，即账页只设有“借方”、“贷方”和“余额”三栏。这种格式适用于只需要进行金额核算的科目，例如“应收账款”“应付账款”等科目的明细分类核算，其格式见表7-6。

表 7-6

××明细账

二级或三级科目：

年		凭证编号	摘要	对方科目	借方										贷方										√	借或贷	余额									
月	日				千	百	十	万	千	百	十	元	角	分	千	百	十	万	千	百	十	元	角	分			千	百	十	万	千	百	十	元	角	分

（2）数量金额式明细账。

数量金额式明细账的账页在“收入”、“支出”和“结余”三大栏内再设有数量、单价、金额小栏。这种格式适用于既要进行金额核算，又要进行数量核算的各种财产物资的科目，例如“原材料”“库存商品”“自制半成品”等科目的明细分类核算。实际上，数量金额式明细账是三栏式明细账的扩展，其格式见表 7-7。

表 7-7

××明细账

年		凭证编号	摘要	收入			支出			结存		
月	日			数量	单价	金额	数量	单价	金额	数量	单价	金额

（3）多栏式明细账。

多栏式明细账是根据经济业务的特点和经营管理的要求，在某一总分类账页下，对属于同一级科目或二级科目的明细科目设置若干栏目，以便在同一张账页上集中反映各有关明细项目的详细资料。它主要适用于费用、成本或收入、利润类的明细核算。多栏式明细账可以借方设多栏，贷方为一栏；也可以只设借方栏，不设贷方栏；或只设贷方栏，不设借方栏。多栏式明细账也可以借方、贷方均设多栏。这里仅列示一种借方多栏、贷方一栏的多栏式明细账，其格式见表 7-8。

表7-8 ××明细账 第 页

年		凭证		摘要	借方(项目)					贷方	余额
月	日	字	号						合计		

四、总分类账户和明细分类账户的平行登记

总分类账一般是根据总分类账户（一级会计科目）设置，通常以货币为计量单位，分类、连续、总括地反映企业的交易或事项。明细分类账则是根据总分类账账户（二级或明细科目）设置，以货币、实物量为计量单位，分类、连续、详细地反映企业的交易或事项。因此，总分类账是所属明细分类账的总括，对所属明细分类账起统驭作用；而明细分类账则是总分类账的明细记录，对总分类账起补充说明的作用。

通过总分类账和明细分类账之间的相互关系可知，总分类账和明细分类账所反映的对象和登记的内容是相同的，只是繁简程度有所区别。它们提供的资料相互补充，既总括又详细地反映相同的经济业务。为了保证总分类账和明细分类账记账的正确、完整，总分类账和明细分类账的登记必须按照“平行登记”的原则进行。

平行登记，是指对同一项经济业务，既要在总分类账户中进行登记，又要在其所属的明细分类账户中进行登记。总分类账户与所属的明细分类账户可互相核对，从而确保会计记录的正确性。

平行登记的要点：

（1）内容相同。凡在总分类账户下设有明细分类账户的，对于每项经济业务，一方面要在有关总分类账户中进行总括登记，另一方面要在同一会计期间记入各总分类账户所属的有关明细分类账户。在实际工作中，两者登记的时间必须在同一会计期间内完成。

（2）方向相同。总分类账户与其所属的明细分类账户的登记方向必须相同：如果总分类账户登记在借方，那么其所属的明细分类账户也要登记在借方；如果总分

类账户登记在贷方，那么其所属的明细分类账户也要登记在贷方。

（3）金额相等。每项经济业务记入某一总分类账户的金额，必须与记入其所属的各个有关明细分类账户的金额合计数相等。

下面分别以“原材料”和“应付账款”两个账户为例，说明总分类账户及其所属明细分类账户的平行登记。

①“原材料”总分类账户和明细分类账户的平行登记：

假设华夏有限责任公司2022年5月1日“原材料”账户借方余额125 000元，其所属明细分类账的详细资料如下：A材料200吨，单价400元/吨，金额80 000元；B材料300件，单价150元/件，金额45 000元。

华夏有限责任公司本月发生下列经济业务：

【例7-1】向三元工厂购入下列原材料：A材料50吨，单价400元/吨，计20 000元；B材料100件，单价150元/件，计15 000元，材料均已验收入库，货款未付（暂不考虑增值税）。

应编制如下会计分录：

借：原材料——A材料　　20 000

　　　　　——B材料　　15 000

　贷：应付账款——三元工厂　　35 000

【例7-2】生产产品领用以下材料：A材料60吨，单价400元/吨，计24 000元；B材料150件，单价150元/件，计22 500元。

应编制如下会计分录：

借：生产成本　　46 500

　贷：原材料——A材料　　24 000

　　　　　　——B材料　　22 500

“原材料”总账和明细账的平行登记详见表7-9、表7-10和表7-11。

表7-9

总　账

会计科目：原材料　　单位：元

2022年		凭证编号	摘要	借方	贷方	核对号	借或贷	余额
月	日							
略	略	略	期初余额				借	125 000
			购入材料	35 000			借	160 000
			发出材料		46 500		借	113 500
			本月合计	35 000	46 500		借	113 500

表7-10 **原材料明细账**

类　　别：材料　　编　　号：1

品名规格：A材料　　存放地点：略

储备定额：略　　计量单位：吨　　单位：元

2022年		凭证编号	摘　要	计量单位	单价	收入		发出		结余	
月	日	数量	金额					数量	金额	数量	金额
略	略	略	月初余额	吨	400					200	80 000
			购入材料	吨	400	50	20 000			250	100 000
			发出材料	吨	400			60	24 000	190	76 000
			本月合计	吨	400	50	20 000	60	24 000	190	76 000

表7-11 **原材料明细账**

类　　别：材料　　编　　号：2

品名规格：A材料　　存放地点：略

储备定额：略　　计量单位：吨　　单位：元

2022年		凭证编号	摘　要	计量单位	单价	收入		发出		结余	
月	日	数量	金额					数量	金额	数量	金额
略	略	略	月初余额	件	150					300	45 000
			购入材料	件	150	100	15 000			400	60 000
			发出材料	件	150			150	22 500	250	37 500
			本月合计	件	150	100	15 000	150	22 500	250	37 500

从以上“原材料”总分类账户及其所属明细分类账户平行登记的结果中可以看出：“原材料”总分类账户的期初余额125 000元、借方本期发生额35 000元、贷方本期发生额46 500元、期末余额113 500元，分别与其所属的两个明细分类账户期初余额之和125 000元（80 000+45 000）、借方本期发生额之和35 000元（20 000+15 000）、贷方本期发生额之和46 500元（24 000+22 500），以及期末余额之和113 500元（76 000+37 500）相等。

②“应付账款”总分类账及其所属明细分类账户的平行登记：

华夏有限责任公司2022年5月1日“应付账款”账户贷方余额96 000元，其所属明细分类账户的余额为：江阳工厂60 000元，长远工厂36 000元。

【例7-3】以银行存款偿还前欠江阳工厂货款30 000元，长远工厂货款10 000元。

应编制如下会计分录：

借：应付账款——江阳工厂　　30 000
　　　　　　——长远工厂　　10 000
　贷：银行存款　　40 000

【例 7-4】向江阳工厂购入 A 材料，货款 20 000 元，向长远工厂购入 B 材料，货款 10 000 元（暂不考虑增值税），材料验收入库，货款暂欠。

应编制如下会计分录：

借：原材料——A 材料　　20 000
　　　　　——B 材料　　10 000
　贷：应付账款——江阳工厂　　20 000
　　　　　　　——长远工厂　　10 000

【例 7-5】以银行存款偿还前欠江阳工厂货款 25 000 元，长远工厂货款 20 000 元。

应编制如下会计分录：

借：应付账款——江阳工厂　　25 000
　　　　　　——长远工厂　　20 000
　贷：银行存款　　45 000

“应付账款”总账和明细账的平行登记详见表 7-12、表 7-13 和表 7-14。

表 7-12　　**总　账**

会计科目：应付账款　　单位：元

2022 年		凭证号	摘　要	借　方	贷　方	核对号	借或贷	余　额
月	日							
略	略	略	月初余额				贷	96 000
			支付货款	40 000			贷	56 000
			购入材料、货款暂欠		30 000		贷	86 000
			偿还欠款	45 000			贷	41 000
			本月合计	85 000	30 000		贷	41 000

表 7-13　　**应付账款明细账**

二级或明细科目：江阳工厂　　单位：元

2022 年		凭证号	摘　要	借　方	贷　方	核对号	借或贷	余　额
月	日							
略	略	略	月初余额				贷	60 000
			支付货款	30 000			贷	30 000
			购入材料、货款暂欠		20 000		贷	50 000
			支付货款	25 000			贷	25 000
			本月合计	55 000	20 000		贷	25 000

表 7-14　　**应付账款明细账**

二级或明细科目：长远工厂　　单位：元

2022年		凭证号	摘　要	借　方	贷　方	核对号	借或贷	余　额
月	日							
略	略	略	月初余额				贷	36 000
			支付货款	10 000			贷	26 000
			购入材料、货款暂欠		10 000		贷	36 000
			支付货款	20 000			贷	16 000
			本月合计	30 000	10 000		贷	16 000

从以上“应付账款”总分类账户及其所属的明细分类账户平行登记的结果中可以看出：“应付账款”总分类账户的期初余额 96 000 元、借方本期发生额 85 000 元、贷方本期发生额 30 000 元、期末余额 41 000 元，分别与其所属的两个明细分类账户的期初余额之和 96 000 元（60 000+36 000）、借方本期发生额之和 85 000 元（55 000+30 000）、贷方本期发生额之和 30 000 元（20 000+10 000）、期末余额之和 41 000 元（25 000+16 000）相等。利用这种总分类账户与明细分类账户平行登记所形成的有关数字必然相等的关系，可以核对总分类账和明细分类账的登记是否正确，如不相符就表明记账出现了差错，应查明原因予以更正。核对的方法是于月末编制“本期发生额及余额明细表”。根据本例编制“原材料本期发生额及余额明细表”“应付账款本期发生额及余额明细表”，见表 7-15、表 7-16。

表 7-15　　**原材料本期发生额及余额明细表**　　金额单位：元

明细账户	计量单位	单价	期初余额		本期发生额				期末余额	
			数量	金额	收入（借方）		发出（贷方）		数量	金额
					数量	金额	数量	金额		
A 材料	吨	400	200	80 000	50	20 000	60	24 000	190	76 000
B 材料	件	150	300	45 000	100	15 000	150	22 500	250	37 500
合　计				125 000		35 000		46 500		113 500

表 7-16　　**应付账款本期发生额及余额明细表**　　单位：元

明细账户	期初余额	本期发生额		期末余额
		借　方	贷　方	
江阳工厂	60 000	55 000	20 000	25 000
长远工厂	36 000	30 000	10 000	16 000
合　计	96 000	85 000	30 000	41 000

第三节 记账规则

一、会计账簿的启用规则

账簿是积累会计原始资料的重要工具。为了保证账簿记录的合法性，明确记账人员责任和便于查阅资料，当启用订本账时，会计人员要检查编号、点明页数。会计人员应当在账簿封面上写明单位名称和账簿名称，并填写账簿扉页上的“账簿启用及经管人员一览表”，注明启用日期、账簿起止页数（若为活页式账簿，可于装订时填写起止页数，加具封面和封底）、记账人员和会计机构负责人、会计主管人员姓名等，并加盖名章和单位公章。会计账簿一经启用，应随即编制账户目录表。一般地，总分类账户是按会计制度规定的会计科目设置的，应按制度统一规定的名称顺序填写会计科目和编号；明细分类账账户应按所属会计科目填写科目名称、页码，也可结合单位的具体情况和核算的不同要求酌情确定，粘贴印花税票。

记账人员或者会计机构负责人、会计主管人员调动工作时，也应在“账簿启用及经管人员一览表”上注明交接日期、接办人员和监交人员姓名，并由交接双方签字或者盖章。强化企业会计的内部控制制度。

活页账应顺序编号，卡片账在启用卡片前顺序编号。

二、会计账簿的登记规则

登记账簿是会计核算的基础工作。账簿作为重要的会计档案和会计信息的主要储存工具和系统，必须按规定的方法依据审核无误的记账凭证进行登记。《会计基础工作规范》明确规定了记账的规则，其具体要求如下：

（1）登记账簿时必须使用钢笔或签字笔，用蓝黑墨水或碳素墨水书写，不得使用圆珠笔或铅笔书写。红墨水在会计核算工作中有特定意义，只限于在不设借方（或贷方）等栏的多栏式账页中登记减少数，改错、结账划线和冲账或会计基础工作规范要求用红字登记的其他特定范围内使用。

（2）登记会计账簿时，必须根据审核无误的会计凭证连续系统地登记；不能重记、漏记或错记，依据会计凭证的编号、日期、经济业务的内容摘要、金额等准确、清楚、工整、及时地登记到账簿中。

（3）账簿中书写的文字要用标准的简化汉字，不能造字或使用不规范的汉字。金额栏上的数字上面要留适当空距，不要写满格，一般应占格长的1/2，为划线更正留有余地。

（4）各种账簿按照页次顺序连续登记，不准隔页跳行，如发生隔页跳行，应该在隔页跳行处用红墨水划线注销，在摘要栏注明“此页空白”“此行空白”字样，并由记账人员签章，不准随意撕毁或抽换账页。

（5）需要结出余额的账户，结出余额后，应在“借或贷”栏写明“借”或“贷”字样。没有余额的账户，应在“借或贷”栏内写“平”字，并在余额栏内用“0”表示。每一账页登记完毕结转下页时，应该在账页的最后一行，加计本页发生额合计数及余额，在摘要栏注明“过次页”或“转次页”字样，并在次页第一行摘要栏注明“承前页”字样，同时记入前页发生额合计数和余额，以便于对账和结账。

(6) 账簿记录发生错误时，应根据具体情况，按照规定的方法进行更改，不得撕毁账页，不准涂改、刮擦、挖补或用褪色药水更改字迹。

三、错账的更正方法

会计人员在记账时应力求准确无误，但在记账的过程中，由于各种原因，会发生一些记账错误，当发现各种错误记录时，应按照规定的方法及时、正确地进行更正，以保证会计核算的真实性和正确性。错账的更正方法常用的有以下三种：

(一) 划线更正法

在结账前，会计人员发现账簿记录中的文字或数字有错误，而记账凭证正确，则该错误纯属笔误或账簿数字计算错误等情况，应当采用划线更正法。其方法是先在错误的文字或数字上，划一条红线表示注销，并使原来的字迹仍可辨认，以备考查，然后将正确的文字或数字用蓝笔写在错误的数字或文字的上端，并由记账人员在更正处盖章，以明确责任。对错误的数字划线时，一定要用红线全部划去，不可只划去其中错误的一部分。对于文字错误，可只划去错误的部分。

【例 7-6】记账员根据记账凭证登记账簿，将 2 600 元误记为 6 200 元，更正如下：

2 600

~~6 200~~ 于伟

(二) 红字更正法

红字更正法又称赤字冲账法，是指登记账簿后，发现记账凭证中的应借、应贷会计科目或者金额有错误，可以填制金额用红字书写的记账凭证来更正错误的方法。

红字更正法一般在下列两种情况下使用：

(1) 记账后，发现记账凭证的会计科目和记账方向有错误，而引起记账的错误。更正方法是填制一张内容与错误记账凭证相同，而金额用红字书写的记账凭证，据以登记账簿，并在摘要栏内写明“更正某年某月第×号凭证的错误”，冲销原有错误记录；然后，再用蓝字重新填制一张正确的记账凭证，登记账簿。

【例 7-7】以转账支票支付本月生产车间电话费 2 500 元，会计人员填制记账凭证时，借方科目误记入“管理费用”，并已登记入账，其错误的会计分录是：

借：管理费用　　2 500

　贷：银行存款　　2 500

更正时，应先用红字填制一张与原错误相同的记账凭证，并据以用红字登记入账。会计分录如下：

借：管理费用　　[2 500]

　贷：银行存款　　[2 500]

然后，用蓝字填制一张正确的记账凭证，并据以登记入账。会计分录如下：

借：制造费用　　2 500

　贷：银行存款　　2 500

（2）记账后，如果原记账凭证中应借、应贷科目并无错误，但由于记账凭证所记录的金额大于应记金额，而引起记账的错误。更正方法是将多记的金额用红字填制一张与记账凭证内容相同的记账凭证并据以登账，以示冲销。

【例 7-8】生产车间一般耗用原材料500元，会计人员填制记账凭证时，误将金额记为5 000元，但会计科目和记账方向均无错误，并已登记入账。错误的会计分录是：

借：制造费用　　5 000

　贷：原材料　　5 000

更正时，可将多记的4 500元（5 000-500）用红字填制一张记账凭证，并据以用红字登记入账。会计分录如下：

借：制造费用　　[4 500]

　贷：原材料　　[4 500]

（三）补充登记法

补充登记法就是记账以后，如果原记账凭证中科目对应关系正确时，但发现记账凭证和账簿记录所记金额小于应记金额，应采用填制补充的记账凭证来更正原错误记录。更正方法是将少记的金额用蓝字填制一张与原记账凭证内容相同的记账凭证，在摘要栏注明“补记×字第×号凭证少记数”，据以补记少记金额。

【例 7-9】企业收到购货单位的前欠货款65 000元，存入银行，会计人员填制记账凭证时，误将金额记为56 000元，并已登记入账。错误的会计分录是：

借：银行存款　　56 000

　贷：应收账款　　56 000

更正时，应将少记金额9 000元（65 000-56 000）用蓝字再填制一张记账凭证，以补足少记金额。其会计分录如下：

借：银行存款　　9 000

　贷：应收账款　　9 000

第四节 对账和结账

一、对账

对账，就是核对账目。一般在会计期间（月份、季度、中期、年终）结束时，为了保证各种账簿记录的真实、正确、完整，如实反映和监督经济活动的状况，要核对和检查账证、账账、账实、账表是否相符，为会计报表提供可靠的会计资料。根据有关制度规定，各单位的对账工作每年至少进行一次。

对账包括以下几方面内容：

（一）账证核对

账证核对，是指各种账簿记录同会计凭证及所附原始凭证进行核对，这种核对主要在日常编制凭证和记账过程中进行，以保证账证相符。账证核对要将总账与汇总记账凭证或记账凭证相核对，将日记账、明细分类账与记账凭证及所附原始凭证相核对。核对的重点是账簿记录的经济业务的内容、记账方向和金额、凭证号数等是否与作为记账依据的会计凭证完全一致。另外，会计人员在对账中发现差错，就必须把账簿记录同有关凭证重新进行核对，以保证账证相符。

（二）账账核对

账账核对是将不同账簿之间的有关数字进行核对，以保证账账相符。账账核对包括以下几方面的内容：

（1）总分类账中各账户的本期借方期末余额合计数和本期贷方期末余额合计数，应核对相符。总分类账的核对，一般是在月末通过编制“总分类账本期发生额及余额试算平衡表”来完成的。

（2）总分类账各账户的本期发生额和期末余额，与其所属各种明细分类账的本期发生额合计数以及期末余额合计数，应核对相符。

（3）库存现金总账、银行存款总账账户本期的期末余额，与库存现金日记账、银行存款日记账期末余额，应核对相符。

（4）会计部门各种财产物资明细分类账的期末余额，与保管财产物资或使用部门的有关财产物资明细账的期末余额应核对相符。

（5）本单位会计部门有关账簿的发生额和余额应与外单位相应账簿的发生额和余额核对相符。

（三）账实核对

账实核对，即将各种财产物资的账面余额与实存数额相核对。这种核对工作又称财产清查，主要包括：

（1）库存现金日记账的账面余额与实际库存数额相互核对，这种核对每天都要进行，主要采用清查盘点的方法。

（2）银行存款日记账的账面余额与银行各账户的银行对账单相互核对，主要采用“银行存款日记账”的记录与银行对账单直接核对的方法。

（3）各种应收、应付款明细账账面余额，与有关债务、债权单位或个人相互核对，主要是利用“往来款项对账单”分别与债务人和债权人进行的核对。

（4）各种材料物资明细账账面余额与材料物资实存数相互核对。

二、结账

结账就是将一定时期内所发生的全部经济业务在登记入账的基础上，结算出每个账户的本期发生额合计数和期末余额，并将其余额结转下期，以便根据账簿记录编制财务会计报告。

《会计基础工作规范》规定，为了正确反映一定时期内账簿记录中已经记录的经济业务，总结有关经济业务活动和财务状况，各单位必须在会计期末进行结账，不得为赶编会计报表而提前结账，更不得先编会计报表后结账。结账日可为月结、季结、半年结、年结。月结，月度终了要进行月结，就需要及时计算出各账户的本月发生额和月末余额。季结，季度终了要进行季结，就是计算账户本季度借贷方发生额。年结，年度终了在账簿中进行年结，就是计算出各账户本年度发生额和月末余额，年度结账日为公历每年的12月31日。

（一）结账前应做的工作

在结账前，应将当期所发生的全部经济业务登记入账，检查是否有漏记、重复记录、记录错误的，对于本期内发生的记账错误要及时更正。按权责发生制及时调整需期末调整的账项，编制有关调整账项的会计分录并据以登记入账。进行对账，确保账证相符、账账相符、账实相符。

在确认当期发生的经济业务全部正确地登记入账后，可办理结账手续，计算出各账户的本期发生额、余额及累计金额，账簿核对无误后正式结转至下期账簿。

（二）结账方法

根据结账的时间不同，结账分为月结、季结和年结三种。

（1）月结。月度终了，要进行月结。月结是月终计算出各账户的本月借、贷方发生额和期末余额的结账工作。月结时，在应结账账户最后一笔记录下的“摘要”栏内注明“本期发生额及期末余额”或“本月合计”字样，在该行的上、下端各划一条通栏单红线，表示账簿记录已经结束。

（2）季结。季度终了，要进行季结，季结是在本季度最后一个月的结账数字的红线下边一行，把本季度三个月的借、贷双方月结数字汇总，在“摘要”栏注明“季结”或“本季发生额合计及季末余额”字样，在该行下划一条单红线。

（3）年结。年度终了，要进行年结。年结时，应将四个季度的借、贷双方的季结加以汇总，在第四季度“季结”下一行的“摘要”栏内注明“本年发生额及年末余额”或“本年合计”字样，并在相关栏目内反映发生额合计数和年终余额数，然后在该行的下面划通栏双红线，以示年终封账，表示该账户的记录已在本年底结束。年度结账后，各账户的年末余额，应转入下年度的新账簿中。结转后的新账在第一页第一行“摘要”栏注明“上年结转”字样，并将上年的余额填入新账余额栏内。一般来说，总账、日记账和多数明细账应每年更换一次。但有些财产物资明细账和债权债务明细账，可以跨年度使用，不必每年更换一次，各种备查账簿也可以连续使用。

第五节 账簿的更换与保管

一、账簿的更换

会计账簿作为会计档案的一个组成部分，在每年年初建立新账、更换旧账后，对旧账要进行及时整理，并按《会计档案管理办法》的规定妥善保管。账簿的更换是指在会计年度终了时，将上一年度的旧账簿更换为新账簿。新的会计年度建账，一般总账、日记账和多数的明细账每一年更换一次。更换账簿时，应将上一年度各账户的余额直接记入新年度相应的账簿中，并在旧账簿各账户年终余额“摘要”栏内加盖“结转下年”戳记。同时，在新账簿中相关账户的第一行“摘要”栏内加盖“上年结转”戳记，并在“余额”栏内记入上年余额。

二、账簿的保管

会计账簿是会计工作的重要历史资料，也是重要的经济档案，在经济管理中具有重要作用。因此，每一个企业、单位都应该按照国家有关规定，加强对会计账簿的管理，做好账簿的管理工作。在一般情况下，上一年的会计凭证、会计账簿、会计报表、会计文献，可留在财会部门，便于随时使用。隔年的会计档案应编造清册，转交单位会计档案部门立档保管。

账簿的保管应该明确责任，不管采用哪种管理形式，必须严格执行会计制度的有关规定，妥善保管，保证账簿的安全和会计资料的完整。防止交接手续不清和可能发生的舞弊行为。会计人员交接账簿时，应将该账簿的页数、记账人员姓名、启用日期、交接日期等列表附在账簿的扉页上，并由有关方面签字盖章。账簿要定期（一般为年终）收集，审查核对，整理立卷，装订成册，专人保管，严防丢失和损坏。

单位应当严格按照相关制度利用会计账簿等会计档案，在进行会计档案查阅、复制、借出时履行相关登记手续，严禁篡改和损坏。单位保存的会计账簿等会计档案一般不得对外借出，确因工作需要且根据国家有关规定必须借出的，应当严格按照规定办理相关手续。会计档案借用单位应当妥善保管和利用借入的会计档案，确保借入会计档案的安全完整，并在规定时间内归还。

账簿应按照规定的期限保管。各账簿的保管期限为：总账、明细账、日记账、辅助账簿应保存30年，固定资产卡片在固定资产报废清理后保管5年。未到保管期限的会计账簿不得销毁；单位应当定期对已到保管期限的会计档案进行鉴定，并形成会计档案鉴定意见书。经鉴定，仍需继续保存的会计档案，应当重新划定保管期限；对保管期满，确无保存价值的会计档案，可以销毁。

经鉴定可以销毁的会计账簿等会计档案，单位档案管理机构编制会计档案销毁清册，单位负责人、档案管理机构负责人、会计管理机构负责人、档案管理机构经办人、会计管理机构经办人在会计档案销毁清册上签署意见。单位档案管理机构负责组织会计档案销毁工作，并与会计管理机构共同派员监销。监销人在会计档案销毁前，应当按照会计档案销毁清册所列内容进行清点核对；在会计档案销毁后，应当在会计档案销毁清册上签名或盖章。电子会计档案的销毁还应当符合国家有关电子档案的规定，并由单位档案管理机构、会计管理机构和信息系统管理机构共同派员监销。

本章小结

本章主要介绍会计账簿的有关内容。会计账簿是由具有一定格式的账页组成的，以审核无误的会计凭证为依据，用以全面、连续、系统地记载各种经济业务的簿籍。账簿按其用途分类，可分为序时账簿、分类账簿和备查账簿；按外表形式分类，可分为订本账簿、活页账簿和卡片账簿；按所使用的账页格式分类，可分为三栏式账簿、多栏式账簿、数量金额式账簿和横线登记式账簿等。账簿一般都应具备封面、扉页和账页。各单位必须设置库存现金日记账和银行存款日记账，账页格式一般采用三栏式，以收款凭证和付款凭证为依据，由出纳人员按经济业务发生的先后顺序逐日、逐笔登记。总分类账簿账页格式一般采用三栏式，由会计人员登记，其登记依据和登记方法取决于单位采用的账务处理程序。明细分类账簿的账页格式，根据反映经济业务的需要，一般有三栏式、数量金额式和多栏式三种，明细分类账可以逐日、逐笔登记，也可以定期汇总登记。总分类账与其所属明细分类账应平行登记，以便核对，相互牵制。错账更正方法有划线更正法、红字更正法、补充登记法三种。为保证账簿记录的正确性和真实性，会计人员要定期核对账簿记录，包括账证核对、账账核对、账实核对等，期末要进行结账。各单位应该按照国家会计制度的规定，妥善保管会计账簿。

章后练习

一、名词解释

1.会计账簿　2.分类账簿　3.序时账簿　4.备查账簿
5.总分类账簿　6.明细分类账簿　7.平行登记　8.划线更正法
9.红字更正法　10.补充登记法　11.对账　12.结账

二、简答题

1.什么是会计账簿？会计账簿有什么作用？
2.会计账簿按用途可分为哪几类？其内容各是什么？
3.会计账簿按外表形式可分为哪几类？其优缺点和适用范围各是什么？
4.登记账簿的启用和登记各有哪些规则？
5.为什么要对账?应从哪几方面进行对账?
6.什么是结账？结账的内容包括哪些？
7.什么是总分类账和明细分类账的平行登记？平行登记的要点是什么？
8.总分类账和明细分类账之间的数量关系是怎样的？
9.错账的更正方法有哪些？分别适用什么条件？如何使用？
10.如何进行账簿的更换？
11.对账簿的保管有哪些基本要求？

三、实训题

实训一

【目的】练习银行存款日记账的登记。

【资料】华瑞股份有限公司为增值税一般纳税人，2022年6月初银行存款余额为367 500元，6月发生下列经济业务：

1.6月1日，以银行存款1 200元购买厂部的办公用品。

2.6月2日，从银行提取现金2 500元，以备零用。

3.6月5日，接受A公司追加投资200 000元，款项已存入银行。

4.6月8日，购入一批甲材料，价款50 000元，增值税税额6 500元，全部款项开出一张转账支票支付。

5.6月10日，收到购货单位用于支付上月货款的转账支票一张，金额23 400元。

6.6月15日，一张金额为35 000的商业汇票到期，以银行存款支付。

7.6月18日，以银行存款支付本月工资56 000元。

8.6月20日，因对方单位违约，收到罚款收入20 000元，存入银行。

9.6月25日，以银行存款支付本月水电费5 000元，其中车间3 000元，厂部2 000元。

10.6月27日，以银行存款支付前欠广华公司货款34 200元。

11.6月30日，销售一批原材料，价款2 000元，增值税销项税额260元，款项收存银行。

12.6月30日，向银行申请期限为6个月的借款100 000元，存入银行。

【要求】1.根据上述经济业务逐笔编制记账凭证。

2.根据记账凭证登记“银行存款日记账”，并结账。

银行存款日记账

年		凭证编号	摘要	借方										√	贷方										√	余额									
月	日			千	百	十	万	千	百	十	元	角	分		千	百	十	万	千	百	十	元	角	分		千	百	十	万	千	百	十	元	角	分

实训二

【目的】练习总分类账和明细分类账的平行登记。

【资料】宏远公司2022年3月1日“原材料”总账余额300 000元，其中甲材料4 500千克，单价40元/千克；乙材料5 000千克，单价24元/千克。本月发生下列关于原材料收发的经济业务（假定暂不考虑增值税）：

1.3月2日，购入甲材料1 200千克，单价40元/千克；乙材料1 000千克，单价24元/千克，上述材料已验收入库，相关款项暂欠。

2.3月5日，生产A产品领用甲材料1 500千克，领用乙材料600千克。

3.3月7日，生产B产品领用甲材料1 000千克，领用乙材料2 000千克。

4.3月18日，车间日常耗用甲材料200千克，厂部日常耗用乙材料300千克。

5.3月31日，发现盘亏甲材料150千克。

【要求】1.根据上述经济业务逐笔编制记账凭证。

2.开设并登记原材料的总账和明细分类账。

原材料总账

会计科目：　　　　　　　　　　　　　　　　　　　　　　　　单位：元

年		凭证编号	摘 要	借 方	贷 方	核对号	借或贷	余 额
月	日							

原材料明细账

材料名称：　　　　　　　　　　编　　号：

材料规格：　　　　　　　　　　计量单位：　　　　　　　　　　单位：元

年		凭证编号	摘 要	收入			发出			结余		
月	日	数量	单价	数量	单价	金额	数量	单价	金额	数量	单价	金额

原材料明细账

材料名称：　　　　　　　　　　　　编　　号：

材料规格：　　　　　　　　　　　　计量单位：　　　　　　　　　　　　单位：元

年		凭证编号	摘　要	收入			发出			结余		
月	日	数量	单价	数量	单价	金额	数量	单价	金额	数量	单价	金额

第八章

成本计算

学习目标

1.了解成本计算的意义，熟悉成本计算的基本要求；
2.掌握成本计算的原理和成本计算的一般程序；
3.掌握材料采购成本计算；
4.掌握产品生产成本计算；
5.掌握主营业务成本计算。

第一节 成本计算概述

一、成本计算的含义及意义

企业的生产经营过程，也是各种人力、物力和财力的耗费过程。企业在生产经营过程中各种人力、物力和财力耗费的货币表现，称为生产费用。各项生产费用按照一定的标准归集、分配到特定的对象上，即为该对象的成本。一般说来，工业企业应按照生产经营各个阶段耗费的对象分别计算成本。为了归集、反映企业在生产经营过程中发生的各种费用支出，计算各种实际成本，就必须运用成本计算这一专门方法。

成本计算，就是把购买过程、生产过程和销售过程中所发生的各种费用支出，按照一定的对象（如采购的材料、生产的产品和已销的商品）进行归集和分配，分别计算各对象的总成本和单位成本。总成本是为取得一定种类和一定数量的商品所发生的费用总和，单位成本是为获取一个单位的商品所发生的费用。

知识链接8-1

成本的作用

企业的生产经营过程，主要包括供应、生产和销售三个阶段。供应过程的经营活动，主要是各种存货的采购。在存货的采购过程中所支付的存货的买价和采购费用，按各种存货的种类分别归集分配，就构成了各种存货的采购成本；在生产过程中发生的生产费用，按照各种产品归集、分配，就构成了各种产品的生产成本（亦称制造成本）；制造业的销售过程，主要是销售各种产品，已售产品的生产成本，按各种已售产品进行归集，就构成了各种已售产品的主营业务成本。

成本是反映生产经营过程的实际消耗，是确定产品补偿价值的指标，也是综合反映企业生产、技术、经营等各项工作的重要指标。成本计算具有以下重要意义：

（1）通过成本计算，可以正确确定各成本计算对象的实际成本，并为进行货币计价、登记账簿和编制财务报告，以及制定商品价格，提供重要依据。

（2）通过成本计算，可以为正确评价成本计划执行的实际成果，分析成本升降的原因，挖掘节约劳动消耗，以及降低成本、费用提供重要依据。

（3）通过成本计算，可以为及时、有效地监督和控制企业生产经营过程中的各项费用支出，争取达到或超过预期的成本目标，提供重要依据。

（4）通过成本计算，可以为进行成本预测，规划下期成本水平和成本目标，提供重要的数据资料。

总之，成本计算是成本管理的基础。正确运用成本计算方法，对于加强成本管理，全面促进企业实行经济核算，不断改进生产管理，争取最优的经济效果，具有重要意义。

二、成本计算的基本要求

（一）严格执行成本开支范围和费用开支标准

成本开支范围是根据企业在生产经营活动中所发生费用的不同性质，依据成本的内容和加强经济核算的要求，由国家统一制定。成本开支范围，是指哪些费用开支允许列入成本，哪些费用开支不允许列入成本的规定。成本开支范围的基本内容是：一切与生产经营活动有关的支出，都应当计入企业的成本、费用。就工业企业来说，所发生的直接材料、直接工资、其他直接支出、制造费用、管理费用、财务费用、销售费用构成企业成本、费用的范围。其中，直接材料、直接工资、其他直接支出和制造费用构成产品的制造成本（亦称生产成本）；管理费用、财务费用和销售费用不计入产品的制造成本，直接作为当期费用处理。费用开支标准是指对某些费用支出的数额、比例作出的具体规定，如计提福利费的比例、业务招待费列支的比例等。企业严格遵守成本开支范围和费用开支标准，既能保证成本的真实性、内容的一致性，具有分析对比的可能，又能正确地计算企业的利润，以便真实地反映企业的财务成果。

（二）正确划分各种费用的界限

1.正确划分资本性支出与收益性支出费用的界限

工业企业的经济活动多种多样，其支出的用途也不尽相同。要想正确计算产品成本，首先要分清哪些支出可计入当期产品成本或期间费用，哪些支出不应计入当期产品成本或期间费用，即区分资本性支出与收益性支出。资本性支出应分期计入产品成本或期间费用，不应在发生当期直接列入产品成本。收益性支出应计入当期产品成本或期间费用。

2.正确划分产品生产费用与期间费用的界限

工业企业在日常生产经营中所发生的各项耗费，其用途和计入损益的时间是不同的。用于产品生产的耗费，即生产费用，形成产品成本，并在产品销售后作为产品销售成本计入企业损益；由于当月投产的产品不一定当月完工，当月完工的产品也不一定当月销售，因此当月的生产费用往往不是计入当月损益的产品销售成本，而本月发生的产品销售费用、管理费用和财务费用，则是作为期间费用直接计入当期损益。因此，为了正确计算产品成本和期间费用，正确计算各月份的损益，必须正确地划分产品生产费用和各项期间费用的界限。

3.正确划分各个会计期间费用的界限

在通常情况下，企业应按月进行成本计算。企业本月实际发生的费用不一定全部计入产品成本，而本期的产品成本也不一定都是本月实际发生的费用，因此，应根据权责发生制原则，正确划分各个月份的费用界限，以正确、合理地计算产品成本，更好地分析和考核成本费用计划的执行情况和结果。

4.正确划分各种产品费用的界限

无论企业生产类型、生产规模、管理要求如何，为正确计算生产经营损益以及加强成本管理，都必须计算各种产品的实际成本。因此，必须将应计入本月产品成本的生产费用在各种产品之间正确地划分。凡属于某种产品单独发生，能够直接计入该种产品的费用，应直接计入该种产品成本；凡属于几种产品共同发生，不能直接计入某种产品成本的费用，则应采用适当的分配方法，分别计入这几种产品的成本。

划分各产品费用界限时，要防止在可比产品之间以及盈利产品与亏损产品之间任意转移生产费用，以盈补亏、掩盖成本超支、弄虚作假的错误做法。

5.正确划分完工产品与在产品费用的界限

当月末计算各产品成本时，如果某种产品已经完工，这种产品的各项生产费用之和，就是这种产品的完工产品的成本；如果某种产品尚未完工，这种产品的各项费用之和，就是这种产品的月末在产品成本；如果某种产品既有完工产品，又有在产品，则应该将这种产品的各项生产费用，采用适当的分配方法在完工产品与月末在产品之间进行分配，分别计算完工产品成本与月末在产品成本。要注意防止通过月末在产品成本的任意升降来调节完工产品成本的错误做法。

上述五个方面费用界限的划分过程，也就是产品成本的计算和各项期间费用的归集过程。

（三）做好各项基础工作

为了保证成本计算的质量，企业应做好以下各项基础工作：

1.建立和健全成本计算的原始记录

产品成本的正确计算，离不开可靠的原始记录和凭证。产品生产过程中发生的材料及动力的消耗、工时的消耗、设备的运转、费用的开支、在产品的内部转移、废品的发生和返修、产品与自制半成品的送检和验收入库等，都必须有完整的原始记录和必要的原始凭证，并制定原始凭证的合理传递程序，及时为产品成本计算提供依据。

2.建立和健全材料物资的计量、验收、领退、盘点制度

建立和健全材料物资的计量、验收、领退、盘点制度，是进行产品成本计算的重要前提。一切物资的进出、消耗都要严格履行计量、验收手续；一切可以利用的废料都要及时地回收和计价；一切生产设备、工具、仪表都要配备齐全，并有专人

负责维修和管理；仓库、车间和班组的物资，包括原材料、在产品、半成品等，都应按规定进行清查、盘点，以取得可靠的会计核算资料。做好上述各项基础工作，不仅有利于正确计算产品成本，而且有利于加强生产管理和物资管理，从而保护企业财产的完整和安全。

3.制定和完善各种消耗定额

消耗定额是指在确保企业生产经营活动正常进行的前提下，为避免不必要的资金消耗而制定的人、财、物的最低消耗标准。工业企业需要制定的消耗定额主要包括以下内容：单位产品的材料耗用定额、单位产品的工时耗用定额、单位材料的计划价格、单位工时的计划工资率、单位工时的制造费用定额和单位产品变动销售费用定额。这些定额的制定和运用，不仅可以作为分配实际费用的标准，以提高成本计算的质量和工作效率，而且有利于成本控制。企业在实行定额管理的条件下，还应根据情况的变化适时地修订并完善各种消耗定额，以保证充分发挥消耗定额的作用。

4.制定和完善企业内部价格

企业在生产经营过程中，内部各单位之间常常相互提供产品、材料和劳务等，在实行企业内部经济责任制的情况下，应该合理地确定内部结算价格，这是划分经济责任、正确评价企业内部各单位工作成绩的重要依据。对于非独立核算单位，应该采用预计成本（又称定额成本、计划成本或标准成本）作为内部结算价格，以利于划清内部经济责任，并适当简化日常管理工作；对于独立核算的企业内部单位，则一般以产品或劳务的市价为基础，进行适当调整后作为内部结算价格，以利于评价各自的经营成果。

（四）适应生产特点和管理要求，采用适当的成本计算方法

产品成本是在生产过程中形成的，产品的生产组织和生产工艺特点及管理的不同要求是影响产品成本计算方法的重要因素，而成本计算方法选择的合理与否，将直接影响产品成本计算的准确性。因此，企业只有按照产品生产特点和管理要求，选用适当的成本计算方法，才能准确及时地计算出产品成本，为成本管理提供有用的成本信息。

第二节 成本计算的原理及程序

一、成本计算的基本原理

在不同的企业，或同一企业的不同经营阶段，会产生不同的经济活动，发生不同的支出，形成不同的成本，这就造成具体成本计算在方法上的差异，如采购成本的计算方法与生产成本的计算方法是不相同的。不同时期企业由于经营活动的更改，成本计算的内容也不尽相同。不同时期、不同计算对象的成本在内容、构成和计算方法等方面虽说不尽相同，但它们都是经营中产生的资源消耗，都应按权责发生制、配比和划分收益性支出与资本性支出等要求归集、分配到受益对象上去，它们的

计算原理是相同的。成本计算原理，就是不同时期、不同性质的成本的共同计算原理。

（一）直接受益直接分配原理

各种经营活动的目的不同，在经营过程中发生的各种费用，都是为相应的经营目的而产生的。在某种经营活动中支付费用，目的是从这种经营活动中获取合理的经营成果。也就是说，某种经营活动的经营成果是该种经营活动中所支付费用的受益对象，如为某种产品生产而消耗的原材料费用的受益对象就是该种产品。当可以直接确定某种费用是为某项经营活动产生时，我们称这种费用为该成本计算对象的直接费用。应将直接费用直接计入受益的计算对象中，作为相应的受益对象的成本，由相应的受益对象承担，这就是直接受益直接分配原理。

（二）共同受益间接分配原理

在企业的日常经营中，各种经营活动往往是交叉进行的，因此有的费用是为了若干受益对象而共同发生的，应由相应的若干个受益对象共同承担，会计上把这种由若干受益对象共同承担的费用称为共同性费用。共同性费用与受益对象的受益关系虽不如直接费用那样明显，但也可采用一定的方法来确定共同性费用与受益对象之间的关系，可以采用客观性较强的标准将共同性费用在各受益对象之间合理分配。它首先应确定可供分配的共同性费用总额和分配标准，然后按一定的方法将可供分配的共同性费用在受益对象之间合理分配。这就是共同受益间接分配原理。

（三）重要性原理

在企业经营活动发生的共同性费用中，有些共同性费用一方面由于与受益对象的受益关系并不十分明显，另一方面费用的金额也不大，将这种共性费用按受益原理计入受益对象的成本，一是不易确定客观的分配方法，二是这种费用计入还是不计入受益对象的成本对受益对象的成本升降水平影响不大。在会计中，只把那些与受益对象的受益关系较为明显并易确定，费用金额较大，计入还是不计入受益对象的成本对受益对象的成本升降水平影响较大的重要的共同性费用，才按受益关系计入受益对象的成本；把那些与受益对象的受益关系不十分明显，费用金额不大，不易确定客观的分配方法，费用计入还是不计入受益对象的成本对受益对象的成本升降水平影响不大的共同性费用，不计入相应受益对象的成本。这就是重要性原理。

二、成本计算的一般程序

不同的成本计算对象，需要用不同的计算方法，因此，会计上形成了不同的成本计算方法。但不论哪种成本计算方法，它们在成本计算基本程序方面，一般是相同的。概括说来应包括以下几个方面：

（一）搜集、整理成本计算资料

成本计算资料的搜集、整理是成本计算的前提。完整、正确地提供计算数据，是成本计算的基础。因此，企业对购进、领用的各种原材料、各项费用支出、工时动力等的消耗，产品的质量情况，在产品、半成品的内部转移和产成品的入库、出库等，都要根据各项活动的特点，分别取得或填制不同格式的原始凭证。它提供的是企业经营活动的第一手资料，是成本计算所需的原始记录。这些原始记录是否正确，提供得是否及时，直接影响成本计算的正确性和及时性。所以，成本计算的资料搜集、整理工作很重要，必须以完整、正确的原始记录作为成本计算的依据。成本计算资料一般包括资产的形成、消耗或转出价值资料，待摊支出的形成和摊销方面的资料等。

（二）确定成本核算中心和成本计算对象

成本计算对象，就是承担和归集费用的对象，即费用的受益对象，它是费用归集和分摊的依据。为了便于成本控制，落实成本责任制，进行成本考核以降低成本费用，应按成本责任环节（或单位）来计算成本，即计算各成本责任环节的成本。因此，在具体的成本计算前，应先根据不同的成本责任环节设立不同的成本核算中心，再按每一个成本核算中心来确定成本计算对象，计算成本。只有在责任能够明确划分和鉴别的部门、车间、班组和个人那里设置成本核算中心，才能对成本发生情况的控制和管理发挥作用。

在确定了成本核算中心后，就应按成本核算中心来确定成本计算对象。各企业单位的成本计算对象的规模和复杂程度是不相同的。对于制造企业来讲，一个成本计算对象，可以包括若干种不同产品或不同的经济活动，也可以只包括一种产品或一种经济活动；可以是一个单独的产品或项目，也可以是一批相同的项目或一组相似的产品；可以是最终产品，也可以是加工到一定程度的半成品。确定成本计算对象的基本要求是所计算的成本必须是有用的会计信息。对主要的产品，应从细确定成本计算对象，对一般的产品，可以概略地确定成本计算对象。

总之，企业应根据自身的经营性质和规模的不同，结合自身的具体情况，确定自己的成本核算中心和成本计算对象，以便正确、及时地归集和分配费用，计算成本，加强成本管理和控制，落实成本责任制，提高企业的经济和社会效益。

（三）确定成本计算期

成本计算期，就是指每间隔多长时间计算一次成本。要及时取得成本方面的会计信息，就必须及时进行成本计算，这就要解决在什么时候计算，多长时间计算一次成本的问题。以制造企业为例，产品生产完工之时，才是产品成本完全形成之日。因此，在产品生产完工之时计算产品生产成本，以产品生产周期作为成本计算期，是较为合理的。但是，由于有的产品生产周期过长，完全按产品生产周期来计算成本，将影响会计信息的使用者及时地取得相关的会计信息；有的产品生产周期很短，完全按产品生产周期来计算成本，将使成本计算很频繁，不适当地加大会计核算成本。所以，成本计算期并不一定能和产品生产周期一致。如何确定成本计算期，取决于企业生产组织的特点和管理要求，如企业采用单件、小批量的生产组织方式时，可以把产品生产周期作为成本计算期；如果企业的生产特点是经常反复不断地大量生产同一种或几种产品，为了及时取得成本指标，加强成本计划管理，一般以会计分期作为产品成本计算期。

（四）确定成本项目

产品成本的计算，是生产费用形成和分配的计算。企业发生的各项费用可以按不同的标准进行分类。按各项费用支出的经济内容来分，可分为：反映活劳动耗费的费用，如人工费用；反映劳动对象耗费的费用，如外购原材料、燃料等；反映劳动资料耗费的费用，如固定资产折旧费用等；反映用货币资金支付的费用，如差旅费、办公费、水电费等。生产费用按支出的经济内容来分类，在会计上称为费用要素，它表明了企业为进行生产支付了些什么费用，数额是多少，可以用来分析企业各个生产时期生产费用的支出水平。但是这种分类不能与成本计算对象联系起来说明生产费用的用途。为了取得更多的会计信息，还要将生产费用按其用途进行分类。生产费用按其用途的分类，在会计上被称为成本项目，一般包括直接材料、直接人工和制造费用等。借助成本项目，可以清楚地了解费用的经济用途和成本的经济构成，提供更多有用的会计信息，通过对一定对象的成本项目的分析，可以初步查明成本升降的原因，挖掘降低成本的潜力。

（五）正确地归集和分配各种费用

正确地归集和分配各种费用，是正确地进行成本计算的前提。它一方面要求根据真实的原始数据来正确地归集和分配各种费用，另一方面要求在费用的归集和分配中遵循相关性要求，并且，在费用的归集和分配中要遵守国家的相关法律及规章制度。

为正确地归集和分配各种费用，就要遵循权责发生制要求，正确地确定费用的受益期限，如对产品生产来说，对应计入产品成本的费用，还应划分为应由本期产品成本负担的费用和应由其他各期产品成本负担的费用。这对于如实反映各期生产费用，正确计算各期产品成本是十分重要的。

在费用的归集、分配和成本计算中，还应严格遵守相关法律规章规定的成本开支范围和费用开支标准。不能随意扩大成本开支范围，提高费用开支标准。凡超出开支范围和开支标准的费用，经企业权力机关认可，可以计入企业相关经营活动的成本或作为某个会计期间的期间费用，但不得从企业的应纳税所得额中扣除，要视同利润进行纳税。

（六）设置和登记明细分类账、编制成本计算表

在成本计算过程中，为系统地归集、分配各种应计入成本计算对象的费用，应按成本计算对象和成本核算项目分别设置和登记费用、成本明细分类账户，然后根据这些账户资料，编制各种成本计算表，借以计算确定各种成本计算对象的总成本和单位成本，全面、系统地反映各种成本指标的经济构成和形成情况。

第三节 企业经营过程中的成本计算

制造企业的经营过程一般要经过供应、生产和销售三个阶段。各个阶段要分别

计算存货采购成本、产品生产成本和产品销售成本（主营业务成本）。在存货采购成本的计算中，以原材料采购成本的计算最具代表性。关于企业经营过程中成本计算的详细方法，读者将在成本会计课程中学习，这里我们简要说明原材料采购成本、产品生产成本和产品销售成本（主营业务成本）的基本计算方法。

一、材料采购成本的构成和计算

计算原材料采购成本，首先应按原材料的品种或类别作为成本计算对象，并在“材料采购”或“在途物资”账户下按材料的品种或类别分别设置明细分类账户，用以归集和分配应计入原材料采购成本的各种费用，然后根据这些账户资料，编制各种原材料采购成本计算表，借以计算确定各种原材料采购的总成本和单位成本。

（一）材料采购成本的构成

原材料的采购成本一般有买价和采购费用两个成本项目构成。

原材料采购成本=买价+采购费用

其中，买价是指供应单位开具的购货发票上标明的货物价格。

采购费用包括：①运杂费，包括原材料采购过程中的运输费用、装卸费用、保险费用、包装费用、仓储费用等。②运输途中的合理损耗。③入库前的挑选整理费用，如在挑选整理中扣除回收下脚残料价值后的各种费用支出和必要的损耗等。④购入原材料应负担的税金和其他费用。

（二）材料采购成本的计算

原材料的买价，一般属于直接费用，应直接计入相应原材料的采购成本。

对于采购费用，凡是能直接分清受益对象的采购费用，应直接计入相应原材料的采购成本；凡是不能直接分清受益对象且费用金额较大的，不计入原材料的采购成本会导致原材料采购成本不实的采购费用，应在原材料的重量、买价、体积等分配标准中选择合适的分配标准，采用一定的方法，间接计入相应原材料的采购成本。共同采购费用计算公式如下：

$$\text{共同采购费用的分配率}=\frac{\text{共同采购费用总额}}{\text{各种材料的重量(或买价、体积)合计}}$$

$$\text{某材料应分配的采购费用}=\text{共同采购费用的分配率}\times\text{该材料的重量(或买价、体积)}$$

对于企业供应部门或原材料仓库所发生的经常性费用、采购人员的差旅费、采购机构经费，以及市内小额的运杂费等，这些费用一般不易分清具体的受益对象，费用金额较小，对原材料采购成本升降水平的影响不大，按重要性要求，这些费用不计入原材料的采购成本，而是作为期间费用处理，列入管理费用。

现举例说明原材料实际采购成本的计算方法如下：

【例8-1】华夏有限责任公司2022年4月份购进甲、乙、丙三种材料的各项支出见表8-1。

表 8-1　**购进甲、乙、丙三种材料的各项支出**

（2022 年 4 月）

金额单位：元

材料名称	重量（吨）	买价	共同运杂费	直接运杂费	保险费
甲材料	40	37 160	2 600	300	6 150
乙材料	60	78 840		600	
丙材料	5	7 000		100	
合 计	105	123 000	2 600	1 000	6 150

从表 8-1 的资料可以看出，材料的买价 123 000 元、直接运费 1 000 元已明确其受益对象，可以直接计入各种材料的采购成本，即可以直接记入各种材料采购明细分类账户的借方；而运杂费 2 600 元则为甲、乙两种材料共同负担的间接费用，保险费 6 150 元，是由甲、乙、丙三种材料共同负担的间接费用，需先按一定的标准在各种材料之间进行分配，然后再据以分别计入各种材料的采购明细分类账户的借方。

运杂费和保险费的分配计算方法如下：

1. 运杂费的分配

（1）分配标准：甲、乙两种材料的购进重量。

（2）分配率（每吨材料应负担的运杂费）=2 600÷（40+60）=26（元/吨）

（3）各种材料应分摊的运杂费：

甲材料应分摊的运杂费=40×26=1 040（元）

乙材料应分摊的运杂费=60×26=1 560（元）

2. 保险费的分配

（1）分配标准：甲、乙、丙三种材料的买价。

（2）分配率（每元买价应负担的保险费）=6 150÷123 000=0.05

（3）各种材料应分摊的保险费：

甲材料应分摊的保险费=37 160×0.05=1 858（元）

乙材料应分摊的保险费=78 840×0.05=3 942（元）

丙材料应分摊的保险费=7 000×0.05=350（元）

根据以上甲、乙、丙材料的买价，直接发生的运杂费以及应分摊的运杂费和保险费，登记有关材料采购明细分类账户（见表 8-2、表 8-3 和表 8-4）。

表 8-2　**材料采购明细账**

材料名称及类别：甲材料

单位：元

2022 年		凭证字号	摘 要	借 方				贷 方
月	日			买 价	运杂费	保险费	合 计	
略	略	略	买价	37 160			37 160	
			运杂费		1 340		1 340	
			分配保险费			1 858	1 858	
			结转实际采购成本					40 358
			本期发生额	37 160	1 340	1 858	40 358	40 358

表8-3

材料采购明细账

材料名称及类别：乙材料　　单位：元

2022年 月	2022年 日	凭证字号	摘　要	借方 买价	借方 运杂费	借方 保险费	借方 合计	贷　方
略	略	略	买价	78 840			78 840	
			运杂费		2 160		2 160	
			分配保险费			3 942	3 942	
			结转实际采购成本					84 942
			本期发生额	78 840	2 160	3 942	84 942	84 942

表8-4

材料采购明细账

材料名称及类别：丙材料　　单位：元

2022年 月	2022年 日	凭证字号	摘　要	借方 买价	借方 运杂费	借方 保险费	借方 合计	贷　方
略	略	略	买价	7 000			7 000	
			运杂费		100		100	
			分配保险费			350	350	
			结转实际采购成本					7 450
			本期发生额	7 000	100	350	7 450	7 450

根据各种材料采购明细分类账的资料，编制材料采购成本计算表，见表8-5。

表8-5

材料采购成本计算表

2022年4月

金额单位：元

成本项目	甲材料（40吨）		乙材料（60吨）		丙材料（5吨）	
	单位成本（元/吨）	总成本	单位成本（元/吨）	总成本	单位成本（元/吨）	总成本
买价	929.00	37 160.00	1 314.00	78 840.00	1 400.00	7 000.00
运杂费	33.50	1 340.00	36.00	2 160.00	20.00	100.00
保险费	46.45	1 858.00	65.70	3 942.00	70.00	350.00
合计	1 008.95	40 358.00	1 415.70	84 942.00	1 490.00	7 450.00

二、产品生产成本的计算

产品生产成本的计算，就是按照生产的各种产品归集和分配生产过程中所发生的各项生产费用，并按成本项目计算各种产品生产总成本和单位成本。

工业企业在产品生产过程中所发生的生产费用，其内容可概括为以下几个基本要素：

（1）劳动对象耗费的费用，是指在产品生产过程中消耗的构成产品主要实体的原料及主要材料、有助于产品形成但不构成产品实体的辅助材料、燃料等费用。

（2）劳动资源耗费的费用，是指生产产品所使用的机器设备，以及形成生产条件的厂房、建筑物等固定资产耗费的价值，如折旧费。

（3）活劳动耗费的费用，是指支付给劳动者的劳动报酬。

（4）其他费用支出，是指企业为组织和管理生产所发生的各种耗费，如管理人员工资、办公费、水电费、修理费、保险费等。

以上这些应计入产品成本的生产费用，按其经济用途可划分为以下成本项目：

（1）直接材料：是指直接用于生产产品，构成产品实体的原材料和有助于产品形成的辅助材料、燃料、水电费等。

（2）直接人工：是指企业在生产产品过程中，直接从事产品生产的工人工资和福利费、工会经费、职工养老保险等职工薪酬。

（3）制造费用：是指企业各生产单位为组织和管理生产所发生的各项费用，包括车间管理人员工资及福利费、折旧费、维修费、办公费、水电费、劳动保护费等。

其中，（1）、（2）项与相应产品生产的关系较为密切，一般可以直接确定计入产品制造成本的金额有多少，即将其直接计入产品制造成本。（3）项一般为应由多种产品共同负担的共同性费用，一般不能直接计入产品的制造成本，应确定适当的分配标准和合理的分配方法，分配计入各种产品成本。

当计算产品生产成本时，企业应按产品成本项目进行归集和分配，以便反映产品生产成本的构成，分析成本升降的原因。

各种产品生产成本的计算，是通过“生产成本”明细分类核算来完成的。生产费用在各个生产成本明细分类账中的归集，采用直接费用（如生产产品消耗的材料、生产工人工资及福利费等）直接计入生产成本明细账的有关成本项目，间接费用如制造费用则采用分配计入产品成本的方法，分配的标准有生产工人工资、产品生产工时等。有关产品成本的计算方法，还将在成本会计课程中加以讲述。

下面举例说明产品生产成本的一般计算方法。

【例8-2】华夏有限责任公司2022年4月份生产A、B两种产品所发生的各项生产费用按其用途整理见表8-6。

表8-6　**生产A、B两种产品的生产费用**

2022年4月　金额单位：元

产品名称	完工产品数量（件）	材料费用	工资费用	制造费用
A产品	300	31 451.4	18 000	23 381
B产品		66 584.6	12 000	
合　计	300	98 036	30 000	23 381

从表8-6的资料可以看出，材料费用98 036元和工资费用30 000元作为直接成本费用，可以直接计入A、B产品“生产成本”明细分类账规定的成本项目。制造费用23 381元，则为A、B两种产品共同负担的间接费用，需要采用一定的标准在A、B两种产品之间进行分配，然后再据以分别计算各种产品的“生产成本”明细账。常用的制造费用分配标准有生产工人工资、生产工时等。

制造费用的分配计算方法如下：

（1）分配标准：制造A、B产品的生产工人工资。

（2）分配率（每元工资应负担的制造费用）：

$$分配率=\frac{23\,381}{18\,000+12\,000}=0.77937$$

（3）A、B产品应分摊的制造费用：

A产品应分摊的制造费用=18 000×0.77937=14 028.6（元）

B产品应分摊的制造费用=12 000×0.77937=9 352.4（元）

制造费用的分配，一般是通过编制制造费用分配表来进行的，其格式和编制方法见表8-7。

表8-7 **制造费用分配表**

2022年4月 单位：元

产品名称	制造费用		
	分配标准（工人工资）	分配率	分配金额
A产品	18 000		14 028.6
B产品	12 000		9 352.4
合 计	30 000	0.77937	23 381

根据以上A、B产品的直接费用和应分摊的制造费用，登记A、B产品生产明细分类账，见表8-8、表8-9。

表8-8 **生产成本明细账**

产品品种：A产品 单位：元

2022年		凭证字号	摘 要	直接材料	直接人工	制造费用	合 计
月	日						
略	略	略	分配材料费	31 451.4			31 451.4
			分配工资费用		18 000		18 000
			计提福利费		2 520		2 520
			分配制造费用			14 028.6	14 028.6
			本期发生额	31 451.4	20 520	14 028.6	66 000
			结转完工产品成本	31 451.4	20 520	14 028.6	66 000

表8-9 **生产成本明细账**

产品品种：B产品 单位：元

2022年		凭证字号	摘 要	直接材料	直接人工	制造费用	合 计
月	日						
略	略	略	分配材料费	66 584.6			66 584.6
			分配工资费用		12 000		12 000
			计提福利费		1 680		1 680
			分配制造费用			9 352.4	9 352.4
			本期发生额及期末余额	66 584.6	13 680	9 352.4	89 617

根据A、B产品“生产成本”明细分类账的资料，编制产品生产成本计算表，计算已完工的A产品实际生产总成本和单位成本，B产品当月未完工，当月不计算其生产成本。A产品生产成本计算表见表8-10。

表8-10 完工产品生产成本计算表

2022年4月 金额单位：元

成本项目	A产品（300件）	
	总成本	单位成本（元/件）
直接材料	31 451.4	104.838
直接工资	20 520	68.4
制造费用	14 028.6	46.762
合　计	66 000	220

根据完工产品生产成本计算表计算的结果，结转完工A产品生产成本。

借：库存商品——A产品　66 000

　贷：生产成本——A产品　66 000

三、主营业务成本的计算

工业企业的产品销售成本即主营业务成本。产品销售成本是指已销产品的生产成本。它是将已销产品的销售数量乘以已销产品的单位生产成本计算求得。如果本期销售的库存产品来自不同的会计期间，且前后期的单位生产成本水平互不相同，我国现行《企业会计准则第1号——存货》第十四条规定，企业应当采用先进先出法、加权平均法或者个别计价法确定发出存货的实际成本。

全月一次加权平均法，是指以当月全部进货数量加上月初存货数量作为权数，计算存货的加权平均单位成本，并以此为基础计算当月发出存货的成本和期末存货的成本的一种方法。

$$加权平均单价=\frac{期初库存成本+本期入库成本}{期初库存数量+本期入库数量}$$

本期销售商品成本=本期销售数量×加权平均单价

下面举例说明产品销售成本的一般计算方法。

【例8-3】华夏有限责任公司本月销售A产品50件，销售B产品50件。A、B两种产成品的成本资料见表8-11和表8-12。

表8-11 库存商品明细账

产品品种：A产品 金额单位：元

2022年		凭证字号	摘　要	收入			发出			结余		
月	日			数量（件）	单价（元/件）	金额	数量（件）	单价（元/件）	金额	数量（件）	单价（元/件）	金额
4	1		期初余额							30	120	3 600
			本月完工入库	50	88	4 400						
			本月销售				50	100	5 000			
4	30		期末余额							30	100	3 000

表 8-12 **库存商品明细账**

产品品种:B产品 金额单位：元

2022年		凭证字号	摘要	收入			发出			结余		
月	日			数量（件）	单价（元/件）	金额	数量（件）	单价（元/件）	金额	数量（件）	单价（元/件）	金额
4	1		期初余额							30	101	3 030
			本月完工入库	100	86.7	8 670						
			本月销售				50	90	4 500			
4	30		期末余额							80	90	7 200

根据库存商品明细账资料，采用加权平均法，A、B产品的加权平均单价计算如下：

A产品加权平均单价$=\dfrac{3\,600+4\,400}{30+50}=100$（元/件）

B产品加权平均单价$=\dfrac{3\,030+8\,670}{30+100}=90$（元/件）

根据上述A、B产品的加权平均单价和已售A、B两种产品的数量，即可求得A、B产品的销售成本。

A产品销售成本=100×50=5 000（元）

B产品销售成本=90×50=4 500（元）

根据计算结果，结转A、B产品的销售成本，编制会计分录如下：

借：主营业务成本——A产品 5 000

——B产品 4 500

贷：库存商品——A产品 5 000

——B产品 4 500

本章小结

本章主要介绍成本计算的内容，成本计算，就是把在购买过程、生产过程和销售过程中所发生的各种费用支出，按照一定的对象（如采购的材料、生产的产品和已销的商品）进行归集和分配，分别计算各对象的总成本和单位成本。不同时期、不同计算对象的成本在内容、构成和计算方法等方面虽说不尽相同，但它们都是在经营过程中产生的资源消耗，都应按权责发生制、配比和划分收益性支出与资本性支出等要求归集、分配到受益对象上去，它们的计算原理是相同的。成本计算的一般程序包括：收集、整理成本计算资料、确定成本核算中心和成本计算对象、确定成本计算期、确定成本项目、正确的归集和分配各种费用、设置和登记明细分类账、编制成本计算表。现阶段，学生需要理解并掌握原材料采购成本、产品生产成本和产品销售成本（主营业务成本）的基本计算方法。

章后练习

一、名词解释

1.成本计算　2.生产费用　3.成本项目　4.材料采购成本

5.产品生产成本　6.主营业务成本

二、简答题

1.什么是成本？成本与费用之间是什么关系？

2.何为成本计算？

3.成本计算有何意义？

4.成本计算有哪些基本要求？

5.简述成本计算的一般程序。

6.材料采购成本由哪些内容构成？

7.产品生产成本由哪些内容构成？

8.如何计算材料采购成本？

9.如何计算产品生产成本？

10.如何计算主营业务销售成本？

三、实训题

实训一

【目的】练习材料采购成本的计算。

【资料】天华公司2022年6月份发生有关材料采购业务如下：

1.1日，购入A、B两种材料，其中A材料10 000千克，单价3元/千克，B材料40 000千克，单价2元/千克，价款共计110 000元，增值税专用发票上注明的税款为14 300元。货款已付，材料未到。

2.5日，以银行存款支付A、B材料的运杂费2 700元，按材料的重量比例分配该项采购费用。

3.25日，上述A、B材料验收入库，按实际采购成本入账。

【要求】1.编制材料采购成本计算表（见表8-13）。

2.编制上述业务的会计分录。

表8-13　材料采购成本计算表

年　月　日　　金额单位：元

品　种	分配标准	分配率	采购费用分配额	买价	总成本	单位成本
A材料						
B材料						
合　计						

实训二

【目的】练习制造费用的归集与分配。

【资料】华安公司2022年6月份发生的制造费用如下：

1.2日，以银行存款支付生产部门电费1 942元。

2.12日，计提本月生产部门固定资产折旧费8 000元。

3.16日，本月应付生产部门管理人员工资2 840元。

4.21日，生产部门为修理领用材料2 800元。

5.22日，以现金支付生产车间的办公费用300元。

6.31日，按产品生产工时比例分配制造费用。A、B、C三种产品本月生产工时分别为10 000工时、30 000工时和40 000工时。

【要求】1.根据上述经济业务编制会计分录。

2.编制制造费用分配表（见表8-14）。

表8-14 **制造费用分配表**

年 月 金额单位：元

受益对象	工时总额	分配率	金 额
A产品			
B产品			
C产品			
合 计			

第九章

财产清查

学习目标

1. 了解财产清查的意义和种类；
2. 掌握财产清查的方法；
3. 理解永续盘存制和实地盘存制；
4. 掌握银行存款余额调节表的编制方法；
5. 理解并掌握对财产清产结果的账务处理。

第一节 财产清查概述

一、财产清查的意义

企业的财产包括货币资金、存货、固定资产和各项债权等。而各项财产物资的增减变动和结存情况都是通过账簿记录如实地加以反映。为了保证账簿记录的正确性，必须对财产物资进行清点和审查工作，即财产清查。财产清查是根据账簿记录，对企业的财产物资进行盘点或核对，查明各项财产的实存数与账存数是否相符，为定期编制会计报表提供准确、完整、系统的核算信息的一种方法。它是会计核算的专门方法之一。

如前所述，对账的内容之一账实核对，从理论上来讲，是将账面数字和实际的物资、款项进行核对，从而保证账实相符，即会计账簿上所记载的各项财产物资的增减变动和结余情况，应该与实际财产物资的收发和结存情况相符。但是，在实际工作中，即使是在账证相符、账账相符的情况下，也有很多客观原因使各项财产物资的账面数额与实际结存数额存在差异，即通常所说的“账实不符”。因此，为了保证账簿记录的真实准确，进一步建立健全财产物资的管理制度和内部控制制度，确保企业财产的安全完整，就必须采取行之有效的方法，对各项财产进行清查，从而做到账实相符。如果财产清查的结果是账实不符，则应查清账实不符的原因并及时进行处理。财产清查的意义主要体现为以下几个方面：

1.保证会计资料的真实可靠

企业将一定会计期间内发生的全部经济业务，通过确认、计量、记录、报告，为信息使用者提供真实客观的会计信息。在会计信息质量要求中，可靠性（客观性）最为重要。企业通过查明各项财产物资的实存数，并与账簿记录进行核对，使之相符，可以为会计信息的真实可靠奠定坚实的基础。

2.保证财产物资的安全完整

企业通过专门的方法进行财产清查，可以查明各项财产物资是否完整，有无被不法分子侵吞挪用或盗窃等；在储存中是否妥善保管，有无损坏等；还可以进一步查明企业财产物资是否被充分利用，有无积压或闲置等现象，这样既可以保证财产物资的安全完整，又可以挖掘财产物资的潜力，加速资金周转。

3.保证内部控制制度的有效执行

企业建立内部控制制度目的之一就是为了保证企业经营活动的有效进行，保护财产物资的安全完整，提高会计信息的质量。而内部控制制度执行情况的好坏，又可以通过财产清查加以查证。有关部门可以根据在财产清查过程中发现的问题，及时查明原因并采取措施，使内部控制制度充分发挥作用。

思政课堂

出纳员的职业底线

出纳是直接与货币资金打交道的重要岗位，因此出纳岗位对出纳人员的职业道德要求也非常高。如果用人不当，又遇到管理失控，则很可能会给公司带来不可挽回的经济损失。

某公司出纳李某因投资股市被套牢，想急于翻本，又苦于没有资金，于是他开始对自己每天经手的公司现金动了邪念。凭着财务主管对他的信任，李某偷偷拿了财务主管的财务专用章，在自己保管的现金支票上任意盖章取款。再加之公司管理上存在漏洞，每月月底的银行对账单也是由李某到银行提取且自行核对的，因此，在很长一段时间内，李某的犯罪行为都没有被发现。直至案发，李某所在公司蒙受了巨大的经济损失。

请思考和讨论：

1.李某的行为符合职业道德和会计伦理吗？

2.你认为出纳员应具备怎样的职业操守？

3.为什么出纳李某的违法行为在很长一段时间没有被发现？该公司的管理存在哪些问题？

二、财产清查的种类

财产清查的种类按清查的范围标准、清查的时间标准和清查的执行单位的标准通常划分为以下三类：

（一）全部清查和局部清查

（1）全部清查。全部清查又称全面清查，是指对全部财产物资进行盘点和核对，包括货币资金、存货、固定资产、债权资产等的清查。

全部清查的范围广，时间长，工作量大，参加的人员也多，有时还会影响企业正常的生产经营活动，所以一般在特定情况下采用全部清查，例如，企业为确保年终决算会计信息的真实准确，在年终决算前，需要进行一次全部清查，以确保年度财务报告的可靠性；资产评估时需要进行全面清查，以确保评估的可靠性；企业关停并转或改变隶属关系以及单位重要负责人调离工作，需要进行一次全部清查，以明确相关经济责任；清产核资时需要进行全面清查，以核实资产，从而确保正常生产经营所需的资金。

（2）局部清查。局部清查又称重点清查，是指根据需要对企业的一部分财产进行的清查。通常，企业需要对那些流动性较强的财产物资进行局部清查。

相对于全部清查而言，局部清查的范围较小，需要投入的人力比较少，花费的时间也较短，但清查结果不能反映会计主体整体的情况，例如，对于库存现金，出纳人员应于每日业务终了时清点核对；银行存款，出纳人员每月至少应同银行核对一次。库存商品、原材料等，年内应轮流盘点或重点抽查；对各种贵重物资，每月应盘点一次；债权债务，每年至少应同对方核对一至两次等。

（二）定期清查和不定期清查

（1）定期清查。定期清查是指根据预先安排的时间对财产进行清查，如月末、季末、年末结账前进行清查。它既可以是对财产物资、货币资金、往来账款进行的全部清查，又可以是只对其中某些部分进行的局部清查。

在一般情况下，月末、季末主要是对材料、产成品、在产品、库存现金、银行存款、银行借款、债权债务等进行局部清查；年末对各项财产物资、货币资金、债权债务等进行全部清查。

（2）不定期清查。不定期清查是指事先并无具体规定清查的时间，而是根据特定的需要，对各项财产所进行的临时清查。不定期清查的对象和范围，应根据实际需要确定，可以是全部清查，也可以是局部清查。

在通常情况下，不定期清查都是为了特定目的而进行的，例如，当有关财产物资、货币资金的保管人员变更时，企业需要对各自保管的财产物资及货币资金进行清查，以明确各自的责任；当发生自然损失和意外损失后，企业需要对受损财产进行清查，以查明损失情况；当上级有关主管单位对本企业进行检查和审计时，企业需要进行清查，以验证会计核算资料的可靠性等。

（三）内部清查和外部清查

（1）内部清查。内部清查又称“自查”，是指由本企业的有关人员对本企业的财产所进行的清查。

（2）外部清查。外部清查是指由企业外部的有关部门或人员根据国家法律或制度的规定对本企业的财产所进行的清查。

三、财产清查的一般程序

财产清查是一项涉及面广、业务量大的会计工作，为了保证财产清查的工作质量，提高工作效率，使其具有实际意义，必须有组织、有计划地按一定程序进行。一般来说，财产清查应按照以下工作程序进行：

（一）清查前的准备工作

1.组织上的准备

为保证财产清查工作的顺利进行，在清查前应成立专门领导小组，即在主管厂长或总会计师的领导下，成立由财会部门牵头，由技术、生产、行政及其他各有关部门专职人员参加的财产清查领导小组，制订清查工作计划，安排清查工作步骤，检查并督促清查工作，及时解决在清查工作中出现的问题，在清查工作结束后，总结清查工作的经验和教训，撰写总结报告，并对清查结果提出处理意见等。

2.业务上的准备

业务准备是进行财产清查重要的前提条件，所以各有关部门应做好如下准备工作：

（1）会计部门要在财产清查前将所有的经济业务登记入账并结出余额，做到账证相符、账账相符，为财产清查提供准确可靠的账存数。

（2）财产物资保管部门要做好财产物资的入账工作，结出各账户余额，并与会计部门的有关财产物资核对相符，同时将各种财产物资排列整齐，挂上标签，标明品种、规格及结存数量，以便清查时与账簿记录进行核对。

（3）财产清查人员还要准备好有关计量器具，以及各种必要的凭证、表格等，如“盘存单”“账存实存对比表”等，以便登记；如对银行存款和银行借款及结算款项进行清查，还应取得“未达账项登记表”“对账单”等，以便清查核对。

（二）针对不同的清查内容，采用不同的清查方法进行清查

各项准备工作结束以后，为了使财产清查工作更具有实际意义，清查人员在财产清查时应该针对不同的清查内容采用不同的方法（有关内容将在本章第二节中详细阐述），对数量、质量、品种、类别、金额等予以盘点，以做好相关的盘点记录，并由盘点人员、保管人员及相关人员签名盖章，以便明确经济责任。

（三）根据清查结果进行分析处理

在清查工作结束后，企业要认真总结清查工作的经验和教训，写清查工作的总结报告，对清查的结果，按照国家有关会计准则、制度的规定提出改进意见和措施，并上报有关部门和领导。对盘盈或盘亏的财产，按管理权限报经批准后处理时，根据原始凭证分别作出相应的账务处理，同时调整相应的账簿记录。

四、财产清查的一般方法

1.实地盘点法

实地盘点法是运用度、量、衡等工具，通过点数，逐一确定被清查实物实有数的一种方法。这种方法适应范围较广，大多数财产物资都可采取这种方法。另外，这种方法数字准确可靠，但工作量较大。

2.技术推算法

技术推算法是按照一定标准推算出实有数的一种方法。这种方法适用于堆垛量很大，物体笨重，价值低廉，难以逐一清点的财产物资的清查，如露天堆放的燃料用煤、盐、化肥、饲料、石子、沙子等就可以在抽样盘点的基础上，采用技术推算法，从而确定其实存数量。

3.账面价值法

账面价值法是根据财产物资的单位账面价值来确定其实存金额的方法，即根据各项财产物资的实际结存数量乘以单位账面价值，计算出各项财产物资的实存

金额。

4.查询核实法

查询核实法是依据本单位的账簿记录，与对方的账证进行核对，以清查实物资产、货币资金、债权债务数量及其价值量的方法。这种方法根据查询结果进行分析，来确定有关财产物资的实物量和价值量，适用于债权、债务，出租、出借的财产物资及以及外埠存款的查询核实。

第二节 财产清查方法的应用

财产清查是一项复杂而细致的工作，涉及面比较广，业务量比较大，为了顺利完成清查任务，保证财产清查的工作质量和提高工作效率，从而达到财产清查的目的，在财产清查时应针对不同的清查内容采用不同的方法。

一、货币资金的清查

货币资金的清查包括对库存现金的清查、银行存款的清查和其他货币资金的清查。这里主要介绍库存现金的清查和银行存款的清查。

（一）库存现金的清查

1.清查方法

库存现金清查的基本方法是实地盘点法。它是通过将库存现金的实有数与库存现金日记账的余额进行核对的方法，来查明账实是否相符。

库存现金清查可以分为以下两种情况：

（1）出纳员自查。在日常工作中，现金出纳员每日清点库存现金实有数额，并及时与库存现金日记账的余额核对。这种清查方法实际上是现金出纳员的分内职责。

（2）专门人员清查。在由专门清查人员进行的清查工作中，为了明确经济责任，出纳人员必须在场。清查人员要认真审核收付凭证和账簿记录，检查经济业务的合理、合法性。此外，清查人员还应该检查企业是否以“白条”（即不符合有关制度要求的借据）抵充现金。

2.清查手续

现金盘点结束后，应根据盘点的结果，填制“库存现金盘点报告表”。该表是重要的原始凭证，它既起“盘存单”的作用，又起“实存账存对比表”的作用。“库存现金盘点报告表”填制完毕，应由盘点人和出纳员共同签章方能生效。“库存现金盘点报告表”的格式见表9-1。

表9-1 **库存现金盘点报告表**

年　　月　　日

实存金额	账存金额	实存与账存对比		备　注
			盘　盈	盘　亏

盘点人签章：　　　　　　　　　出纳人签章：

（二）银行存款的清查

1.清查方法

银行存款的清查，通常采用将银行存款日记账与开户银行提供的“对账单”相核对的方法。核对前，首先把清查日止所有银行存款的收、付业务登记入账，对发生的错账、漏账应及时查清并更正。然后再与银行的“对账单”逐笔核对，若两者余额相符，一般说明无错误；若发现两者不相符，则可能存在着未达账项。

未达账项，是指企业和银行之间，由于凭证的传递时间不同，而导致了双方记账时间不一致，即一方已接到有关结算凭证并已经登记入账，而另一方由于尚未接到有关结算凭证因而尚未入账的款项。概括来说，未达账项有两大类型：一是企业已经入账而银行尚未入账的款项；二是银行已经入账而企业尚未入账的款项。具体来讲有以下四种情况：（1）企业已收款入账，银行未收款入账的款项；（2）企业已付款入账，银行未付款入账的款项；（3）银行已收款入账，企业未收款入账的款项；（4）银行已付款入账，而企业未付款入账的款项。

上述任何一种未达账项存在，都会使企业银行存款日记账余额与银行提供的“对账单”的余额不符。

2.清查手续

企业与银行对账时，应首先查明有无未达账项，如果存在未达账项，可编制“银行存款余额调节表”予以调整。“银行存款余额调节表”的编制应在企业银行存款日记账余额和银行对账单余额的基础上，分别加减未达账项，调整后的双方余额应该相符，并且是企业当时实际可以动用的款项。其计算公式如下：

$$\text{企业银行存款日记账余额}+\text{银行已收企业未收款项}-\text{银行已付企业未付款项}=\text{银行对账单余额}+\text{企业已收银行未收款项}-\text{企业已付银行未付款项}$$

现举例说明“银行存款余额调节表”的具体编制方法。

【例9-1】2022年6月30日，华夏有限责任公司银行存款日记账的账面余额为31 000元，银行对账单上的余额为36 000元，经逐笔核对，发现有下列未达账项：

（1）29日，企业销售产品收到转账支票一张，计2 000元，将支票存入银行，银行尚未办理入账手续。

（2）29日，企业采购原材料开出转账支票一张，计1 000元，企业已登记银行存款减少，而银行尚未收到支票而未入账。

（3）30日，企业开出现金支票一张，计250元，银行尚未入账。

（4）30日，银行代企业收回货款8 000元，收款通知尚未到达企业，企业尚未入账。

（5）30日，银行代付电费1 750元，付款通知尚未到达企业，企业尚未入账。

（6）30日，银行代付水费500元，付款通知尚未到达企业，企业尚未入账。

根据以上资料，编制“银行存款余额调节表”见表9-2。

如果调节后双方余额相等，则一般说明双方记账没有差错；如果不相等，则表明企业方、银行方或双方记账有差错，应进一步核对，查明原因，予以更正。

表9-2 **银行存款余额调节表**

2022年6月30日 单位：元

项　目	金　额	项　目	金　额
企业银行存款日记账余额	31 000	银行对账单余额	36 000
加：银行已收企业未收		加：企业已收银行未收	
银行代收货款	8 000	存入转账支票	2 000
减：银行已付企业未付		减：企业已付银行未付	
银行代付电费	1 750	开出转账支票	1 000
银行代付水费	500	开出现金支票	250
调节后的存款余额	36 750	调节后的存款余额	36 750

需要注意的是，调节后的银行存款余额只表明企业可以实际动用的银行存款数，并非企业银行存款的实际数。“银行存款余额调节表”只是银行存款清查的一种形式，它只起到对账作用，不能作为调节账面余额的原始凭证。银行存款日记账的登记，必须在收到有关原始凭证后再进行。

二、实物财产的清查

实物财产的清查主要是指对具有实物形态的各种财产，包括：存货（原材料、半成品、在产品、产成品、库存商品、低值易耗品、包装物）和固定资产在数量和质量上的清查。在上述清查工作中，特别是在存货的清查的重要环节，应明确存货的账面结存数和实际结存数，通过对账存数和实存数的比较确定账实是否相符。

（一）永续盘存制

1.永续盘存制的概念

永续盘存制又称账面盘存制，是通过设置存货明细账，逐笔或逐日地登记收入数、发出数，并能随时计算出结存数的一种盘存制度。采用这种方法，存货一般按品种规格设置数量金额式明细账，在明细账中，除登记收、发、结存的数量外，通常还要登记金额。

当采用永续盘存制时，企业对存货仍需进行实地盘点，且至少每年实地盘点一次，以验证账实是否相符。

2.期末存货计价和本期发出存货成本的计算

在永续盘存制下，企业存货核算的账簿组织一般除了设置总分类账，二级账户进行金额核算，还需按具体品种设置明细分类账，进行金额、数量双重控制。存货的明细分类账能随时反映存货的收入数量、发出数量及结存数量，其计算公式如下：

期末结存存货数量=期初结存存货数量+本期收入存货数量-本期发出存货数量

期末结存存货成本的计算公式为：

期末结存存货成本=期初结存存货成本+本期收入存货成本-本期发出存货成本

上式中，“期初结存存货成本”和“本期收入存货成本”是根据有关存货明细账的记录确定的。而对于“本期发出存货成本”的确定，则需考虑到以下情况：如果每次购进存货的单价保持不变，本期发出存货成本用发出的数量乘以购进的单价即可，这样期末存货的计价是十分简单的（结存数量×单价）。然而，在实际工作中，每一次购进存货的价格在会计期间内往往不同，这样存货的发出成本和结存成本势必存在一个按什么价格计算的问题。在永续盘存制下，存货发出的计价方法主要有先进先出法、月末一次加权平均法等。这些方法各有优缺点，企业可根据实际情况选择适用的一种。

（1）先进先出法

先进先出法是假设先入库的存货先发出，即按照存货入库的先后顺序，用先入库存货的单位成本确定发出存货的单位成本，进而计算发出存货总成本及结存存货成本的一种方法。现举例说明如下：

【例9-2】华夏有限责任公司2022年3月甲材料的期初结存和本期购销情况如下：

3月1日	期初结存	310件	单价20元/件
3月8日	销售	200件	
3月10日	购进	100件	单价22元/件
3月15日	销售	120件	
3月20日	购进	90件	单价25元/件
3月25日	销售	50件	

根据上述资料，存货采用先进先出法计价，原材料明细账登记见表9-3。

表9-3 原材料明细账

材料名称：甲材料 金额单位：元

2022年		摘要	收入			发出			结存		
月	日		数量（件）	单价（元/件）	金额	数量（件）	单价（元/件）	金额	数量（件）	单价（元/件）	金额
3	1	期初结存							310	20	6 200
	8	销售				200	20	4 000	110	20	2 200
	10	购进	100	22	2 200				110 100	20 22	2 200 2 200
	15	销售				110 10	20 22	2 200 220	90	22	1 980
	20	购进	90	25	2 250				90 90	22 25	1 980 2 250
	25	销售				50	22	1 100	40 90	22 25	880 2 250
	31	本月合计	190		4 450	370		7 520			

采用先进先出法计算本期发出材料成本和期末结存材料成本如下：

本期发出材料成本=200×20+110×20+10×22+50×22=7 520（元）

期末结存材料成本=40×22+90×25=3 130（元）

或者 =6 200+4 450−7 520=3 130（元）

采用先进先出法对发出存货进行计价，可以将发出存货的计价工作分散在平时进行，减轻了月末的计算工作量；期末存货的计价标准为后入库存货的价格，但在物价上涨时，本期发出存货成本要比当前市价低，从而使本期利润偏高，需要多缴纳所得税。

（2）月末一次加权平均法

月末一次加权平均法是月末把可供发出的存货总成本平均分配给所有可供发出的存货的数量，计算出一个加权平均单价。这样，本期发出存货成本和期末存货成本都要按这一平均单价计算。一次加权平均单价的计算公式如下：

$$\text{一次加权平均单价}=\frac{\text{期初结存存货成本}+\text{本期购进存货成本}}{\text{期初结存存货数量}+\text{本期购进存货数量}}$$

进而可以计算得出：

本期发出存货成本=本期发出存货数量×一次加权平均单价

本期结存存货成本=本期结存存货数量×一次加权平均单价

或者 =期初结存存货成本+本期购进存货成本−本期发出存货成本

现仍沿用上例，存货采用月末一次加权平均法计价，原材料明细账的登记见表9-4。

采用月末一次加权平均法计算本期发出材料成本和期末结存材料成本如下：

一次加权平均单价=（6 200+4 450）÷（310+190）=21.3（元/件）

本期发出材料成本=370×21.3=7 881（元）

期末结存材料成本=130×21.3=2 769（元）

或者 =6 200+4 450−7 881=2 769（元）

表9-4 **原材料明细账**

材料名称：甲材料 金额单位：元

2022年		摘要	收入			发出			结存		
月	日		数量（件）	单价（元/件）	金额	数量（件）	单价（元/件）	金额	数量（件）	单价（元/件）	金额
3	1	期初结存							310	20	6 200
	8	销售				200			110		
	10	购进	100	22	2 200				210		
	15	销售				120			90		
	20	购进	90	25	2 250				180		
	25	销售				50			130	21.3	2 769
	31	本月合计	190		4 450	370	21.3	7 881			

需要注意的是：按照月末一次加权平均法计算出的加权平均单价除不尽，应按要求保留小数取近似值。为了使账面数额相符，期末结存存货成本就需要按照公式“期初结存存货成本+本期购进存货成本-本期发出存货成本”倒挤出来。

采用月末一次加权平均法，对于本月发出的存货，平时只登记数量，不登记单价和金额，月末按计算的一次加权平均单价，计算本期发出存货成本和期末结存存货成本。这种方法计算比较简单，但由于计价工作集中在月末进行，所以平时不能从账簿中看到存货发出和结存的金额，从而不便于加强存货的日常管理。

3.永续盘存制的优、缺点

（1）优点：在存货明细账中，可以随时反映出每种存货的收入、发出和结存情况，并能进行数量和金额的双重控制；明细账的结存数量，可以与实际盘存数进行核对，如发现账实不符的情况，可查明原因，及时纠正；明细账上的结存数，还可以随时与预订的最高和最低库存限额进行比较，查明存货的积压或不足，从而便于及时采取相应对策，使存货数量合理，从而有利于资金周转。

（2）缺点：存货的明细分类核算工作量较大，需要较多的人力和费用。但同实地盘存制相比，它在控制和保护财产物资安全完整方面具有明显的优越性，所以在实际工作中，为多数企业所采用。

（二）实地盘存制

1.实地盘存制的概念及一般程序

实地盘存制是在期末通过盘点实物，来确定存货的数量，并据以计算期末结存存货成本和本期发出存货成本的一种存货盘存制度。它用于商品流通企业时，又称“以存计耗制”或“盘存计销制”；用于制造业企业时，又称“以存计耗制”或“盘存计耗制”。采用这一方法，平时只登记存货的购进或收入，不登记发出，期末通过盘点实物确定实存数，采用倒挤的方法，轧计出存货的发出数。

实地盘存制的程序通常为：①确定期末存货数量。每期期末实地盘点存货，确定存货的实际结存数量。②计算期末结存存货成本。某种存货成本等于该项存货的数量乘以适当的单位成本，将各种存货成本相加，即为存货总成本。③计算本期可供发出存货成本。本期可供发出存货成本又称本期可供销售或耗用的存货成本，它等于期初存货成本加本期购进存货成本。④计算本期发出存货成本。它等于本期可供发出存货成本减期末存货成本。

实地盘存制下存货的结存及发出成本计算公式为：

期末结存存货成本=期末存货实地盘存数×单价

本期发出存货成本=期初结存存货成本+本期购进存货成本-期末结存存货成本

2.期末存货数量的确定

实地盘存制下，存货期末数量的确定，除了通过实地盘点来确定盘存数外，在商品流通企业中，还要考虑有关影响存货结存数量的因素，如对于企业已经付款但尚未收到的商品即在途商品、已经出库但尚未作销售的商品，以及已作销售但尚未提走的商品，都要在盘存数量的基础上进行调整，以计算出实际库存数量。计算公式如下：

存货结存数量=存货盘点数量+在途商品数量+已提未销数量-已销未提数量

3.期末存货计价和本期发出存货成本的计算

实地盘存制下的存货计价方法主要有先进先出法、一次加权平均法等，现举例说明。

【例9-3】华夏有限责任公司2022年3月甲材料的期初结存和本期购进情况如下：

3月1日	期初结存	310件	单价20元/件
3月10日	购进	100件	单价22元/件
3月20日	购进	90件	单价25元/件

甲材料期末实地盘点数为130件。

在实地盘存制下，分别采用先进先出法、一次加权平均法计算期末结存材料成本和本期发出材料成本如下：

（1）按先进先出法计算：

期末结存材料成本=90×25+40×22=3 130（元）

本期发出材料成本=310×20+100×22+90×25-3 130=7 520（元）

（2）按一次加权平均法计算：

一次加权平均单价=（310×20+100×22+90×25）÷（310+190）=21.3（元/件）

期末结存材料成本=130×21.3=2 769（元）

本期发出材料成本=310×20+100×22+90×25-2 769=7 881（元）

4.实地盘存制的优、缺点

（1）优点：不需要每天记录存货的发出和结存数量，核算工作简单，工作量小。

（2）缺点：不能随时反映存货的发出和结存成本，倒轧出的各项存货的销售或耗用成本中成分复杂，除了正常销售或耗用外，可能隐含存货损耗、短缺等非正常因素，因而不便于对存货进行控制和监督，影响成本计算的准确性。

因此这种方法只适应于经营那些品种多、价值低、交易频繁的商品，以及数量不稳定、损耗大且难以控制的鲜活商品等商品流通企业。

（三）确定实物财产实存数的清查方法

在实际工作中，对于不同的实物财产，由于形态、体积、重量等方面的不同，所采用的清查方法也有所不同，比较常用的实物数量的清查方法有以下几种：

1.实地盘点

实地盘点是指通过点数或采用计量器具来确定财产的实存数额。适用范围比较广，大多数财产物资都可采用这种方法，如机器设备、库存商品等的清查。

2.技术推算

技术推算是指对于财产物资不是通过清点计数，而是通过技术方法对财产的实存数进行推算的一种方法。这种方法适用于散装、成堆、量大又难以清点实存数的财产物资的清查，如露天堆放的煤炭、化肥等的清查。

3.抽样盘存

抽样盘存是指通过抽取一定数量样品的方式对实物资产的实有数进行估算的一种方法。这种方法一般适用于数量多、重量和体积比较均衡的实物财产的清查。

4.函证核对

函证核对是指通过向对方发函的方式对实物资产的实有数进行确定的一种方法。这种方法一般适用于委托外单位加工或保管的材料、商品、物资以及在途的材料、商品、物资等，通过询证的方法与有关单位进行核对，以查明账实是否相符。

对于实物质量的清查，应根据实物的不同而采用不同的检查方法，可以通过物理方法、化学方法来检查实物的质量。

（四）实物财产清查使用的凭证

在实物财产清查过程中，实物保管人员和盘点人员必须同时在场，对于盘点结果，应如实登记"盘存单"，并由实物保管人员和盘点人同时签章生效，以明确经济责任。"盘存单"既是记录实物盘点结果的书面证明，又是反映实物财产实有数额的原始凭证。"盘存单"的格式见表9-5。

表9-5 **盘存单**

单位名称： 盘点时间： 编 号：

财产类别： 存放地点： 金额单位：

编号	名称	规格型号	计量单位	实存数量	单价	金额	备注

盘点人签章： 保管人签章：

盘点完毕，将"盘存单"中所记录的实存数与账面结存数相核对，如发现实物盘点结果与账面结存结果不相符时，应根据"盘存单"和有关账簿记录，填制"实存账存对比表"，以确定盘盈或盘亏数额。"实存账存对比表"是记录财产清查结果的原始凭证，也是分析盈亏原因，明确经济责任以及进行账务处理的重要依据。"实存账存对比表"的格式见表9-6。

表9-6 **实存账存对比表**

单位名称： 年 月 日 金额单位：元

<table>
<tr><th rowspan="3">编号</th><th rowspan="3">类别及名称</th><th rowspan="3">计量单位</th><th rowspan="3">单价</th><th colspan="2" rowspan="2">实 存</th><th colspan="2" rowspan="2">账 存</th><th colspan="4">对比结果</th><th rowspan="3">备注</th></tr>
<tr><th colspan="2">盘 盈</th><th colspan="2">盘 亏</th></tr>
<tr><th>数量</th><th>金额</th><th>数量</th><th>金额</th><th>金额</th><th>数量</th><th>金额</th><th>数量</th></tr>
<tr><td></td><td></td><td></td><td></td><td></td><td></td><td></td><td></td><td></td><td></td><td></td><td></td><td></td></tr>
</table>

盘点人： 实物保管人： 制表人：

三、往来款项的清查

对各种应收及应付款的清查，应采取"询证核对法"，即同对方核对账目的方法。清查单位应在其各种往来款项记录准确的基础上，编制"往来款项对账单"，寄发或派人送交对方单位进行核对。"往来款项对账单"的格式和内容如下：

往来款项对账单

__________________单位：

你单位于2022年7月25日购入我单位××产品1 000台，已付货款15 000元，尚有20 000元货款未付，请核对后将回单联寄回。

清查单位：（盖章）

2022年12月18日

沿此虚线裁开，将以下回单联寄回！

往来款项对账单（回联）

__________________单位：

你单位寄来的“往来款项对账单”已经收到，经核对相符无误。

××单位：（盖章）

2022年12月25日

第三节 财产清查结果的处理

一、财产清查结果的处理步骤

企业在财产清查的过程中，对于账实不符的情况，应当认真分析研究，按照国家有关会计准则、制度的规定进行严肃处理。为此，应该做好以下工作，其具体步骤如下：

1.核准数量和金额，查明原因

在对财产清查结果进行具体处理之前，应根据清查结果客观地分析账实不符的原因，明确经济责任，针对不同原因确定处理方法，提出处理意见，报送有关领导和部门批准。

2.调整账簿记录，做到账实相符

在核准数字，查明原因的基础上，根据“实存账存对比表”等原始凭证编制记账凭证，并据以调整账簿记录，（调整账簿的原则是：以“实存”为准，盘盈时，补充财产物资账面记录；盘亏时，冲销财产物资账面记录）使各项财产物资做到账实相符。

3.进行批准后的账务处理

在有关领导对所呈报的财产清查结果处理意见作出批示后，企业应严格按照批复意见编制有关的记账凭证，及时进行批准后的账务处理，并登记有关账簿。

二、财产清查结果的账务处理

（一）设置的账户

为了反映和监督企业单位在财产清查过程中查明的各种财产物资的盈亏、毁损及其处理情况，应设置“待处理财产损溢”账户。该账户属于双重性质账户，下设

“待处理流动资产损溢”和“待处理固定资产损溢”两个明细分类账户，以进行明细分类核算。该账户借方登记各项财产发生的盘亏数和经过批准后盘盈的转销数；贷方登记各项财产发生的盘盈数和经过批准后盘亏的转销数。余额可能在借方，也可能在贷方，若是借方余额，表示尚待批准处理的盘亏或毁损数；若是贷方余额，表示尚待批准处理的盘盈数。但是由于企业的各项盘盈、盘亏按规定必须于结账前处理完毕，所以该账户期末一般没有余额。“待处理财产损溢”账户的结构如下：

借方 **待处理财产损溢** 贷方

借方	贷方
各项财产的盘亏数	各项财产的盘盈数
报经批准后盘盈财产的转销数	报经批准后盘亏财产的转销数

（二）各类财产清查结果的账务处理

如前所述，由于财产清查的对象不同，因此所采取的账务处理方法也不同。

1.库存现金清查结果的账务处理

会计人员在库存现金清查中发现库存现金盈余或短缺，除了设法查明原因外，还应及时根据“库存现金盘点报告表”进行会计处理。

（1）现金长款在批准前的处理是：以实际存在的库存现金为准，将实存大于账存的数额，增加库存现金账户的记录，以保证账实相符，同时记入“待处理财产损溢”账户的贷方，等待批准处理。

一般来说，对于无法查明原因的现金长款，其批准后应记入“营业外收入”；对于应付其他单位或个人的长款，应记入“其他应付款”账户。

（2）现金短款在批准前的处理是：将实存小于账存的数额，冲减库存现金账户的记录，以保证账实相符，同时记入“待处理财产损溢”账户的借方，等待批准处理。

现金短款在批准后应视不同的原因而采取不同的方法进行账务处理。如果是应该由责任人赔偿或由保险公司赔偿的，应记入“其他应收款”账户；如果是由于经营管理不善造成或无法查明原因的，应记入“管理费用”账户。

现举例说明现金长、短款批准前和批准后的账务处理。

【例9-4】华夏有限责任公司在财产清查中发现现金长款500元，经查，其中300元为应付给某公司的货款，其余200元无法查明原因。

批准前：

借：库存现金　　500

　贷：待处理财产损溢——待处理流动资产损溢　　500

批准后：

借：待处理财产损溢——待处理流动资产损溢　　500

　贷：其他应付款——某公司　　300

　　　营业外收入　　200

【例9-5】华夏有限责任公司在财产清查中发现现金短款500元。经查200元属于出纳员李华工作失误造成，应由其赔偿，其余300元无法查明原因。

批准前：

借：待处理财产损溢——待处理流动资产损溢　　500

　贷：库存现金　　500

批准后：

借：其他应收款——李华　　200

　　管理费用　　300

　贷：待处理财产损溢——待处理流动资产损溢　　500

2.存货清查结果的账务处理

企业在财产清查过程中发现存货盘盈、盘亏时，应根据“实存账存对比表”以及有关的批准文件进行批准前和批准后的账务处理。

（1）对于盘盈的存货，批准前的账务处理是，将盘盈存货的价值记入“原材料”“生产成本”“库存商品”等账户的借方，同时记入“待处理财产损溢——待处理流动资产损溢”账户的贷方。

对于盘盈（一般是由于收发计量不准或自然升溢等原因造成）的流动资产，报经批准后，冲减“管理费用”。

（2）对于盘亏或毁损的存货，批准前的账务处理是，应先记入“待处理财产损溢——待处理流动资产损溢”的借方，同时记入有关存货账户的贷方。报经批准后，根据造成亏损的具体原因，分别按以下情况进行账务处理：

①属于自然损耗产生的定额内的合理损耗，经批准后即可记入“管理费用”账户。

②属于超定额短缺的损耗，能确定过失人的应由过失人负责赔偿；属于保险责任范围的损耗，应向保险公司索赔；对于入库的残料价值记入“原材料”等账户；扣除过失人或保险公司赔款和残料价值后的余额，属于一般经营损失的部分，应记入“管理费用”账户。

③属于非常损失（如自然灾害等）所造成的存货毁损，扣除保险公司赔款和残料价值后，应记入“营业外支出”账户。

【例9-6】华夏有限责任公司在财产清查中发现盘盈甲产品10件，每件200元。经查明，是由于计量仪器不准而形成的溢余。

批准前：

借：库存商品　　2 000

　贷：待处理财产损溢——待处理流动资产损溢　　2 000

批准后：

借：待处理财产损溢——待处理流动资产损溢　　2 000

　贷：管理费用　　2 000

【例9-7】华夏有限责任公司系增值税一般纳税人，在财产清查中盘亏库存甲材料100千克，单位成本100元/千克。经查明，是由于工作人员失职造成的材料毁损，应由过失人赔偿1 000元，毁损材料残值500元。

批准前：

借：待处理财产损溢——待处理流动资产损溢 11 300

贷：原材料——甲材料 10 000

应交税费——应交增值税（进项税额转出） 1 300

批准后，分别不同情况进行以下账务处理：

（1）由过失人赔偿：

借：其他应收款——×× 1 000

贷：待处理财产损溢——待处理流动资产损溢 1 000

（2）残料作价入库：

借：原材料 500

贷：待处理财产损溢——待处理流动资产损溢 500

（3）扣除过失人赔偿和材料残值后的余额，计入管理费用：

借：管理费用 9 800

贷：待处理财产损溢——待处理流动资产损溢 9 800

【例9-8】华夏有限责任公司系增值税一般纳税人，在财产清查中盘亏乙材料20件，每件200元。经查明，是由于火灾造成的损失，保险公司给予赔偿3 000元。

批准前：

借：待处理财产损溢——待处理流动资产损溢 4 520

贷：原材料——乙材料 4 000

应交税费——应交增值税（进项税额转出） 520

批准后，分别按不同情况进行账务处理：

（1）由保险公司赔偿的部分：

借：其他应收款——保险公司 3 000

贷：待处理财产损溢——待处理流动资产损溢 3 000

（2）扣除赔偿后的余额，计入营业外支出：

借：营业外支出 1 520

贷：待处理财产损溢——待处理流动资产损溢 1 520

3.固定资产清查结果的账务处理

（1）盘盈的固定资产。根据《企业会计准则第4号——固定资产》及其应用指南的有关规定，固定资产盘盈应作为前期差错记入“以前年度损益调整”账户。因为固定资产出现盘盈是由于企业无法控制的因素，而造成盘盈的可能性是极小甚至是不可能的，企业出现了固定资产的盘盈必定是企业以前会计期间少记、漏记而产生的，应当作为会计差错进行更正处理，这样也能在一定程度上降低人为调节利润的可能性。

账务处理上，按照盘盈固定资产的入账价值，借记“固定资产”账户，贷记

"以前年度损益调整"账户（有关内容将会在后续有关课程中详细介绍）。

（2）盘亏的固定资产。在固定资产清查过程中如果发现有盘亏的固定资产，应查明原因，填制固定资产盘亏报告表并写出书面报告报经企业主管领导批准后才能计入营业外支出。在批准之前，只能作为待处理财产损溢处理。

对于盘亏的固定资产，企业应按照盘亏固定资产的净值借记"待处理财产损溢"账户，对于已提折旧的固定资产，按已经提取的折旧额借记"累计折旧"账户，按原值贷记"固定资产"账户，同时将购置时的增值税进项税额予以转出。按规定程序批准后，应按可收回的保险赔偿或过失人赔偿金额借记"其他应收款"账户，按扣除赔偿后的金额借记"营业外支出"账户，贷记"待处理财产损溢"账户。

【例9-9】华夏有限责任公司系增值税一般纳税人，在财产清查中，盘亏设备一台，其设备原值为200 000元，累计折旧为50 000元。

批准前：

借：待处理财产损溢——待处理固定资产损溢	176 000	
累计折旧	50 000	
贷：固定资产		200 000
应交税费——应交增值税（进项税额转出）		26 000

批准后予以转销：

借：营业外支出	176 000	
贷：待处理财产损溢——待处理固定资产损溢		176 000

讨论与思考9-1

某公司经理张某，将企业正在使用的一台设备借给其朋友使用，未办理任何手续。清查人员在年底盘点时发现盘亏了一台设备，原值为20万元，已提折旧5万元，净值为15万元。经查，属张经理所为。于是，派人向借方追索。但借方声称，该设备已被人偷走。当问及张经理对此处理意见时，张某建议按正常报废处理。

请思考：

1.盘亏的设备按正常报废处理是否符合会计制度要求？

2.企业应怎样正确处理盘亏的固定资产？

本章小结

本章主要介绍财产清查的内容与方法，财产清查是根据账簿记录，对企业的财产物资进行盘点或核对，查明各项财产的实存数与账存数是否相符，为定期编制会计报表提供准确、完整、系统的核算信息的一种方法。财产清查按清查的范围，可分为全部清查和局部清查；按清查的时间，可分为定期清查和不定期清查；按清查的执行单位，可分为内部清查和外部清查。财产清查需专门成立清查小组，清查前要做好各项组织准备和业务准备工作，根据清查对象的特点，采用相应的方法。财产清查的一般方法包括实地盘点法、技术推算法、账面价值法、查询核实法。存货的盘存制度有永续盘存制和实地盘存制两种。库存现金、存货、固定资产一般采用实地盘点法清查；银行存款、各种往来款项通过与银行、往来单位核对账目的方法进行清查。财产清查结束，会计人员应填制“盘存单”“账存实存对比表”等原始凭证。对发生的盘盈、盘亏，会计上应设置“待处理财产损溢”账户，分两步处理：首先，根据相应的原始凭证，调整账簿记录，做到账实相符；然后，查明原因经审批后，再进行转销处理。

章后练习

一、名词解释

1.财产清查　2.全部清查　3.局部清查　4.定期清查
5.不定期清查　6.永续盘存制　7.实地盘存制　8.未达账项

二、简答题

1.什么是财产清查？有什么重要作用？
2.引起财产物资账实不符的原因有哪些？
3.财产清查有哪几种类型？它们各自的适用对象是什么？
4.实地盘存制和永续盘存制的主要区别是什么？各有什么优缺点？
5.何谓未达账项？其产生的原因是什么？有哪些类型？如何调整未达账项？
6.如何编制银行存款余额调节表？
7.财产清查核算应设置什么账户？其结构是怎样的？
8.如何进行财产清查结果的账务处理？

三、实训题

实训一

【目的】练习银行存款余额调节表的编制。

【资料】泰华公司2022年6月21—30日银行存款日记账和银行对账单所记录的内容如下：

1.银行存款日记账2022年6月21—30日所记录的内容：
（1）22日，开出编号为06201的转账支票，支付采购材料的货款45 000元。
（2）25日，开出编号为06202的转账支票，支付采购材料的运杂费1 000元。
（3）26日，存入销货款转账支票23 400元。
（4）28日，开出编号为06203的转账支票，支付广告费3 600元。
（5）30日，存入销货款转账支票16 200元。
（6）30日，银行存款日记账余额为70 610元。

2.银行对账单2022年6月21—30日所记录的内容：
（1）23日，收到公司开出的编号为06201转账支票，金额45 000元。
（2）27日，收到销货款转账支票，金额23 400元。
（3）28日，代付本月电费4 560元。
（4）28日，收到公司开出的编号为06202的转账支票，金额1 000元。

（5）29日，代收外地汇来的货款21 600元。

（6）30日，银行对账单余额为75 050元。

【要求】根据上述资料，编制银行存款余额调节表（见表9-7）。

表9-7 银行存款余额调节表

年 月 日 单位：元

项　目	金　额	项　目	金　额
企业银行存款日记账余额		银行对账单余额	
加：银行已收企业未收 减：银行已付企业未付		加：企业已收银行未收 减：企业已付银行未付	
调节后的存款余额		调节后的存款余额	

实训二

【目的】练习财产清查结果的账务处理。

【资料】天龙工厂系一般纳税人，增值税税率为13%，2022年12月末进行财产清查的结果如下：

1.在现金清查中，发现库存现金短缺200元，经反复核查，上述短款是出纳员李红工作失职造成的，应由其赔偿。

2.盘盈乙材料100千克，每千克25元，经查是由于计量不准造成的。

3.盘亏甲材料250千克，每千克24元，丙材料400千克，每千克20元。经查，在上述盘亏材料中有8 000元是由于自然灾害造成的，有5 500元是由于保管人员失职造成的，应由过失人赔偿，还有500元属于定额内的自然损耗。

4.盘亏生产用机器设备一台，原价100 000元，已提折旧65 000元。经批准，盘亏的设备转入“营业外支出”账户处理。

【要求】根据上述资料，编制有关的会计分录。

第十章

财务会计报告

学习目标

1. 掌握财务会计报告的定义、作用和构成，了解财务会计报告的基本编制要求；

2. 熟悉资产负债表的内容和结构，了解资产负债表的编制方法；

3. 熟悉利润表的内容和结构，了解利润表的编制方法。

第一节 财务会计报告概述

一、财务会计报告的含义及意义

财务会计报告是指企业对外提供的反映企业某一特定日期财务状况和某一会计期间经营成果、现金流量等会计信息的文件。在各企业的日常会计核算中，对于所发生的各项经济业务，企业会计人员按照一定的核算程序和会计方法，在会计账簿中进行全面、连续、系统的登记。虽然账簿能够提供丰富的会计信息，对于反映企业的经济活动和财务状况起到了积极的作用，但是，由于账簿自身的特点所决定，它只是分别从不同角度说明经济业务中各个会计要素发生变化及其结果的具体情况，企业的管理者、投资者、债权人、政府管理部门以及其他与该企业有利害关系的单位和个人并不能将分散的会计账簿记录有机地联系起来，也不便于综合地了解、分析、评价企业某一特定日期的财务状况和某一会计期间的经营成果、现金流量。为了使会计信息利用者能够全面、综合地了解企业的财务状况和经营成果，更好地为经营决策服务，各企业在日常会计核算的基础上，需要定期将日常会计核算资料进行归类、整理、汇总，并按照一定形式，定期编制财务会计报告。

编制财务会计报告是对会计核算工作的全面总结，是企业财务会计工作的重要内容，也是与企业相关的各利益主体了解企业会计信息的重要途径。财务会计报告提供的会计信息具有以下几个方面的重要作用和意义：

（1）有助于投资者和债权人等信息使用者作出投资和贷款的决策。信息使用者是指与企业存在利害关系的单位或个人，包括潜在投资者，债权人及其他利益相关者。不同类型的信息使用者对企业的关注重点不同，在企业提供的财务会计报告中包含有全面的会计信息，能够满足各种信息使用者的个体需求，并进一步帮助他们作出科学合理的决策。

（2）为实行企业会计控制和会计监督提供依据。财务会计报告是与企业有经济利益关系的外部单位和个人了解企业的财务状况、经营成果及现金流量，并据以作出决策的重要依据；企业的所有者可利用财务会计报告的有关信息实施对企业的控制及监督；经营者可利用财务会计报告检查单位各种经营成果是否达到了预期经营目标；债权人可利用财务会计报告来监督企业借入资金的使用情况，掌握企业的偿债能力；国家可利用财务会计报告进行宏观经济管理，制定合理的经济政策，对整个国民经济进行有效的宏观调控，以提高社会效益；企业会计部门更可利用财务会计报告参与企业的经营，并对企业的各项经济活动实施会计监督。可以说，财务会计报告可为投资者、经营者、债权人、国家以及企业会计部门进行企业控制和监督提供了重要依据。

知识链接10-1

财务报表业务流程

（3）财务会计报告提供的经济信息是企业内部加强和改善经营管理的重要依据。企业经营管理人员要通过本企业财务会计报告随时掌握企业的财务状况和经营成果以及现金的流动情况，以便发现问题，及时采取相应的措施，加强和改善企业的经营管理，不断提高企业的经济效益。有利于企业所有者和管理者评价经营业绩，并在此基础上找出问题，分析原因，改善经营管理，寻找提高经济效益的途径和方法。财务会计报告所提供的指标，不仅有利于各方面进行科学合理的决策，而且有利于投资者评价企业的经营业绩，从而促进企业的生产经营管理，寻找提高经济效益的途径和方法。

二、财务会计报告的组成

关于财务会计报告应包括哪些内容，《企业会计准则——基本准则》第四十四条规定：财务会计报告包括会计报表及其附注和其他应当在财务会计报告中披露的相关信息和资料。企业对外提供的财务报告的内容、会计报表种类和格式、会计报表附注的主要内容等，由会计准则规定；企业内部管理需要的会计报表由企业自行规定。

（一）会计报表

《企业会计准则——基本准则》规定，企业对外提供的会计报表至少包括：资产负债表、利润表、现金流量表等报表。

（二）附注

附注是对在资产负债表、利润表、现金流量表、所有者权益变动表等报表中列示项目的文字描述或明细资料，以及对未能在这些报表中列示项目的说明等。附注是为帮助会计信息使用者正确理解财务会计报告而对报表的内容所做的解释和补充说明，一般包括不符合会计核算基本前提的说明；重要会计政策和会计估计；会计政策和会计估计以及差错更正的说明；或有和承诺事项、资产负债表日后非调整事项的说明；重要资产转让及出售的说明；企业合并、分立的说明；财务会计报告中重要项目的说明等。

《中华人民共和国公司法》规定，公司应当在每一会计年度终了时编制财务会计报告，并依法经会计师事务所审计。财务会计报告应当依照法律、行政法规和国务院财政部门的规定制作。

三、财务会计报告的种类

财务会计报告可以按照不同的标准进行分类。

（一）财务会计报告按其反映的经济内容分类

财务会计报告按其反映的经济内容不同，可分为财务状况报表、经营成果报表。

（1）财务状况报表是用来反映企业财务状况及资金运用、变动情况的报表，主要包括资产负债表、现金流量表和所有者权益变动表。资产负债表是指反映企业某一特定日期财务状况的会计报表，又称财务状况表。现金流量表是指反映企业一定会计期间现金和现金等价物流入和流出情况的会计报表，提供企业在一定期间内经营活动、投资活动和筹资活动所产生现金流量的信息。所有者权益变动表是指反映构成所有者权益的各组成部分当期的增减变动情况的会计报表。

（2）经营成果报表主要是指利润表。利润表是指反映企业在一定会计期间经营成果的会计报表，主要提供有关企业经营成果方面的信息。

（二）财务会计报告按其反映的资金运动状态分类

财务会计报告按其反映的资金运动状态不同，可分为静态报表和动态报表。

（1）静态报表是反映企业在某一时点财务状况的报表，如资产负债表。

（2）动态报表是反映企业在一定时期内经营成果和现金流量的报表，如利润表、现金流量表。

（三）财务会计报告按编制的时间分类

财务会计报告按编制的时间不同，可分为月报表、季报表、半年报表和年报表。

（1）月报表，简称月报，是按月编报的财务会计报告，主要包括资产负债表和利润表。

（2）季报表，简称季报，是每个季度编报一次的财务会计报告。

（3）半年报表，简称半年报，是每半年度编报一次的财务会计报告。月报、季报、半年报又简称中期会计报告。

（4）年报表，简称年报，是按会计年度编报的财务会计报告，包括资产负债表、利润表、现金流量表、所有者权益变动表、财务状况说明书等。

四、财务会计报告的编制要求

（1）企业在编制年度财务会计报告前，为了确保财务会计报告所提供的信息质量，充分发挥财务会计报告的作用，应当全面清查财产、核实债务，包括结算款项、存货、投资、固定资产、在建工程等。在年度中间，应根据具体情况，对各项财产物资和结算款项进行重点抽查。企业清查核实后，应当将清查、核实的结果及其处理办法向企业的董事会或者相应机构报告，并根据国家统一的会计准则的规定进行相应的会计处理。

（2）企业在编制财务会计报告前，除应当全面清查财产、核实债务外，还要做好对账和结账工作，并检查会计核实中可能存在的各种需要调整的情况。

（3）企业在编制财务会计报告时，应当按照国家统一会计准则规定的会计报表格式和内容，根据登记完整、核对无误的会计账簿记录和其他有关资料编制会计报表，做到内容完整、数字真实、计算准确、编报及时，不得漏报或者任意取舍。数字真实是指财务会计报告中的各项数字必须真实可靠，能够如实反映会计主体经济活动情况。计算准确是指要采用正确的计算方法，保证计算结果准确，且不得弄虚作假，隐瞒谎报，以满足报表使用者的决策需要。内容完整是指对于规定的报表，必须编制齐全；应当填列的项目，不论表内项目还是补充资料，都应填列完整。编报及时是指各种财务会计报告必须按规定的期限上报，以保证财务会计报告所提供的资料符合及时性的会计原则。会计报表之间、会计报表各项目之间，凡有对应关系的数字，应当相互一致；会计报表中本期与上期的有关数字应当相互衔接。附注应当对会计报表中需要说明的事项作出真实、完整、清楚的说明。

第二节 资产负债表

一、资产负债表的含义和作用

资产负债表是企业对外提供的主要财务报表之一，是反映企业在某一特定日期财务状况的会计报表。财务状况，是指企业在特定时点的资产、负债和所有者权益状况。资产负债表是根据资产、负债、所有者权益之间的相互关系，根据“资产=负债+所有者权益”这一会计恒等式，按照一定的分类标准和顺序，将企业在特定时点上的资产、负债和所有者权益各项目之间予以适当排列，并对日常核算中形成的会计数据进行加工、整理后编制而成的。它揭示了资产、负债和所有者权益这三个会计要素间的内在联系和平衡关系。通过资产负债表，可以反映企业的经济资源及其分布情况，分析企业资产的构成及其状况；可以据以评价和预测企业的短期偿债能力；可以据以评价和预测企业的长期偿债能力；可以反映企业所有者权益的情况，了解企业现有投资者各自所占的比例和份额；有助于评价、预测企业的经营绩效；从而为投资者和债权人的经济决策提供参考。

二、资产负债表的内容格式

资产负债表一般有表首、正表两部分。其中，表首概括地说明报表名称、编制单位、编制日期、报表编号、货币名称、计量单位，正表则列示了用以说明企业财务状况的各个项目。

资产负债表格式一般有账户式和报告式两种格式。我国企业的资产负债表主要采用账户式。

账户式资产负债表是左右结构，左方为资产，全部项目按照资产的流动性或按资产变现能力的大小分类分项列示，包括流动资产、长期股权投资、固定资产、无形资产及其他资产。右方为负债及所有者权益，负债在右方的上半部分，按流动性分类分项列示，包括流动负债，非流动负债等，而所有者权益项目排在右方的下半部分，按照实收资本（股本）、资本公积、盈余公积、未分配利润等项目分项列示。

企业一定日期的全部资产总额必定等于全部负债加所有者权益总额，因此资产负债表左右两方的总计金额永远相等。账户式资产负债表的格式及内容见表10-1。

表10-1 **资产负债表** 会企01表

编制单位： 年 月 日 单位：元

资产	期末余额	年初余额	负债及所有者权益（或股东权益）	期末余额	年初余额
流动资产：			流动负债：		
货币资金			短期借款		
交易性金融资产			交易性金融负债		
衍生金融资产			衍生金融负债		
应收票据			应付票据		
应收账款			应付账款		
应收款项融资			预收款项		
预付款项			合同负债		
其他应收款			应付职工薪酬		
存货			应交税费		
合同资产			其他应付款		
持有待售资产			持有待售负债		
一年内到期的非流动资产			一年内到期的非流动负债		
其他流动资产			其他流动负债		
流动资产合计			流动负债合计		
非流动资产：			非流动负债：		
债权投资			长期借款		
其他债券投资			应付债券		
长期应收款			其中：优先股		
长期股权投资			永续债		
其他权益工具投资			租赁负债		
其他非流动金融资产			长期应付款		
投资性房地产			预计负债		
固定资产			递延收益		
在建工程			递延所得税负债		
生产性生物资产			其他非流动负债		
油气资产			非流动负债合计		
使用权资产			负债合计		
无形资产			所有者权益（或股东权益）：		
开发支出			实收资本（或股本）		
商誉			其他权益工具		
长期待摊费用			其中：优先股		
递延所得税资产			永续债		
其他非流动资产			资本公积		
非流动资产合计			减：库存股		
			其他综合收益		
			专项储备		
			盈余公积		
			未分配利润		
			所有者权益（或股东权益）合计		
资产总计			负债及所有者权益（或股东权益）总计		

三、资产负债表的编制方法

资产负债表各项目的数额主要是根据有关资产、负债、所有者权益账户的期末余额填列。《企业会计准则》规定，会计报表至少应当反映相关两个期间的比较数据，也就是说企业需要提供比较资产负债表，所以，资产负债表各项目需要分为“年初余额”和“期末余额”两栏分别填列。

资产负债表中的“年初余额”栏内各项数字，应根据上年末资产负债表的“期末余额”栏内所列数字填列。如果两个年度的资产负债表中某些项目的名称和内容不一致时，则应将上年度年末的项目名称和数字按照本年度的规定进行调整，按调整后的数字填入本表“年初余额”栏内。

资产负债表中的“期末余额”栏内各项目数字应根据资产类、负债类、所有者权益三类账户在编制资产负债表的会计期末的余额填列，期末余额的数字即月末、季末、半年末或年末的数字。资产负债表中各项目“期末余额”的列示方法可以归纳为如下几种：

（1）根据总账科目的余额直接填列，如“以公允价值计量且其变动计入当期损益的金融资产”“短期借款”“应付票据及应付账款”“实收资本（或股本）”“资本公积”“盈余公积”等项目，就是分别根据有关总账科目的期末借方余额或贷方余额直接填列。

（2）根据总账科目的余额计算填列，如“货币资金”项目，根据“库存现金”“银行存款”“其他货币资金”三个总账科目的期末余额合计填列。

（3）根据明细账余额分析计算填列，如“预收款项”项目，是根据“预收账款”和“应收账款”科目所属的有关明细账的期末贷方余额合计数填列。

（4）根据总账和明细账余额分析计算填列，如“长期借款”项目，需要根据“长期借款”总账期末余额扣除“长期借款”科目所属的明细科目中将在资产负债表日起一年内到期，且企业不能自主地将清偿义务展期的长期借款后的金额计算填列。

（5）根据有关账户余额减去其备抵账户余额后的净额填列，如“长期股权投资”项目，应根据“长期股权投资”科目的期末余额减去“长期股权投资减值准备”备抵账户期末余额后的净额填列；“固定资产”项目，根据“固定资产”科目的期末余额减去“累计折旧”“固定资产减值准备”备抵账户期末余额以及“固定资产清理”账户的期末余额后的净额填列；“存货”项目，是以“材料采购”“原材料”“生产成本”“库存商品”“委托加工物资”等总账科目的期末余额合计数，减去“存货跌价准备”科目的期末余额的净额填列。

在资产负债表项目的计算填列中，“未分配利润”是一个较为特殊的项目，应区分填列的是月报还是年报。当编制月度报表时（1—11月份），该项目是根据“本年利润”账户余额和“利润分配”账户余额的期末余额计算填列。方向相同则相加，若两个账户均为借方余额，相加后用“-”号填列；方向相反则相减，用贷方减借方，若为负数，以“-”号填列。年报中，则只根据“利润分配——未分配利润”明细账户余额填列，若为借方余额，则以“-”号填列。

总之，当编制资产负债表时，会计人员要具体分析表中项目要求反映的内容。如果资产负债表所列项目的内容与账户核算内容一致，便可直接根据账户的期末余额填列；如果其项目内容与账户核算内容不一致，则要对账户进行分析计算，使它们达到一致，据以填列报表各项目。

知识链接10-2

资产负债表中主要项目的具体填列方法

第三节 利润表

一、利润表的含义和作用

利润表是总括反映企业一定会计期间（月份、季度或年度）经营成果（利润或亏损）的会计报表。定义中强调的“一定会计期间”是指一个时间过程（如一个月份），而不是一个时间点（如某一天）。它是根据“收入-费用=利润”这一会计等式，依照一定的标准和顺序，把企业一定时期内的收入、费用和利润项目予以适当排列编制而成。

利润表主要提供企业经营成果方面的信息。利润表可以反映企业一定会计期间实现收入的类型和金额、一定会计期间费用的耗费情况、生产经营活动的成果即净利润的实现情况，为进一步具体分析企业资金周转能力和盈利能力提供基础资料，为企业内部业绩考核提供重要的依据，为企业内部管理层的经营决策提供依据，为企业外部投资者以及信贷者作投资决策及贷款决策提供依据。

二、利润表的内容和格式

利润表由表头和正表两部分组成。表头部分应该表明报表名称、企业名称、编制时间以及货币单位等内容。正表部分是利润表反映的基本数据资料。利润表格式有单步式和多步式两种。单步式利润表是将当期所有的收入列在一起，再将所有的费用列在一起，两者相减得出当期净损益。《企业会计准则》规定我国的利润表应采用多步式。多步式利润表是通过对当期的收入、费用、支出项目按照性质加以归类，分步计算当期净损益。

我国企业的利润表包括四部分内容：一是构成营业收入的各项要素，营业收入即企业日常经营活动所取得的收入，它是由主营业务收入和其他业务收入组成；二是构成营业利润的各项要素，即营业收入减去与其相关的营业成本、税金及附加、销售费用、管理费用、财务费用、资产减值损失后的余额，再加上公允价值变动收益、投资收益后得出营业利润；三是构成利润总额的各项要素，即营业利润加上营业外收入，减去营业外支出后得出利润总额，该利润又称税前利润；四是构成净利润的各项要素，即利润总额减去所得税费用后的利润，该利润又称税后利润。

多步式利润表格式，见表10-2。

表10-2 **利润表** 会企02表

编制单位： 年 月 单位：元

项 目	本期金额	上期金额
一、营业收入		
减：营业成本		
税金及附加		
销售费用		
管理费用		
研发费用		
财务费用		
其中：利息费用		
利息收入		
加：其他收益		
投资收益（损失以“-”号填列）		
其中：对联营企业和合营企业的投资收益		
以摊余成本计量的金融资产终止确认收益（损失以“-”号填列）		
净敞口套期收益（损失以“-”号填列）		
公允价值变动收益（损失以“-”号填列）		
信用减值损失（损失以“-”号填列）		
资产减值损失（损失以“-”号填列）		
资产处置收益（损失以“-”号填列）		
二、营业利润（亏损以“-”号填列）		
加：营业外收入		
减：营业外支出		
三、利润总额（亏损总额以“-”号填列）		
减：所得税费用		
四、净利润（净亏损以“-”号填列）		
（一）持续经营净利润（净亏损以“-”号填列）		
（二）终止经营净利润（净亏损以“-”号填列）		
五、其他综合收益的税后净额		
（一）不能重分类进损益的其他综合收益		
1.重新计量设定受益计划变动额		
2.权益法下不能转损益的其他综合收益		
3.其他权益工具投资公允价值变动		
4.企业自身信用风险公允价值变动		
……		
（二）将重分类进损益的其他综合收益		
1.权益法下可转损益的其他综合收益		
2.其他债权投资公允价值变动		
3.金融资产重分类计入其他综合收益的金额		
4.其他债权投资信用减值准备		
5.现金流量套期储备		
6.外币财务报表折算差额		
……		
六、综合收益总额		
七、每股收益：		
（一）基本每股收益		
（二）稀释每股收益		

三、利润表的编制方法

利润表是反映资金运动的动态报表，各项目的数额主要是根据有关损益类账户的发生额填列。

利润表中“本期金额”栏反映各项目的本期实际发生数，当编报年度报表时，“上期金额”填列上年全年累计实际发生数。如果上年度利润表项目的名称和内容与本年度利润表不一致，则应加以调整。

利润表各项目的内容及填列方法如下：

（1）“营业收入”项目，反映企业销售商品和提供劳务等主要经营业务和其他经营业务所取得的收入总额。本项目应根据“主营业务收入”“其他业务收入”科目发生额合计分析填列。

（2）“营业成本”项目，反映企业销售商品和提供劳务等主要经营业务和其他经营业务发生的实际成本总额。本项目应根据“主营业务成本”“其他业务成本”科目发生额合计分析填列。

（3）“税金及附加”项目，反映企业销售商品和提供劳务等经营业务应负担的消费税、城市维护建设税、资源税、教育费附加、房产税、城镇土地使用税、车船税、印花税等。本项目应根据“税金及附加”科目的发生额分析填列。

（4）“销售费用”项目，反映企业在销售商品过程中发生的广告费、包装费等费用和为销售商品而专设的销售机构的职工薪酬等经营费用。本项目应根据“销售费用”科目的发生额分析填列。

（5）“管理费用”项目，反映企业为组织和管理生产经营发生的管理费用，应根据“管理费用”账户的发生额扣除“研发费用”明细账户的发生额分析填列。

（6）“研发费用”项目，反映企业在研究与开发过程中发生的费用化支出，以及计入管理费用的自行开发无形资产的摊销，应根据“管理费用”账户下的“研发费用”明细账户的发生额，以及“管理费用”账户下的“无形资产摊销”明细账户的发生额分析填列。

（7）“财务费用”项目，反映企业为筹集生产经营所需资金而发生的利息支出等，应根据“财务费用”账户的发生额分析填列。其中的“利息费用”项目，反映企业为筹集生产经营所需资金等而发生的应予费用化的利息支出，应根据“财务费用”账户的相关明细账户的发生额分析填列；“利息收入”项目，反映企业确认的利息收入，应根据“财务费用”账户的相关明细账户的发生额分析填列。

（8）“其他收益”项目。该项目反映计入其他收益的政府补助，以及其他与日常活动相关且计入其他收益的项目，应根据“其他收益”账户的发生额分析填列。

（9）“投资收益”项目。该项目反映企业以各种方式对外投资所取得的净收益，应根据“投资收益”账户的发生额分析填列。如果为投资净损失，则该项目以“-”号填列。

（10）“净敞口套期收益”项目。该项目反映净敞口套期下被套期项目累计公允价值变动转入当期损益的金额或现金流量套期储备转入当期损益的金额，应根据

“净敞口套期损益”账户的发生额分析填列。如果为套期损失，则该项目以“-”号填列。

(11)“公允价值变动收益”项目。该项目反映企业资产因公允价值变动而发生的损益，应根据“公允价值变动损益”账户的发生额分析填列。如果为净损失，则该项目以“-”号填列。

(12)“资产减值损失”项目。该项目反映企业因资产减值而发生的损失，应根据“资产减值损失”账户的发生额分析填列。如果在影响利润增加的因素中列示，则该项目以“-”号填列。

(13)“信用减值损失”项目。该项目反映企业计提的各项金融工具减值准备所形成的预期信用损失，应根据“信用减值损失”账户的发生额分析填列。如果在影响利润增加的因素中列示，则该项目以“-”号填列。

(14)“资产处置收益”项目。该项目反映企业出售划分为持有待售的非流动资产（金融工具、长期股权投资和投资性房地产除外）或处置组（子公司和业务除外）时确认的处置利得或损失，以及处置未划分为持有待售的固定资产、在建工程、生产性生物资产及无形资产而产生的处置利得或损失。在债务重组过程中因处置非流动资产（金融工具、长期股权投资和投资性房地产除外）而产生的利得或损失和在非货币性资产交换过程中换出的非流动资产（金融工具、长期股权投资和投资性房地产除外）而产生的利得或损失也包括在本项目内。本项目应根据“资产处置收益”账户的发生额分析填列。如果为处置损失，则该项目以“-”号填列。

(15)“营业利润”项目。该项目反映企业实现的营业利润，应根据上述项目计算填列。如果为亏损，则该项目以“-”号填列。

(16)“营业外收入”项目，反映企业发生的营业利润以外的收益，主要包括债务重组利得、与企业日常活动无关的政府补助、盘盈利得、捐赠利得等（企业接受股东或股东的子公司直接或间接的捐赠，经济实质属于股东对企业的资本性投入的除外)。该项目应根据“营业外收入”科目的发生额分析填列。

(17)“营业外支出”项目，反映企业发生的营业利润以外的支出，主要包括债务重组损失、公益性捐赠支出、非常损失、盘亏损失、非流动资产毁损报废损失等。该项目应根据“营业外支出”科目的发生额分析填列。

(18)“利润总额”项目。该项目反映企业实现的利润总额，应根据“营业利润”、“营业外收入”和“营业外支出”项目计算填列。如果为亏损，则该项目以“-”号填列。

(19)“所得税费用”项目，反映企业按规定从本期损益中扣除的所得税额。本项目应根据“所得税费用”科目的发生额分析填列。

(20)“净利润”项目，反映企业实现的净利润。可根据“利润总额”减去“所得税费用”后的差额填列。如果为净亏损，则该项目以“-”号填列。

(21)“其他综合收益的税后净额”项目，反映企业根据《企业会计准则》规定未在损益中确认的各项利得和损失扣除所得税影响后的净额。

（22）“综合收益总额”项目，反映企业净利润与其他综合收益的合计金额，是指企业在某一期间与所有者之外的其他方面进行交易或发生其他事项所引起的净资产变动。

（23）“每股收益”项目，包括基本每股收益和稀释每股收益两项指标，它们是反映上市公司每一股普通股所创造的收益水平，是资本市场广大投资者制定投资决策最直观、最重要的参考依据，这两项指标应当按照《企业会计准则第34号——每股收益》的规定计算填列。

知识链接10-3

资产负债表与利润表之间的关系

第四节 现金流量表

一、现金流量表的含义和作用

现金流量表是反映企业一定会计期间现金和现金等价物流入和流出情况的报表，属于动态报表。企业编制现金流量表的主要目的，是为会计报表使用者提供企业一定会计期间内现金和现金等价物流入和流出的信息，以便于会计报表使用者了解和评价企业获取现金和现金等价物的能力，并据以预测企业未来的现金流量。所以，现金流量表在评价企业经营业绩、衡量企业财务资源和财务风险以及预测企业未来前景等方面，有着十分重要的作用。现金流量表有助于评价企业支付能力、偿债能力和周转能力；有助于预测企业未来现金流量；有助于分析企业收益质量及影响现金净流量的因素。

二、现金流量表的编制基础

现金流量表是以现金及现金等价物为基础编制的，这里的现金包括库存现金、可以随时用于支付的存款，具体包括以下内容：

1.库存现金

库存现金，是指企业持有的、可随时用于支付的现金。

2.银行存款

银行存款，是指企业存在金融企业、随时可以用于支付的存款，它与银行存款账户核算的银行存款基本一致，主要的区别是编制现金流量表所指的银行存款是可以随时用于支付的银行存款，如结算户存款、通知存款等。

3.其他货币资金

其他货币资金，是指企业存在金融企业有特定用途的资金，如外埠存款、银行汇票存款、银行本票存款、信用证保证金存款、在途货币资金等。

4.现金等价物

现金等价物，是指企业持有的期限短、流动性强、易于转换为已知金额的现金、价值变动风险很低的投资。这一定义本身，包含了判断一项投资是否属于现金等价物的四个条件，即期限短、流动性强、易于转换为已知金额的现金、价值变动风险很小。其中，期限短、流动性强，强调了变现能力，而易于转换为已知金额的现金、价值变动风险较小，则强调了支付能力的大小。

三、现金流量的分类

现金流量是指企业一定时期的现金及现金等价物流入和流出的数量。现金有不同的来源，也有不同的支出用途，按照《企业会计准则》的规定，现金流量分为经营活动产生的现金流量、投资活动产生的现金流量和筹资活动产生的现金流量。现金净流量是指现金流入和流出的差额，反映了企业各类活动形成的现金流量的最终结果。

1.经营活动产生的现金流量

经营活动是指企业除投资活动和筹资活动以外的所有交易和事项。各类企业经营活动范围因其行业特点不同而有差异，对于工商企业而言，经营活动主要包括：销售商品、提供劳务、购买商品、接受劳务、支付税费等。经营活动产生的现金流入主要包括：销售商品、提供劳务收到的现金；收到的税费返还；收到其他与经营活动有关的现金。经营活动产生的现金流出主要包括：购买商品、接受劳务支付的现金；支付给职工以及为职工支付的现金；支付的各项税费；支付其他与经营活动有关的现金。

2.投资活动产生的现金流量

投资活动是指企业长期资产的购建和不包括在现金等价物范围内的投资及其处置活动。这里的长期资产是指固定资产、无形资产、在建工程、其他资产等持有期限在一年或一个营业周期以上的资产。投资活动产生的现金流入主要包括：收回投资收到的现金；取得投资收益收到的现金；处置固定资产、无形资产和其他长期资产收回的现金净额；处置子公司及其他营业单位收到的现金净额；收到其他与投资活动有关的现金。投资活动产生的现金流出主要包括：购建固定资产、无形资产和其他长期资产支付的现金；投资支付的现金；取得子公司及其他营业单位支付的现金净额；支付其他与投资活动有关的现金。

3.筹资活动产生的现金流量

筹资活动是指导致企业资本及债务规模和构成发生变化的活动。筹资活动产生的现金流入主要包括：吸收投资收到的现金；取得借款收到的现金；收到其他与筹资活动有关的现金。筹资活动产生的现金流出主要包括：偿还债务支付的现金；分配股利、利润或偿付利息支付的现金；支付其他与筹资活动有关的现金。

四、现金流量表的格式

现金流量表分为两部分，第一部分为表首，第二部分为正表。表首概括地说明报表名称、编制单位、报表所属年度、报表编号、货币名称、计量单位等。正表反映现金流量表的各项内容。正表有六项：一是经营活动产生的现金流量；二是投资活动产生的现金流量；三是筹资活动产生的现金流量；四是汇率变动对现金及现金等价物的影响；五是现金及现金等价物净增加额；六是期末现金及现金等价物余额。现金流量表格式见表10-3。

表 10-3

现金流量表

会企 03 表

编制单位：____年____月 单位：元

项 目	本期金额	上期金额
一、经营活动产生的现金流量：		
销售商品、提供劳务收到的现金		
收到的税费返还		
收到其他与经营活动有关的资金		
经营活动现金流入小计		
购买商品、接受劳务支付的现金		
支付给职工以及为职工支付的现金		
支付的各项税费		
支付其他与经营活动有关的现金		
经营活动现金流出小计		
经营活动产生的现金流量净额		
二、投资活动产生的现金流量：		
收回投资收到的现金		
取得投资收益收到的现金		
处置固定资产、无形资产和其他长期资产收回的现金净额		
处置子公司及其他营业单位收到的现金净额		
收到其他与投资活动有关的现金		
投资活动现金流入小计		
购建固定资产、无形资产和其他长期资产支付的现金		
投资支付的现金		
取得子公司及其他营业单位支付的现金净额		
支付其他与投资活动有关的现金		
投资活动现金流出小计		
投资活动产生的现金流量净额		
三、筹资活动产生的现金流量：		
吸收投资收到的现金		
取得借款收到的现金		
收到其他与筹资活动有关的现金		
筹资活动现金流入小计		
偿还债务支付的现金		
分配股利、利润或偿付利息支付的现金		
支付其他与筹资活动有关的现金		
筹资活动现金流出小计		
筹资活动产生的现金流量净额		
四、汇率变动对现金及现金等价物的影响		
五、现金及现金等价物净增加额		
加：期初现金及现金等价物余额		
六、期末现金及现金等价物余额		

第五节 所有者权益(或股东权益)变动表

一、所有者权益变动表的含义

所有者权益（或股东权益）变动表是反映企业年末所有者权益（或股东权益）增减变动情况的会计报表。通过该表，可以了解企业某一会计年度所有者权益（或股东权益）的各项目实收资本（或股本）、资本公积、盈余公积和未分配利润等的增加、减少及其余额的情况，分析其变动原因及预测未来的变动趋势。

二、所有者权益变动表的格式

所有者权益变动表由表首和正表两部分组成。其中，表首包括报表名称、编制单位、编制日期、报表编号、货币名称、计量单位等。正表是所有者权益变动表的主体，反映了所有者权益的增减变动及年初、年末余额情况。

按照最新修订的《企业会计准则第30号——财务报表列报》规定，所有者权益变动表至少应当单独列示反映下列信息项目：①综合收益总额；②会计政策变更和差错更正的累积影响金额；③所有者投入资本和向所有者分配利润等；④按照规定提取的盈余公积；⑤所有者权益各组成部分的期初和期末余额及其调节情况。

一般企业所有者权益变动表格式见表10-4。

表10-4　　　　所有者权益变动表　　　　会企04表

编制单位：　　　　年度　　　　单位：元

项目	本年金额											上年金额										
	实收资本（或股本）	其他权益工具			资本公积	减：库存股	其他综合收益	专项储备	盈余公积	未分配利润	所有者权益合计	实收资本（或股本）	其他权益工具			资本公积	减：库存股	其他综合收益	专项储备	盈余公积	未分配利润	所有者权益合计
		优先股	永续债	其他									优先股	永续债	其他							
一、上年年末余额																						
加：会计政策变更																						
前期差错更正																						
其他																						
二、本年年初余额																						
三、本年增减变动金额（减少以“-”号填列）																						
（一）综合收益总额																						
（二）所有者投入和减少资本																						
1.所有者投入的普通股																						
2.其他权益工具持有者投入资本																						
3.股利支付计入所有者权益的金额																						

续表

项目	本年金额											上年金额										
	实收资本（或股本）	其他权益工具			资本公积	减：库存股	其他综合收益	专项储备	盈余公积	未分配利润	所有者权益合计	实收资本（或股本）	其他权益工具			资本公积	减：库存股	其他综合收益	专项储备	盈余公积	未分配利润	所有者权益合计
		优先股	永续债	其他									优先股	永续债	其他							
4.其他																						
（三）利润分配																						
1.提取盈余公积																						
2.对所有者（股东）的分配																						
3.其他																						
（四）所有者权益内部结转																						
1.资本公积转增资本（或股本）																						
2.盈余公积转增资本（或股本）																						
3.盈余公积弥补亏损																						
4.设定受益计划变动额结转留存收益																						
5.其他综合收益结转留存收益																						
6.其他																						
四、本年年末余额																						

第六节 会计报表附注

一、会计报表附注的意义

附注是对在资产负债表、利润表、现金流量表和所有者权益变动表等报表中列示项目的文字描述或明细资料，以及对未能在这些报表中列示项目的说明等。

附注应当披露财务报表的编制基础，相关信息应当与资产负债表、利润表、现金流量表和所有者权益变动表等报表中列示的项目相互参照。

二、会计报表附注的内容

按照最新修订的《企业会计准则第30号——财务报表列报》的规定，附注一般应当按照下列顺序至少披露：

1.企业的基本情况

（1）企业注册地、组织形式和总部地址。

（2）企业的业务性质和主要经营活动。

（3）母公司以及集团最终母公司的名称。

（4）财务报告的批准报出者和财务报告批准报出日，或者以签字人及其签字日期为准。

（5）营业期限有限的企业，还应当披露有关其营业期限的信息。

2.财务报表的编制基础

3.遵循企业会计准则的声明

企业应当声明编制的财务报表符合企业会计准则的要求，真实、完整地反映了企业的财务状况、经营成果和现金流量等有关信息。

4.重要会计政策和会计估计

重要会计政策的说明，包括财务报表项目的计量基础和在运用会计政策过程中所做的重要判断等。重要会计估计的说明，包括可能导致下一个会计期间内资产、负债账面价值重大调整的会计估计的确定依据等。

企业应当披露采用的重要会计政策和会计估计，并结合企业的具体实际披露其重要会计政策的确定依据和财务报表项目的计量基础，及其会计估计所采用的关键假设和不确定因素。

5.会计政策和会计估计变更以及差错更正的说明

企业应当按照《企业会计准则第28号——会计政策、会计估计变更和差错更正》的规定，披露会计政策和会计估计变更以及差错更正的情况。

6.报表重要项目的说明

企业应当按照资产负债表、利润表、现金流量表、所有者权益变动表及其项目列示的顺序，对报表重要项目的说明采用文字和数字描述相结合的方式进行披露。报表重要项目的明细金额合计，应当与报表项目金额相衔接。

企业应当在附注中披露费用按照性质分类的利润表补充资料，可将费用分为耗用的原材料、职工薪酬费用、折旧费用、摊销费用等。

7.或有和承诺事项、资产负债表日后非调整事项、关联方关系及其交易等需要说明的事项

8.有助于财务报表使用者评价企业管理资本的目标、政策及程序的信息

本章小结

本章主要介绍财务会计报告的内容，财务会计报告是指企业对外提供的反映企业某一特定日期财务状况和某一会计期间经营成果、现金流量等会计信息的文件。企业的财务会计报告由会计报表、会计报表附注和其他应当在财务报表中披露的相关信息资料组成。根据《企业会计准则第30号——财务报表列报》的规定，企业对外提供的会计报表至少包括：资产负债表、利润表、现金流量表、所有者权益变动表（或股东权益变动表）。资产负债表是反映企业在某一特定日期财务状况的会计报表。利润表是总括反映企业一定会计期间（月份、季度或年度）经营成果（利润或亏损）的财务会计报表。现金流量表是反映企业一定会计期间现金和现金等价物流入和流出情况的报表，属于动态报表。所有者权益（或股东权益）变动表是反映企业年末所有者权益（或股东权益）增减变动情况的报表。

章后练习

一、名词解释

1.财务会计报告	2.资产负债表	3.利润表
4.现金流量表	5.所有者权益变动表	6.附注

二、简答题

1.财务会计报告的作用是什么？

2.财务会计报告由哪些内容构成？

3.财务会计报告包括哪些具体要求？

4.资产负债表有何重要作用？我国资产负债表的结构和内容如何？

5.资产负债表项目的填列方法有哪几种？试举例说明。

6.利润表有何重要作用？利润表有几种格式？我国采用哪种格式的利润表？

7.利润表各项目填列的依据是什么？各项目如何填列？

8.现金流量表中的现金及现金等价物的内涵是什么？

9.什么是现金流量表？其结构是怎样的？

10.附注主要包括哪些内容？

第十一章

会计循环

学习目标

1.理解会计循环的含义，掌握会计循环的基本步骤；

2.理解期末账项调整的必要性，掌握期末应予以调整的项目及其调整分录的编制；

3.能够按照会计循环的步骤完成相关的会计工作。

第一节 会计循环的含义与步骤

一、会计循环的含义

对于企业在一定期间发生的经济业务，会计人员需要按照一定的程序，采用一定的会计方法加以记录、归类、汇总、反映，直至提交财务会计报告，以便为财务会计报告使用者提供企业经济活动的综合信息。

会计循环，是指企业在一定会计期间内，从取得或填制反映经济业务发生的原始凭证起，到编制出会计报表为止的一系列会计处理程序。由于这些程序和方法在每个会计期间循环往复，周而复始，故称之为会计循环。

二、会计循环的基本步骤

1.取得或编制原始凭证

经济业务发生以后，会计人员要取得或编制原始凭证。原始凭证是会计核算的起点，会计人员需要对原始凭证的合规性、合法性、真实性、合理性进行严格的审核。审核无误后的原始凭证，才能具以编制记账凭证。

2.编制记账凭证

会计人员根据审核无误的原始凭证对经济业务进行分析，按照复式记账的原理确定应借、应贷的账户名称及其金额，并将其分析的结果填入记账凭证（编制会计分录）。

3.登记账簿

登记账簿又称“过账”。为了连续、系统、全面、综合地反映和监督企业一定期间内发生的全部经济活动，会计人员必须根据记账凭证登记账簿，包括总分类账、明细分类账、日记账等。过账后，账簿才能较为系统地反映各类经济活动的综合信息。

4.编制调整前的试算平衡表

期末，为了检查账项调整前编制的会计凭证及登记的账簿是否有数字抄写错误或计算错误，企业应根据各总分类账户的本期发生额或期末余额编制试算平衡表。这时需要计算出各账户的本期发生额和期末余额，但要注意的是，此时并不是结账。如果试算不平衡，则说明账簿中有错误，应检查并纠正。

5.编制期末调整分录并登记账簿

在会计期末，根据权责发生制原则，对应计收入、应计费用等账项调整项目进行调整，编制相关的记账凭证，并登记对应的总分类账和明细分类账。

6.编制调整后的试算平衡表

将调整分录登记入账后，为检查登账是否正确，会计人员需要编制调整后的试算平衡表。

7.结账

结账就是会计期末计算并结转各账户的本期发生额和期末余额。

通过结账，会计人员需要结算出实账户（资产类账户、负债类账户、所有者权益类账户）的本期发生额和期末余额，并将余额结转到下期，继续记录。而对于收入、费用等虚账户，需要通过编制结账分录，将所有收入、费用类账户的余额转至“本年利润”账户，再将“本年利润”账户的余额转入“利润分配”账户。

8.编制结账后的试算平衡表

将结账分录登记入账后，为了检查登账是否正确无误，会计人员需要编制结账后的试算平衡表，为编制会计报表做好准备。

9.编制会计报表

为了向企业内部和外部信息使用者提供企业本期财务状况及经营成果等方面的会计信息，会计人员应及时编制会计报表。编制会计报表是会计循环的终点，企业在结账后便可编制会计报表，从而完成一个会计期间的会计循环。

会计循环的步骤如图11-1所示。

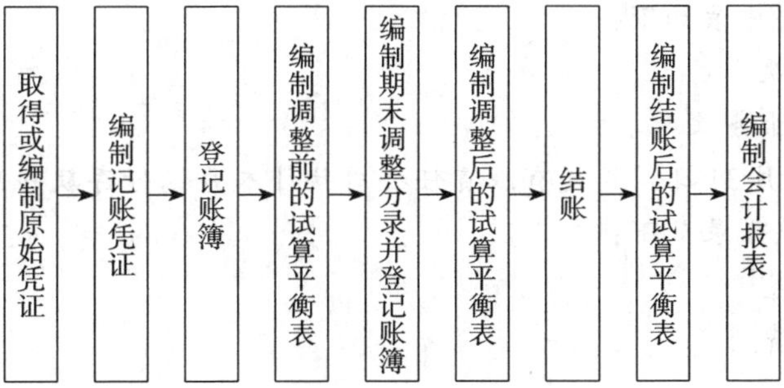

图11-1 会计循环步骤图

第二节 账项调整

一、账项调整的必要性

会计核算的一个基本前提是会计分期，通过会计分期将持续不断的生产经营过程人为地划分为会计期间。会计期间的产生使会计核算必然涉及划分本期和非本期的收入、费用等问题，于是就产生了权责发生制和收付实现制等记账基础。从权责发生制的角度分析，企业账簿中的日常记录还不能确切地反映本期的收入和费用，如有些款项虽已收到入账，但它不属于本期的收入；有些款项虽已支付，但它不属于本期的费用，在结账前对这些账项必须进行调整。

账项调整，就是在每个会计期末结账前，按照权责发生制原则对部分会计事项予以调整的行为。账项调整时所编制的会计分录，就是调整分录。

需要指出的是，期末进行账项调整，虽然主要是为了在利润表中正确地反映本期的经营成果，但是，收入和费用的调整必然会影响到有关资产、负债项目发生相应的增减变动。因此，期末账项的调整也与正确反映企业期末的财务状况密切相关。

二、应予以调整的项目

企业期末的账项调整通常包括三大类，即应计项目（应计收入和应计费用）的调整、递延项目（预收收入和预付费用）的调整和估计项目的调整。

（一）应计项目的调整

1.应计收入

应计收入是指本期期末已获得但尚未收到款项的各种收入，如应收租金、应收利息等。对于应计收入，企业虽然尚未收到款项，但却已经获得收取这笔款项的权利，按照权责发生制，视为收入已经实现，故应在期末对其进行调整。

企业存入银行的款项是计息的，通常利息按季结算。按权责发生制原则核算时，每个季度的各个月份，企业应将银行存款的利息收入估算入账。

【例11-1】1月1日，华夏有限责任公司将一个闲置仓库出租，租赁合同约定每月租金1 000元，租期3个月，租赁期满时一次性给付租金。

1月末，调整分录如下：

借：应收账款　　1 000

　　贷：其他业务收入　　1 000

【例11-2】1月31日，华夏有限责任公司估计本月银行存款利息收入为200元。

1月末，调整分录如下：

借：应收利息　　200

　　贷：财务费用　　200

2.应计费用

应计费用是指本期已发生，应由本期承担但尚未支付款项的费用。企业发生的费用，本期已经受益，由于这些费用尚未支付，故在日常账簿记录中尚未登记入账。应计费用在实务中较为常见，涉及科目较多，如“应付利息”“应交税费”等。

【例11-3】1月31日，华夏有限责任公司计算本月应负担的短期借款利息支出为1 500元。

1月末，调整分录如下：

借：财务费用 1 500

　贷：应付利息 1 500

【例 11-4】1月31日，华夏有限责任公司行政管理部门租入管理用设备一台，当月应付租金850元，月末租金尚未支付。

1月末，调整分录如下：

借：管理费用 850

　贷：其他应付款——应付租金 850

（二）递延项目的调整

递延，就是指将已支付的费用或已收到的收入推迟到以后期间予以确认。这些已经收到的收入即为预收收入，已支付的费用即为预付费用。

1.预收收入

预收收入是指企业本期或前期已收到现金并已入账，但要待以后会计期间才能确认的收入。随着时间的推移，预收收入会逐渐转为已实现的收入，因此，在会计期末要将已实现的预收收入确认为本期收入，未实现的收入递延到以后各期等待确认。

【例 11-5】1月1日，华夏有限责任公司将闲置厂房出租给方正公司，对方预付半年的租金30 000元。

1月1日，收到租金时：

借：银行存款 30 000

　贷：预收账款 30 000

1月31日，确认当月租金收入，调整分录为：

借：预收账款 5 000

　贷：其他业务收入 5 000

未来5个月的月末，该项目均作相同的会计分录。

2.预付费用

预付费用是指本期或前期已付出现金，但受益期要延续到后续会计期间，如预付保险费、预付租金、预付报刊订阅费等。随着时间的推移，预付费用会逐渐转为已发生的费用。因此，在会计期末要将预付费用分摊到各受益期并转到相应的费用账户。

【例 11-6】1月1日，华夏有限责任公司以银行存款预付公司管理部门上半年报刊费3 600元。

1月1日，预付报刊费时：

借：预付账款 3 600

　贷：银行存款 3 600

1月31日，确认本月应负担的报刊费时，调整分录为：

借：管理费用 600

　贷：预付账款 600

未来5个月的月末，该项目均作相同的会计分录。

（三）估计项目的调整

在会计期末，除了要对应计项目和递延项目进行调整外，还需要调整一些账项。由于这些账项调整的金额具有不确定性，常常需要根据经验或未来事项来估计其金额，因此被称为估计项目，如坏账准备的计提、固定资产的折旧等。

【例11-7】1月31日，华夏有限责任公司计提本月固定资产折旧5 000元，其中车间固定资产折旧为3 000元，管理部门固定资产折旧为2 000元。

调整分录为：

借：制造费用　　3 000

　　管理费用　　2 000

　贷：累计折旧　　5 000

第三节 会计循环示例

前面我们已经学习了会计循环的基本步骤，本节将通过一个实例来具体说明会计循环过程。

资料：华夏有限责任公司系制造业一般纳税人，增值税税率为13%，2022年5月31日有关账户余额见表11-1。

表11-1 账户余额表

2022年5月31日　　单位：元

账户名称	借方余额	账户名称	贷方余额
库存现金	10 000	短期借款	25 000
银行存款	360 000	应付账款	27 000
应收账款	40 000	应付职工薪酬	12 600
原材料	178 000	应交税费	5 400
库存商品	280 000	累计折旧	43 000
固定资产	485 000	实收资本	1 100 000
无形资产	50 000	资本公积	50 000
		盈余公积	80 000
		未分配利润	60 000
合计	1 403 000	合计	1 403 000

该公司2022年6月份发生经济业务如下：

（1）6月1日，为购建生产线，向银行借入期限为3年的借款400 000元，存入银行。

（2）6月1日，将闲置仓库出租给红旺公司，收到对方预付的全年租金48 000元，存入银行。

（3）6月2日，收到清远公司归还的货款25 000元，存入银行。

（4）6月5日，从四海公司采购甲材料1 000千克，单价20元/千克，增值税税额2 600元，货款暂欠，材料已验收入库。

（5）6月7日，以银行存款支付广告费5 000元。

（6）6月8日，职工张浩出差，预借差旅费3 000元，以现金支付。

（7）6月9日，销售产品1 200件，每件售价350元，增值税税额54 600元，产品已发出，款项收存银行。

（8）6月10日，仓库发出原材料100 000元，其中产品生产耗用85 000元，车间一般耗用9 000元，行政管理部门耗用6 000元。

（9）6月12日，职工张浩出差回来报销差旅费3 500元，不足款项以现金付讫。

（10）6月15日，以银行存款偿还前欠兴达公司货款10 000元。

（11）6月18日，以银行存款支付本月水电费8 000元，其中产品生产耗用6 000元，车间日常耗用1 000元，管理部门日常耗用1 000元。

（12）6月20日，向全国青少年基金会捐赠20 000元，以银行存款支付。

（13）6月22日，按照法定程序，将盈余公积30 000元转增资本。

（14）6月25日，开出300元现金支票购买办公用品。

（15）6月28日，分配本月工资85 000元，其中生产工人工资60 000元，车间管理人员工资10 000元，行政管理人员工资15 000元。

（16）6月28日，以银行存款发放职工工资。

该企业会计循环步骤如下：

一、取得或编制原始凭证

公司每发生一笔经济业务，都应取得或填制原始凭证，并对原始凭证进行审核。为了节省篇幅，本书不附原始凭证。

二、编制记账凭证

为了简化，此例中的记账凭证以会计分录代替。

根据华夏有限责任公司2022年6月份发生的经济业务，编制会计分录如下：

（1）借：银行存款	400 000	
贷：长期借款		400 000
（2）借：银行存款	48 000	
贷：预收账款		48 000
（3）借：银行存款	25 000	
贷：应收账款——清远公司		25 000
（4）借：原材料——甲材料	20 000	
应交税费——应交增值税（进项税额）	2 600	

贷：应付账款——四海公司　22 600

(5) 借：销售费用　5 000

贷：银行存款　5 000

(6) 借：其他应收款——张浩　3 000

贷：库存现金　3 000

(7) 借：银行存款　474 600

贷：主营业务收入　420 000

应交税费——应交增值税（销项税额）　54 600

(8) 借：生产成本　85 000

制造费用　9 000

管理费用　6 000

贷：原材料　100 000

(9) 借：管理费用　3 500

贷：其他应收款——张浩　3 000

库存现金　500

(10) 借：应付账款——兴达公司　10 000

贷：银行存款　10 000

(11) 借：生产成本　6 000

制造费用　1 000

管理费用　1 000

贷：银行存款　8 000

(12) 借：营业外支出　20 000

贷：银行存款　20 000

(13) 借：盈余公积　30 000

贷：实收资本　30 000

(14) 借：管理费用　300

贷：银行存款　300

(15) 借：生产成本　60 000

制造费用　10 000

管理费用　15 000

贷：应付职工薪酬——工资　85 000

(16) 借：应付职工薪酬——工资　85 000

贷：银行存款　85 000

三、登记账簿

为了进一步说明登记账簿方法，现将华夏有限责任公司2022年6月份发生的经济业务从记账凭证过入相对应的分类账账户。为了简化，这里的分类账账户用“T”形账表示。

库存现金

借方	贷方
期初余额 10 000	
	（6）3 000
	（9）500
本期发生额 0	本期发生额 3 500
期末余额 6 500	

应收账款

借方	贷方
期初余额 40 000	
	（3）25 000
本期发生额 0	本期发生额 25 000
期末余额 15 000	

原材料

借方	贷方
期初余额 178 000	
（4）20 000	（8）100 000
本期发生额 20 000	本期发生额 100 000
期末余额 98 000	

预收账款

借方	贷方
	（2）48 000
本期发生额 0	本期发生额 48 000
	期末余额 48 000

应交税费

借方	贷方
	期初余额 5 400
（4）2 600	（7）54 600
本期发生额 2 600	本期发生额 54 600
	期末余额 57 400

实收资本

借方	贷方
	期初余额 1 100 000
	（13）30 000
本期发生额 0	本期发生额 30 000
	期末余额 1 130 000

银行存款

借方	贷方
期初余额 360 000	
（1）400 000	（5）5 000
（2）48 000	（10）10 000
（3）25 000	（11）8 000
（7）474 600	（12）20 000
	（14）300
	（16）85 000
本期发生额 947 600	本期发生额 128 300
期末余额 1 179 300	

其他应收款

借方	贷方
（6）3 000	（9）3 000
本期发生额 3 000	本期发生额 3 000
期末余额 0	

应付账款

借方	贷方
	期初余额 27 000
（10）10 000	（4）22 600
本期发生额 10 000	本期发生额 22 600
	期末余额 39 600

应付职工薪酬

借方	贷方
	期初余额 12 600
（16）85 000	（15）85 000
本期发生额 85 000	本期发生额 85 000
	期末余额 12 600

长期借款

借方	贷方
	（1）400 000
本期发生额 0	本期发生额 400 000
	期末余额 400 000

盈余公积

借方	贷方
	期初余额 80 000
（13）30 000	
本期发生额 30 000	本期发生额 0
	期末余额 50 000

生产成本

借方	贷方
(8) 85 000	
(11) 6 000	
(15) 60 000	
本期发生额 151 000	本期发生额 0
期末余额 151 000	

制造费用

借方	贷方
(8) 9 000	
(11) 1 000	
(15) 10 000	
本期发生额 20 000	本期发生额 0
期末余额 20 000	

主营业务收入

借方	贷方
	(7) 420 000
本期发生额 0	本期发生额 420 000
	期末余额 420 000

管理费用

借方	贷方
(8) 6 000	
(9) 3 500	
(11) 1 000	
(14) 300	
(15) 15 000	
本期发生额 25 800	本期发生额 0
期末余额 25 800	

销售费用

借方	贷方
(5) 5 000	
本期发生额 5 000	本期发生额 0
期末余额 5 000	

营业外支出

借方	贷方
(12) 20 000	
本期发生额 20 000	本期发生额 0
期末余额 20 000	

四、编制调整前的试算平衡表

为了验证登记账簿的正确性，编制试算平衡表，见表 11-2。

表 11-2 **总分类账户余额试算平衡表**

2022 年 6 月 30 日 单位：元

账户名称	借方余额	贷方余额
库存现金	6 500	
银行存款	1 179 300	
应收账款	15 000	
原材料	98 000	
库存商品	280 000	
固定资产	485 000	
无形资产	50 000	
生产成本	151 000	
制造费用	20 000	
累计折旧		43 000
短期借款		25 000
应付账款		39 600
预收账款		48 000

续表

账户名称	借方余额	贷方余额
应付职工薪酬		12 600
应交税费		57 400
长期借款		400 000
实收资本		1 130 000
资本公积		50 000
盈余公积		50 000
利润分配		60 000
主营业务收入		420 000
管理费用	25 800	
销售费用	5 000	
营业外支出	20 000	
合计	2 335 600	2 335 600

五、编制期末调整分录并过账

月末，该公司存在下列账项调整：

（17）6月30日，计提本月应负担的短期借款利息1 000元。

（18）6月30日，计提本月固定资产折旧4 200元，其中车间固定资产折旧2 500元，行政管理部门固定资产折旧1 500元，出租固定资产折旧200元。

（19）6月30日，确认本月房租收入4 000元。

（20）6月30日，按规定计算，本月应负担的城市维护建设税为500元。

编制调整分录如下：

（17）借：财务费用　　1 000

　　贷：应付利息　　1 000

（18）借：制造费用　　2 500

　　管理费用　　1 500

　　其他业务成本　　200

　　贷：累计折旧　　4 200

（19）借：预收账款　　4 000

　　贷：其他业务收入　　4 000

（20）借：税金及附加　　500

　　贷：应交税费——应交城市维护建设税　　500

在一般情况下，由于存货收发业务频繁，且计算程序和方法相同，因此，平时一般只记录收入和发出的数量，月末才进行金额的汇总，包括计算当期完工产品的生产成本和结转已售产品的成本。为计算完工产品的生产成本，需要将本期发生的制造费用在生产的各种产品之间进行分配，将分配后的制造费用分别转入各种产品的生产成本，从而计算出本期所生产的各种产品的总成本和单位成本。对于因销售而发出的存货，平时不作结转售出存货成本的分录，一般是在期末进行发出存货成本的汇总结转，一次性作借记“主营业务成本”账户，贷记“库存商品”账户的调整记录。

月末，该公司进行下列成本计算：

（21）6月30日，结转本月的制造费用22 500元。

（22）6月30日，结转本月完工产品成本，假设产品全部完工。

（23）6月30日，结转本月售出产品成本，产品单位成本为180元/件。

完工产品总成本=85 000+6 000+60 000+22 500=173 500（元）

本月售出产品成本=180×1 200=216 000（元）

编制会计分录如下：

（21）借：生产成本　　22 500

　　贷：制造费用　　22 500

（22）借：库存商品　　173 500

　　贷：生产成本　　173 500

（23）借：主营业务成本　　216 000

　　贷：库存商品　　216 000

下面将对华夏有限责任公司的调整分录登记到相关账户，其结果如下所示：

库存现金

借方	贷方
期初余额 10 000	（6）3 000 （9）500
本期发生额 0 期末余额 6 500	本期发生额 3 500

银行存款

借方	贷方
期初余额 360 000 （1）400 000 （2）48 000 （3）25 000 （7）474 600	（5）5 000 （10）10 000 （11）8 000 （12）20 000 （14）300 （16）85 000
本期发生额 947 600 期末余额 1 179 300	本期发生额 128 300

应收账款

借方	贷方
期初余额 40 000	（3）25 000
本期发生额 0 期末余额 15 000	本期发生额 25 000

其他应收款

借方	贷方
（6）3 000	（9）3 000
本期发生额 3 000 期末余额 0	本期发生额 3 000

原材料

借方	贷方
期初余额 178 000 （4）20 000	（8）100 000
本期发生额 20 000 期末余额 98 000	本期发生额 100 000

应付账款

借方	贷方
（10）10 000	期初余额 27 000 （4）22 600
本期发生额 10 000	本期发生额 22 600 期末余额 39 600

预收账款

借方	贷方
（19）4 000	（2）48 000
本期发生额 4 000	本期发生额 48 000 期末余额 44 000

应交税费

借方	贷方
	期初余额 5 400
（4）2 600	（7）54 600 （20）500
本期发生额 2 600	本期发生额 55 100 期末余额 57 900

实收资本

借方	贷方
	期初余额 1 100 000 （13）30 000
本期发生额 0	本期发生额 30 000 期末余额 1 130 000

生产成本

借方	贷方
（8）85 000 （11）6 000 （15）60 000 （21）22 500	（22）173 500
本期发生额 173 500	本期发生额 173 500

主营业务收入

借方	贷方
	（7）420 000
本期发生额 0	本期发生额 420 000 期末余额 420 000

应付职工薪酬

借方	贷方
	期初余额 12 600
（16）85 000	（15）85 000
本期发生额 85 000	本期发生额 85 000 期末余额 12 600

长期借款

借方	贷方
	（1）400 000
本期发生额 0	本期发生额 400 000 期末余额 400 000

盈余公积

借方	贷方
	期初余额 80 000
（13）30 000	
本期发生额 30 000	本期发生额 0 期末余额 50 000

制造费用

借方	贷方
（8）9 000 （11）1 000 （15）10 000 （18）2 500	（21）22 500
本期发生额 22 500	本期发生额 22 500

管理费用

借方	贷方
（8）6 000 （9）3 500 （11）1 000 （14）300 （15）15 000 （18）1 500	
本期发生额 27 300 期末余额 27 300	本期发生额 0

销售费用

借方	贷方
(5) 5 000	
本期发生额5 000 期末余额5 000	本期发生额 0

营业外支出

借方	贷方
(12) 20 000	
本期发生额20 000 期末余额20 000	本期发生额0

财务费用

借方	贷方
(17) 1 000	
本期发生额1 000 期末余额1 000	本期发生额 0

应付利息

借方	贷方
	(17) 1 000
本期发生额0	本期发生额1 000 期末余额1 000

其他业务成本

借方	贷方
(18) 200	
本期发生额200 期末余额200	本期发生额 0

累计折旧

借方	贷方
	期初余额43 000 (18) 4 200
本期发生额0	本期发生额4 200 期末余额47 200

其他业务收入

借方	贷方
	(19) 4 000
本期发生额 0	本期发生额 4 000 期末余额 4 000

库存商品

借方	贷方
期初余额280 000 (22) 173 500	(23) 216 000
本期发生额 173 500 期末余额 237 500	本期发生额 216 000

主营业务成本

借方	贷方
(23) 216 000	
本期发生额216 000 期末余额216 000	本期发生额 0

税金及附加

借方	贷方
(20) 500	
本期发生额500 期末余额500	本期发生额 0

六、编制调整后的试算平衡表

在所有调整分录登记到相关账户后，需要再进行一次试算，以检查将调整分录登记入账时是否存在差错。调整后各账户期末余额试算平衡表见表11-3。

表 11-3 总分类账户余额试算平衡表

2022年6月30日

单位：元

账户名称	借方余额	贷方余额
库存现金	6 500	
银行存款	1 179 300	
应收账款	15 000	
原材料	98 000	
库存商品	237 500	
固定资产	485 000	
无形资产	50 000	
累计折旧		47 200
短期借款		25 000
应付账款		39 600
预收账款		44 000
应付职工薪酬		12 600
应交税费		57 900
应付利息		1 000
长期借款		400 000
实收资本		1 130 000
资本公积		50 000
盈余公积		50 000
利润分配		60 000
主营业务收入		420 000
其他业务收入		4 000
主营业务成本	216 000	
税金及附加	500	
其他业务成本	200	
管理费用	27 300	
销售费用	5 000	
财务费用	1 000	
营业外支出	20 000	
合 计	2 341 300	2 341 300

七、结账

会计期末，要根据账户的类型进行结账。对于资产、负债和所有者权益类这样的实账户，要计算出本期发生额和期末余额，并将期末余额结转到下一个会计期间，成为下一期的期初余额；对于收入、费用类这样的虚账户，则要求全部予以结清，一方面是为了计算出本期的经营成果，另一方面是为了下一会计期间使用方便，将账户结清后，各账户余额复归为零，下期便可以重新开始归集收入和费用，以计算下期的经营成果。

在结账之前，通常要做好下列各项准备工作：首先，要详细查明本期内日常发生的各项经济业务是否都已填制记账凭证，并据以记入各账簿。若发现漏账，应当及时补记。其次，要按照权责发生制的要求对期末账项进行调整。最后，要进行对账，确保账证相符、账账相符和账实相符。

在本例中，各实账户的结账工作直接在“T”形账户中进行，而对于虚账户，则需要通过编制结账分录，将所有收入、费用类账户的余额转入“本年利润”账户，再将“本年利润”账户的余额转入“利润分配”账户。

月末，编制结账分录如下：

（24）将各收入类账户余额转入“本年利润”账户，结转后，各收入类账户没有余额。会计分录如下：

借：主营业务收入　　420 000
　　其他业务收入　　4 000
　贷：本年利润　　424 000

（25）将各费用类账户余额转入“本年利润”账户，结转后，各费用类账户没有余额。会计分录如下：

借：本年利润　　270 000
　贷：主营业务成本　　216 000
　　　税金及附加　　500
　　　其他业务成本　　200
　　　管理费用　　27 300
　　　销售费用　　5 000
　　　财务费用　　1 000
　　　营业外支出　　20 000

（26）计算所得税，并结转所得税费用（假设不存在纳税调整，所得税税率25%）。

应交所得税=利润总额×25%
=（420 000+4 000−216 000−500−200−27 300−5 000−1 000−20 000）×25%
=38 500（元）

会计分录如下：

①借：所得税费用　　38 500
　　贷：应交税费——应交所得税　　38 500
②借：本年利润　　38 500

　　贷：所得税费用　　38 500

(27) 结转“本年利润”账户余额。会计分录如下：

借：本年利润　　115 500

　　贷：利润分配——未分配利润　　115 500

下面将对华夏公司的结账分录登记到相关账户，其结果如下所示：

库存现金

借方	贷方
期初余额 10 000	
	(6) 3 000
	(9) 500
本期发生额 0	本期发生额 3 500
期末余额 6 500	

银行存款

借方	贷方
期初余额 360 000	
(1) 400 000	(5) 5 000
(2) 48 000	(10) 10 000
(3) 25 000	(11) 8 000
(7) 474 600	(12) 20 000
	(14) 300
	(16) 85 000
本期发生额 947 600	本期发生额 128 300
期末余额 1 179 300	

应收账款

借方	贷方
期初余额 40 000	
	(3) 25 000
本期发生额 0	本期发生额 25 000
期末余额 15 000	

其他应收款

借方	贷方
(6) 3 000	(9) 3 000
本期发生额 3 000	本期发生额 3 000
期末余额 0	

原材料

借方	贷方
期初余额 178 000	
(4) 20 000	(8) 100 000
本期发生额 20 000	本期发生额 100 000
期末余额 98 000	

应付账款

借方	贷方
	期初余额 27 000
(10) 10 000	(4) 22 600
本期发生额 10 000	本期发生额 22 600
	期末余额 39 600

预收账款

借方	贷方
(19) 4 000	(2) 48 000
本期发生额 4 000	本期发生额 48 000
	期末余额 44 000

应付职工薪酬

借方	贷方
	期初余额 12 600
(16) 85 000	(15) 85 000
本期发生额 85 000	本期发生额 85 000
	期末余额 12 600

应交税费

借方	贷方
	期初余额 5 400
(4) 2 600	(7) 54 600
	(20) 500
	(26) ①38 500
本期发生额 2 600	本期发生额 93 600
	期末余额 96 400

长期借款

借方	贷方
	(1) 400 000
本期发生额 0	本期发生额 400 000
	期末余额 400 000

借方	实收资本 贷方
	期初余额 1 100 000 （13）30 000
本期发生额 0	本期发生额 30 000 期末余额 1 130 000

借方	盈余公积 贷方
（13）30 000	期初余额 80 000
本期发生额 30 000	本期发生额 0 期末余额 50 000

借方	生产成本 贷方
（8）85 000 （11）6 000 （15）60 000 （21）22 500	（22）173 500
本期发生额 173 500	本期发生额 173 500

借方	制造费用 贷方
（8）9 000 （11）1 000 （15）10 000 （18）2 500	（22）22 500
本期发生额 22 500	本期发生额 22 500

借方	主营业务收入 贷方
（24）420 000	（7）420 000
本期发生额 420 000	本期发生额 420 000

借方	管理费用 贷方
（8）6 000 （9）3 500 （11）1 000 （14）300 （15）15 000 （18）1 500	（25）27 300
本期发生额 27 300	本期发生额 27 300

借方	销售费用 贷方
（5）5 000	（25）5 000
本期发生额 5 000	本期发生额 5 000

借方	营业外支出 贷方
（12）20 000	（25）20 000
本期发生额 20 000	本期发生额 20 000

借方	财务费用 贷方
（17）1 000	（25）1 000
本期发生额 1 000	本期发生额 1 000

借方	应付利息 贷方
	（17）1 000
本期发生额 0	本期发生额 1 000 期末余额 1 000

其他业务成本

借方	贷方
（18）200	（25）200
本期发生额200	本期发生额 200

累计折旧

借方	贷方
	期初余额43 000 （18）4 200
本期发生额0	本期发生额4 200 期末余额47 200

其他业务收入

借方	贷方
（24）4 000	（19）4 000
本期发生额4 000	本期发生额 4 000

税金及附加

借方	贷方
（20）500	（25）500
本期发生额500	本期发生额500

库存商品

借方	贷方
期初余额280 000 （22）173 500	（23）216 000
本期发生额173 500 期末余额237 500	本期发生额 216 000

主营业务成本

借方	贷方
（23）216 000	（25）216 000
本期发生额216 000	本期发生额216 000

所得税费用

借方	贷方
（26）①38 500	（26）②38 500
本期发生额38 500	本期发生额 38 500

本年利润

借方	贷方
（25）270 000 （26）②38 500 （27）115 500	（24）424 000
本期发生额424 000	本期发生额424 000

利润分配

借方	贷方
	期初余额60 000 （27）115 500
本期发生额0	本期发生额 115 500 期末余额175 500

八、编制结账后的试算平衡表

结账后，仍需编制试算平衡表，以检查结账过程中是否出现差错，同时也为期末编制财务报表做好准备。

华夏有限责任公司2022年6月30日结账后的试算平衡表，见表11-4。

表 11-4　**总分类账户余额试算平衡表**

2022年6月30日　单位：元

账户名称	借方余额	贷方余额
库存现金	6 500	
银行存款	1 179 300	
应收账款	15 000	
原材料	98 000	
库存商品	237 500	
固定资产	485 000	
无形资产	50 000	
累计折旧		47 200
短期借款		25 000
应付账款		39 600
预收账款		44 000
应付职工薪酬		12 600
应交税费		96 400
应付利息		1 000
长期借款		400 000
实收资本		1 130 000
资本公积		50 000
盈余公积		50 000
利润分配		175 500
合　计	2 071 300	2 071 300

九、编制会计报表

编制华夏有限责任公司2022年6月份的资产负债表，见表11-5。

表11-5 **资产负债表(简表)** 会企01表

编制单位：华夏有限责任公司 2022年6月30日 单位：元

资 产	期末余额	年初余额	负债及所有者权益	期末余额	年初余额
流动资产：		略	流动负债：		略
货币资金	1 185 800		短期借款	25 000	
应收账款	15 000		应付账款	39 600	
存货	335 500		预收款项	44 000	
流动资产合计	1 536 300		应付职工薪酬	12 600	
			应交税费	96 400	
			其他应付款	1 000	
非流动资产：			流动负债合计	218 600	
固定资产	437 800		非流动负债：		
无形资产	50 000		长期借款	400 000	
非流动资产合计	487 800		非流动负债合计	400 000	
			负债合计	618 600	
			所有者权益：		
			实收资本	1 130 000	
			资本公积	50 000	
			盈余公积	50 000	
			未分配利润	175 500	
			所有者权益合计	1 405 500	
资产总计	2 024 100		负债及所有者权益总计	2 024 100	

编制华夏有限责任公司2022年6月份的利润表，见表11-6。

表11-6　　利润表(简表)　　会企02表

编制单位：华夏有限责任公司　　2022年6月　　单位：元

项目	上期金额	本期金额
一、营业收入	略	424 000
减：营业成本		216 200
税金及附加		500
销售费用		5 000
管理费用		27 300
研发费用		—
财务费用		1 000
加：其他收益		—
投资收益（损失以“-”号填列）		—
公允价值变动收益（损失以“-”号填列）		—
信用减值损失（损失以“-”号填列）		—
资产减值损失（损失以“-”号填列）		—
资产处置收益（损失以“-”号填列）		—
二、营业利润（亏损以“-”号填列）		174 000
加：营业外收入		—
减：营业外支出		20 000
三、利润总额（亏损总额以“-”号填列）		154 000
减：所得税费用		38 500
四、净利润（净亏损以“-”号填列）		115 500

华夏有限责任公司2022年6月份现金流量表略。

本章小结

本章主要介绍会计循环的内容。会计循环，是指企业在一定会计期间内，从取得或填制反映经济业务发生的原始凭证起，到编制出会计报表止的一系列会计处理程序。由于这些程序和方法在每一会计期间循环往复，周而复始，故称之为会计循环。会计循环的基本步骤包括：取得或编制原始凭证、编制记账凭证、登记账簿、编制调整前的试算平衡表、编制期末调整分录并登记账簿、编制调整后的试算平衡表、结账、编制结账后的试算平衡表、编制财务报表。账项调整，就是在每个会计期末结账前，按照权责发生制原则对部分会计事项予以调整的行为。账项调整时所编制的会计分录，就是调整分录。

章后练习

一、名词解释

1.会计循环　2.账项调整　3.应计收入　4.应计费用

5.预收收入　6.预计费用　7.估计项目

二、简答题

1.什么是会计循环？简述会计循环的基本步骤。

2.什么是账项调整？简述期末账项调整的必要性。

3.期末应予以调整的项目有哪些？请举例说明。

三、实训题

【目的】会计循环综合练习。

【资料】康明股份有限公司系制造业一般纳税人，2022年11月30日各总分类账户余额见表11-7：

表11-7　**总分类账户余额**

2022年11月30日　单位：元

账户名称	借方余额	账户名称	贷方余额
库存现金	18 000	短期借款	60 000
银行存款	374 000	应付账款	105 000
应收账款	120 000	应付职工薪酬	86 000
原材料	258 000	应交税费	15 400
库存商品	360 000	累计折旧	56 000
固定资产	500 000	实收资本	1 000 000
		盈余公积	100 000
		本年利润	125 000
		利润分配	82 600
合计	1 630 000	合计	1 630 000

康明股份有限公司2022年12月发生下列业务：

1.购入A材料4 000千克，单价8元/千克，增值税税率13%，发生运杂费1 500元，全部款项以银行存款付讫，材料验收入库。

2.从银行借入期限3个月的借款100 000元，年利率6%。

3.从四通公司购入A、B两种材料：A材料1 000千克，单价10元/千克；B材料2 500千克，单价4元/千克，增值税税额2 600元，运杂费1 400元，上述款项均未支付，材料尚未到达（运杂费按材料重量比例分配）。

4.接受M公司投资的一台设备，价值50 000元。

5.经理张磊出差大连，借差旅费2 000元，以现金支付。

6.从四通公司购入的A、B材料到货，验收入库。

7.以银行存款支付上月应交税费6 000元。

8.提取现金68 000元，备发工资。

9.以现金支付上月职工工资68 000元。

10.张磊出差回来，报销差旅费2 800元，余款以现金补付。

11.销售甲产品5 000件，每件售价20元，增值税税率13%，价税合计113 000元，款项收到存入银行。

12.以银行存款支付员工各种福利费共计4 000元。

13.以银行存款支付前欠货款42 000元。

14.销售给八达公司甲产品10 000件，每件20元，增值税税额26 000元，以银行存款代垫运费2 000元，已办妥托收手续，款项尚未收到。

15.以银行存款支付业务招待费2 500元。

16.以现金支付车间设备的修理费300元。

17.以银行存款支付广告费3 000元。

18.销售剩余C材料一批，价款1 000元，增值税税额130元，款项收到存入银行。

19.结转C材料的销售成本，该批材料的成本为900元。

20.接到银行通知，明月厂前欠本公司的货款23 200元已收到。

21.以银行存款支付违约金5 000元。

22.月末，根据发出材料汇总表，本月仓库发出A材料50 000元，其中生产甲产品消耗20 000元，生产乙产品消耗25 000元，车间一般消耗2 000元，行政管理部门消耗3 000元。

23.月末，计算分配本月职工工资，总计70 000元，其中生产甲产品工人工资30 000元，生产乙产品工人工资20 000元，车间管理人员工资8 000元，行政管理人员工资12 000元。

24.月末，计算分配本月职工福利费，总计9 800元，其中生产甲产品工人工资4 200元，生产乙产品工人工资2 800元，车间管理人员工资1 120元，行政管理人员工资1 680元。

25.月末，计提本月固定资产折旧4 000元，其中车间的固定资产折旧2 380元，行政管理部门固定资产折旧1 620元。

26.月末，预提本月短期借款利息500元。

27.月末，分配并结转本月发生的制造费用（按生产工人的工资比例分配）。

28.月末，假定本月生产的甲、乙产品全部完工，结转完工产品成本。

29.月末，结转本月已销售甲产品成本，经计算，甲产品平均每件12元。

30.月末，结转各收入类账户余额。

31.月末，结转各费用类账户余额。

32.计算本月利润总额，按25%的税率计算并结转本月应交所得税（假设本期无纳税调整项目）。

33.公司1—11月累计实现净利润125 000元，计算并结转全年实现的净利润。

34.按全年净利润的10%计提法定盈余公积。

35.按全年净利润的30%分配现金股利。

【要求】1.根据上述前21笔经济业务编制会计分录。

2.登记“T”形账户。

3.根据总分类账户编制调整前的余额试算平衡表。

4.根据22～35笔经济业务，编制有关期末调整分录和结账分录，并登记入账。

5.编制调整后的试算平衡表。

6.编制会计报表。

第十二章

会计核算组织程序

学习目标

1. 了解会计核算组织程序的意义、设计原则和种类；
2. 掌握四种核算组织程序的基本内容；
3. 了解各种账务处理程序的优缺点和适用范围。

第一节 会计核算组织程序概述

一、会计核算组织程序的意义

会计核算组织程序又称账务处理程序，或会计核算形式，是会计循环的具体化。它是指在会计循环中，会计主体采用的会计凭证、会计账簿、会计报表的种类和格式与记账程序有机结合的方法和步骤。

会计凭证、会计账簿和会计报表之间的组合方式不同，就形成了不同的账务处理程序，不同的账务处理程序又有不同的方法、特点和适用范围。为了把会计核算工作科学地组织起来，任何单位都应根据国家统一会计制度的要求，结合本单位的实际情况和具体条件，设计适应本单位特点的账务处理程序，这对于提高会计工作质量和效率，充分发挥会计学在经济管理中的作用，都具有重要意义。具体地说，制定合理的账务处理程序具有以下作用：

1.有利于规范会计核算工作

会计核算工作是需要会计部门的各类会计人员之间密切配合的有机系统。建立科学合理的会计核算组织程序，形成规范的会计核算工作秩序，会计机构的会计人员在进行会计核算的过程中就能够做到有序可循，按照不同的责任分工，有条不紊地处理好各个环节上的会计核算工作内容。

2.有利于保证会计核算工作质量

在进行会计核算的过程中，保证会计核算工作的质量是对会计工作的基本要求。建立起科学合理的会计核算组织程序，形成加工和整理会计信息的正常机制，是提高会计核算工作质量的重要保障，有利于提高会计核算工作质量，进而提高会计信息质量。

3.有利于提高会计核算工作效率

会计核算工作效率的高低直接关系到提供会计信息的及时性和相关性。按照规范的会计核算组织程序进行会计信息的处理，将会大大提高会计核算工作效率，保证会计信息整理、加工和对外报告的顺利进行，满足会计信息质量的及时性要求。

4.有利于降低会计核算工作成本

组织会计核算的过程也是对人力、物力和财力的消耗过程，因此，会计核算本身也应讲求经济效益，根据"效益大于成本"原则设计会计核算组织程序。会计核算组织安排得科学合理，选用的会计凭证、会计账簿和会计报表种类适当，格式适用，数量适中，在一定程度上也能够降低会计核算工作的成本，节约会计核算方面的支出。

5.有利于发挥会计核算工作的作用

会计核算工作的重要作用是对企业发生的交易和事项进行确认、计量、记录和报告，为会计信息使用者进行经济决策提供有用信息。为此，应切实保证会计核算的正确性、完整性和合理性。在建立规范会计核算组织程序的基础上，保证会计核算工作质量，提高会计核算工作效率，就能够在为会计信息使用者提供相关信息等方面更好地发挥会计核算工作的作用。

二、会计核算组织程序的基本内容

在会计核算工作中，对于选择任何一种会计核算组织程序而言，通常都包括以下几个基本步骤：

（1）取得并审核原始凭证，据以填制记账凭证。

（2）根据审核无误的记账凭证、原始凭证和原始凭证汇总表登记序时账（库存现金日记账和银行存款日记账）和分类账（总分类账和明细分类账）。

（3）对账，做到账账相符、账证相符、账实相符。

（4）结账。

（5）根据分类账及有关资料编制财务报告，做到账表相符。

会计凭证、会计账簿和财务报告的组织以及总账的登账依据和方法可以有多种，由此形成各种不同的会计核算组织程序。

三、设计会计核算组织程序的原则

1.从本会计主体的实际情况出发

充分考虑本会计主体的业务性质、规模大小、经济业务的繁简程度、经济管理的要求与特点等相关因素，使会计核算组织程序与本单位会计核算工作的需要相适应。

2.保证会计核算工作的质量

确保会计核算组织程序能及时、准确、全面、系统地提供会计信息，满足会计信息使用者的需要。

3.降低会计核算成本

在满足会计核算工作需要，保证会计核算工作质量的前提下，力求简化会计核算手续，节省核算时间，节约人力物力，进而提高会计核算的工作效率。

4.有利于建立会计工作岗位责任制

设计会计核算组织程序，应有利于会计部门和会计人员的分工与合作，有利于明确各会计人员工作岗位的职责，使各个处理环节分工明确、约束力强、责任清楚。

四、会计核算组织程序的种类

目前，我国常用的会计核算组织程序按照登记总分类账的依据和方法不同，主要有以下几种：记账凭证核算组织程序、科目汇总表核算组织程序、汇总记账凭证核算组织程序和日记总账核算组织程序。

会计核算组织程序是做好会计工作的基本前提，各企业、行政事业单位在会计工作中，应从实际出发，结合本企业、本单位的特点，选择科学、合理的会计核算组织程序。

第二节 记账凭证核算组织程序

一、记账凭证核算组织程序的含义

记账凭证核算组织程序是指经济业务发生以后，都要以原始凭证或原始凭证汇总表编制记账凭证，直接依据记账凭证逐笔登记总分类账的一种账务处理程序。

记账凭证核算组织程序是一种最基本的核算组织程序，其他核算组织程序都是在此基础上发展演变形成的。

二、记账凭证核算组织程序下的凭证和账簿设置

在记账凭证核算组织程序下，采用的记账凭证、会计账簿的种类有很多，格式也各异。

在记账凭证核算组织程序下，记账凭证既可以采用通用记账凭证，又可以采用收款凭证、付款凭证、转账凭证等专用记账凭证。会计账簿一般设置借、贷、余三栏式库存现金日记账和银行存款日记账；总分类账应按总账科目设置，均采用借、贷、余三栏式；明细分类账可根据核算需要按明细科目设置，分别可以采用三栏式、数量金额式或多栏式。会计凭证、会计账簿的种类与格式详见本书第六章、第七章有关内容。

三、记账凭证核算组织程序的账务处理程序

在记账凭证核算组织程序下，对经济业务进行账务处理的程序一般可归纳如下：

（1）经济业务发生后，根据有关的原始凭证或原始凭证汇总表填制专用记账凭证（或通用记账凭证）。

（2）根据收款凭证和付款凭证逐笔登记库存现金日记账和银行存款日记账。

（3）根据记账凭证并参考原始凭证或原始凭证汇总表，逐笔登记各种明细分类账。

（4）根据各种记账凭证逐笔登记总分类账。

（5）月末，将日记账、明细分类账的余额与总分类账中相应账户的余额进行核对。

（6）月末，根据总分类账和明细分类账的资料编制会计报表。

记账凭证核算组织程序的账务处理步骤如图 12-1 所示。

四、对记账凭证核算组织程序的评价

（一）记账凭证核算组织程序的特点

记账凭证核算组织程序的特点是：直接根据各种记账凭证逐笔登记总分类账。

不同的会计核算组织程序在账务处理程序上也有共同之处，如登记各种日记账和明细分类账，无论在哪种核算组织程序下，做法基本是相同的。对于不同的会计核算组织程序，它们的特点主要体现在对总分类账登记的依据和方法不同。直接依

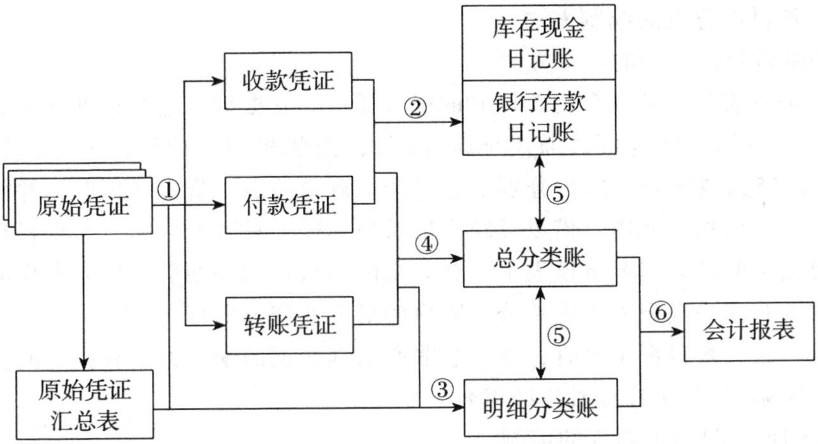

图12-1　记账凭证核算组织程序的账务处理步骤示意图

据各种记账凭证逐笔登记总分类账，是记账凭证核算组织程序的一个鲜明的特点。

（二）记账凭证核算组织程序的优、缺点及适用范围

1.优点

（1）在记账凭证上能够清晰反映账户之间的对应关系。

（2）在总分类账上能够详细反映经济业务的发生情况。

（3）登记总分类账的方法简单明了，易于理解掌握。

2.缺点

（1）根据各种记账凭证逐笔登记总分类账，工作量过大。

（2）账页耗用过多，预留账页多少难以把握。

3.适用范围

记账凭证核算组织程序一般只适用于经营规模较小，经济业务量较少，编制记账凭证的数量不是很多的会计主体。如果会计主体的业务量过小，也可以一律使用通用记账凭证，从而避免由于记账凭证种类多样而造成的凭证购买上的过多支出。

第三节　科目汇总表核算组织程序

一、科目汇总表核算组织程序的含义

科目汇总表核算组织程序是指根据各种记账凭证（专用记账凭证或通用记账凭证）先定期（每10天、15天或月末一次）按会计科目汇总编制科目汇总表，然后根据科目汇总表登记总分类账的一种账务处理程序。

科目汇总表核算组织程序是在记账凭证核算组织程序的基础上发展和演变而来的。

二、科目汇总表核算组织程序下的凭证和账簿设置

科目汇总表核算组织程序下所采用的记账凭证是具有汇总性质的“科目汇总表”。会计账簿的设置与记账凭证核算组织程序基本相同，不再重述。

三、科目汇总表的编制方法

1.编制科目汇总表的基本方法

科目汇总表是一种具有汇总性质的记账凭证。它根据一定会计期间编制的全部记账凭证（专用记账凭证或通用记账凭证），按照相同会计科目进行归类，定期（每10天、15天或每月一次）分别汇总每一个账户的借、贷方发生额，并将其填列在科目汇总表的相应栏内，借以反映全部账户的借、贷方发生额。根据科目汇总表登记总分类账时，只需要将该表中汇总起来的各科目的本期借、贷方发生额的合计数，分次或月末一次记入相应总分类账户的借方及贷方即可。

另外，采用科目汇总表时，登记总账所依据凭证的编号方法有一定的变化，应以“科汇字第×号”字样按月连续编号。

2.举例说明科目汇总表的编制

【例12-1】×公司为一般纳税人，增值税税率为13%，所得税税率为25%。2022年6月份发生如下经济业务：

（1）1日购入甲材料2 800千克，总货款140 000元，增值税进项税额18 200元，已用银行存款付清全款，材料尚未运到。

（2）2日用银行存款支付甲材料运杂费11 200元。

（3）5日甲材料运到并验收入库。

（4）5日提取现金300 000元，准备发放工资。

（5）6日支付工资300 000元。

（6）分配工资300 000元，其中生产人员工资240 000元，车间管理人员工资20 000元，行政管理人员工资40 000元。

（7）根据有关规定提取职工福利费42 000元，其中生产工人福利费33 600元，车间管理人员福利费2 800元，行政管理人员福利费5 600元。

（8）6日基本生产领用甲材料350 000元。

（9）7日用银行存款购买印花税票4 000元。

（10）7日用银行存款支付电视台产品广告费9 000元。

（11）9日，销售给大连某科技有限公司一批产品，销售价款550 000元，增值税销项税额71 500元，该批产品实际成本370 000元，产品已发出，货款未收到。

（12）10日收到出资款500 000元，已存入银行。

（13）15日销售给北京某公司一批产品，销售价款150 000元，增值税销项税额19 500元，该批产品实际成本110 000元，产品已发出，收到对方开出的商业承兑汇票。

（14）20日预提短期借款利息1 500元。

（15）30日计提固定资产折旧80 000元，其中计入制造费用50 000元，计入管理费用30 000元。

（16）30日结转本月销售成本480 000元。

（17）30日计算并结转本期完工产品成本，没有期初在产品，本期生产的产品全部完工入库。

（18）将各收支科目结转至本年利润。

（19）计算应交所得税32 475元。

（20）结转所得税费用32 475元。

（21）结转本年利润。

（22）提取法定盈余公积9 742.50元。

（23）将利润分配各明细科目的余额转入未分配利润明细科目。

上述业务在记账凭证上编制的会计分录如图12–2所示。

付1 借：在途物资 140 000
应交税费——应交增值税（进项税额） 18 200
贷：银行存款 158 200

付2 借：在途物资 11 200
贷：银行存款 11 200

转1 借：原材料 151 200
贷：在途物资 151 200

付3 借：库存现金 300 000
贷：银行存款 300 000

付4 借：应付职工薪酬 300 000
贷：库存现金 300 000

转2 借：生产成本 240 000
制造费用 20 000
管理费用 40 000
贷：应付职工薪酬 300 000

转3 借：生产成本 33 600
制造费用 2 800
管理费用 5 600
贷：应付职工薪酬 42 000

转4 借：生产成本 350 000
贷：原材料 350 000

付5 借：税金及附加 4 000
贷：银行存款 4 000

付6 借：销售费用 9 000
贷：银行存款 9 000

转5 借：应收账款 621 500
贷：主营业务收入 550 000
应交税费——应交增值税(销项税额)71 500

收1 借：银行存款 500 000
贷：实收资本 500 000

转6 借：应收票据 169 500
贷：主营业务收入 150 000
应交税费——应交增值税(销项税额) 19 500

转7 借：财务费用 1 500
贷：应付利息 1 500

转9 借：生产成本 72 800
贷：制造费用 72 800

转8 借：制造费用 50 000
管理费用 30 000
贷：累计折旧 80 000

转11 借：库存商品 696 400
贷：生产成本 696 400

转10 借：主营业务成本 480 000
贷：库存商品 480 000

转12 借：主营业务收入 700 000
贷：本年利润 700 000

转13 借：本年利润 570 100
贷：主营业务成本 480 000
财务费用 1 500
管理费用 75 600
销售费用 9 000
税金及附加 4 000

转14 借：所得税费用 32 475
贷：应交税费——应交所得税 32 475

转15 借：本年利润 32 475
贷：所得税费用 32 475

转16 借：本年利润 97 425
贷：利润分配——未分配利润 97 425

转17 借：利润分配——提取法定盈余公积 9 742.50
贷：盈余公积——法定盈余公积 9 742.50

转18 借：利润分配——未分配利润 9 742.50
贷：利润分配——提取法定盈余公积 9 742.50

图12–2 编制科目汇总表业务举例示意图

在图12-2中所列示的记账凭证中，编制的会计分录涉及了很多会计科目。会计人员对这些会计科目分别按借、贷方发生额进行汇总时，可利用编制科目汇总表工作底稿的方法。科目汇总表工作底稿的格式以及本例的汇总情况见表12-1。

表12-1 科目汇总表工作底稿

2022年6月

库存现金

付3	300 000	付4	300 000
合计	300 000	合计	300 000

应收票据

转6	169 500		
合计	169 500	合计	0

应收账款

转5	621 500		
合计	621 500	合计	0

原材料

转1	151 200	转4	350 000
合计	151 200	合计	350 000

生产成本

转2	240 000	转11	696 400
转3	33 600		
转4	350 000		
转9	72 800		
合计	696 400	合计	696 400

累计折旧

		转8	80 000
合计	0	合计	80 000

应交税费

付1	18 200	转5	71 500
		转6	19 500
		转14	32 475
合计	18 200	合计	123 475

实收资本

		收1	500 000
合计	0	合计	500 000

利润分配

转17	9 742.50	转16	97 425
转18	9 742.50	转18	9 742.50
合计	19 485	合计	107 167.50

主营业务收入

转12	700 000	转5	550 000
		转6	150 000
合计	700 000	合计	700 000

税金及附加

付5	4 000	转13	4 000
合计	4 000	合计	4 000

管理费用

转2	40 000	转13	75 600
转3	5 600		
转8	30 000		
合计	75 600	合计	75 600

本年利润

转13	570 100	转12	700 000
转15	32 475		
转16	97 425		
合计	700 000	合计	700 000

银行存款

收1	500 000	付1	158 200
		付2	11 200
		付3	300 000
		付5	4 000
		付6	9 000
合计	500 000	合计	482 400

在途物资

付1	140 000	转1	151 200
付2	11 200		
合计	151 200	合计	151 200

库存商品

转11	696 400	转10	480 000
合计	696 400	合计	480 000

制造费用

转2	20 000	转9	72 800
转3	2 800		
转8	50 000		
合计	72 800	合计	72 800

应付职工薪酬

付4	300 000	转2	300 000
		转3	42 000
合计	300 000	合计	342 000

应付利息

		转7	1 500
合计	0	合计	1 500

盈余公积

		转17	9 742.50
合计	0	合计	9 742.50

主营业务成本

转10	480 000	转13	480 000
合计	480 000	合计	480 000

财务费用

转7	1 500	转13	1 500
合计	1 500	合计	1 500

销售费用

付6	9 000	转13	9 000
合计	9 000	合计	9 000

所得税费用

转14	32 475	转15	32 475
合计	32 475	合计	32 475

应该注意的是：在科目汇总表工作底稿中采用的汇总形式从表面上看并非“T”形账户。这种形式汇总的目的仅是对各个科目的发生额进行汇总，为了便于编制科目汇总表。另外，科目汇总表可以每月编制一次，也可以根据会计核算的需要定期分次编制。本例假定是月末编制一次科目汇总表。

以上汇总结果编制的科目汇总表见表12-2。

表12-2 **科目汇总表**

2022年6月 单位：元

会计科目	本期发生额		总账页数
	借方	贷方	
库存现金	300 000	300 000	
银行存款	500 000	482 400	
在途物资	151 200	151 200	
原材料	151 200	350 000	

续表

会计科目	本期发生额		总账页数
	借方	贷方	
应收账款	621 500	0	
应收票据	169 500	0	
库存商品	696 400	480 000	
生产成本	696 400	696 400	
制造费用	72 800	72 800	
累计折旧	0	80 000	
应付职工薪酬	300 000	342 000	
应交税费	18 200	123 475	
应付利息	0	1 500	
实收资本	0	500 000	
盈余公积	0	9 742.50	
利润分配	19 485	107 167.50	
主营业务收入	700 000	700 000	
主营业务成本	480 000	480 000	
税金及附加	4 000	4 000	
财务费用	1 500	1 500	
管理费用	75 600	75 600	
销售费用	9 000	9 000	
所得税费用	32 475	32 475	
本年利润	700 000	700 000	
合　计	5 699 260	5 699 260	

根据上述科目汇总表登记总账的程序略。

四、科目汇总表核算组织程序的账务处理程序

在科目汇总表核算组织程序下，对经济业务进行账务处理的程序一般可归纳如下：

（1）经济业务发生后，根据有关的原始凭证或原始凭证汇总表填制各种专用记账凭证（或通用记账凭证）。

（2）根据收款凭证和付款凭证逐笔登记库存现金日记账和银行存款日记账。

（3）根据记账凭证并参考原始凭证或原始凭证汇总表，逐笔登记各种明细分类账。

（4）根据记账凭证汇总编制科目汇总表。

（5）根据科目汇总表中的各科目的本期借、贷方发生额合计数登记总分类账。

（6）月末，将日记账、明细分类账的余额与总分类账中相应账户的余额进行核对。

（7）月末，根据总分类账和明细分类账的资料编制会计报表。

科目汇总表核算组织程序的账务处理基本程序如图12-3所示。

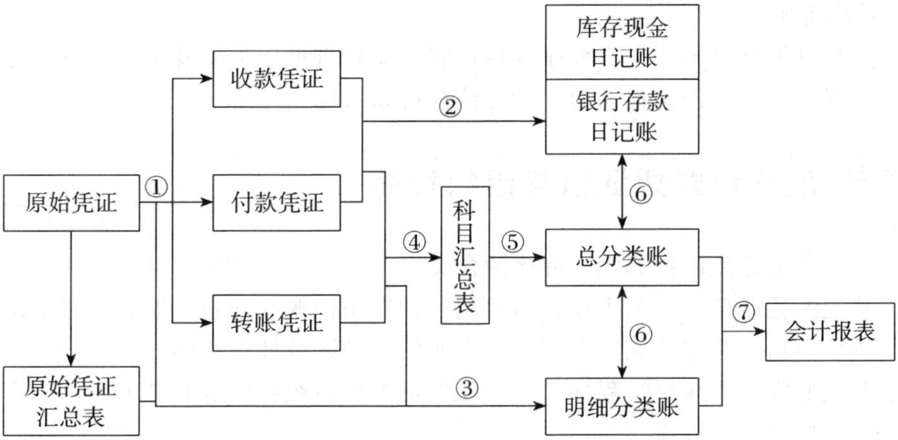

图12-3 科目汇总表核算组织程序的账务处理步骤示意图

五、对科目汇总表核算组织程序的评价

（一）科目汇总表核算组织程序的特点

科目汇总表核算组织程序的特点是定期根据所有记账凭证汇总编制科目汇总表，根据科目汇总表上的汇总数字登记总分类账。

（二）科目汇总表核算组织程序的优缺点及适用范围

1.优点

（1）可以利用该表的汇总结果进行发生额试算平衡。科目汇总表的汇总结果体现出一定会计期间内全部账户借方发生额与贷方发生额相等的关系，这样可以根据借贷记账法下发生额试算平衡公式，检验账户记录的基本正确性。

（2）保证总分类账登记的正确性。由于在登记总分类账之前，已经对一定会计期间内全部账户的借贷方发生额进行了试算平衡，在全部账户借、贷方发生额相等的基础上再去记账，能从一定程度上减少错误的发生。

（3）大大减轻登记总账的工作量。在科目汇总表核算组织程序下，可以根据科目汇总表上各科目的借、贷方发生额合计数定期登记总分类账，这样能使登记总账的工作量大大减轻。

（4）适用性强。由于科目汇总表核算组织程序汇总方法比较简单，容易理解，科目汇总表本身又具有试算平衡的作用，因此，任何规模的会计主体都可以采用。

2.缺点

（1）编制科目汇总表的工作量比较大。在科目汇总表核算组织程序下，首先要根据发生的经济业务填制各种记账凭证，并通过编制科目汇总表的工作底稿，对记账凭证上每类账户的借贷方发生额进行汇总，从而编制科目汇总表作为登记总账的依据，工作量比较大。

（2）科目汇总表不能清晰反映账户之间的对应关系。由于科目汇总表是按照会计科目归类并汇总其借、贷方发生额的，因此，其不能清楚地反映各项经济业务之间的来龙去脉，从而缺乏账户之间的对应关系。

3.适用范围

由于科目汇总表核算组织程序容易理解，又具有可以根据发生额进行试算平衡的特点，因此，无论任何规模的会计主体都可以采用。

第四节 汇总记账凭证核算组织程序

一、汇总记账凭证核算组织程序的含义

汇总记账凭证核算组织程序是指根据各种专用记账凭证定期汇总编制汇总记账凭证，然后根据汇总记账凭证登记总分类账的一种账务处理程序。

汇总记账凭证核算组织程序是在记账凭证核算组织程序的基础上发展演变而来的一种会计核算组织程序。

二、汇总记账凭证核算组织程序下的凭证和账簿设置

在汇总记账凭证核算组织程序下，采用的记账凭证是汇总记账凭证，包括汇总收款凭证、汇总付款凭证、汇总转账凭证。这是汇总记账凭证核算组织程序的独特之处，使用的会计账簿与记账凭证核算组织程序基本相同，不再重述。

三、汇总记账凭证的编制方法

汇总记账凭证是对日常会计核算过程中所填制的专用记账凭证，按照凭证的种类，采用一定的方法定期进行汇总而重新填制的一种记账凭证。由于每一种汇总记账凭证都是依据同类专用记账凭证汇总编制而成，因此汇总后形成的记账凭证也相应有三种：汇总收款凭证、汇总付款凭证、汇总转账凭证。

（一）汇总收款凭证的编制方法

1.基本方法

按日常核算中所填制的专用记账凭证中的收款凭证上会计分录的借方科目设置汇总收款凭证，按分录中相应的贷方科目定期（每5天或10天等）进行汇总，填入汇总收款凭证相应的栏次内，每月编制一张。

会计人员编制汇总收款凭证时，首先应确定是以哪个会计科目为主进行汇总。由于收款凭证反映的是货币资金收入业务，而在借贷记账法下，反映货币资金收入的业务，要登记在相关科目的借方，因此，必须以“库存现金”“银行存款”作为汇总记账凭证上的主体科目，进行汇总。

另外，在一定的会计期间内，企业还可能会发生若干笔相同的收款业务，这就需要填制若干份会计科目完全相同的收款凭证。在这种情况下，会计人员可以将一定会计期间内若干次贷方科目的发生额进行定期汇总，编制汇总收款凭证。

经过上述汇总过程得到的各个贷方科目发生额的合计数，就是这些账户在一定会计期间发生额的总和。可以根据各次的汇总数分次登记到总账中，也可以在月末对各次汇总数字再进行合计，根据求出的全月发生额合计，一次性地登记到总账账户。对以上账户贷方发生额合计数进行汇总得出的总额即是主体科目“库存现金”

"银行存款"在该会计期间借方发生额合计数，也可以分次或月末一次登记"库存现金""银行存款"账户。

2.汇总收款凭证的编制举例

【例 12-2】××公司 2022 年×月 1—10 日发生如下库存现金收款业务。在收款凭证上编制的会计分录如图 12-4 所示。

收 1　借：库存现金　500 贷：其他业务收入　500	收 2　借：库存现金　1 000 贷：应收账款　1 000
收 3　借：库存现金　800 贷：其他业务收入　800	收 4　借：库存现金　300 贷：其他应收款　300
收 5　借：库存现金　600 贷：应收账款　600	收 6　借：库存现金　100 贷：其他应收款　100

图 12-4　编制汇总收款凭证业务举例示意图

在以上现金收款业务的记账凭证中，会计分录的借方科目均为"库存现金"，涉及的贷方科目有3个。其中：涉及"其他业务收入"科目的业务有2笔（见收1、收3）；涉及"应收账款"科目的业务有2笔（见收2、收5）；涉及"其他应收款"科目的业务有2笔（见收4、收6）。

按借方科目"库存现金"设置汇总收款凭证，按贷方科目"其他业务收入""应收账款""其他应收款"进行汇总，可以计算出该企业1—10日对应于"库存现金"科目的其他会计科目的发生额为：

"其他业务收入"发生额=500+800=1 300（元）

"应收账款"发生额=1 000+600=1 600（元）

"其他应收款"发生额=300+100=400（元）

根据1—10日汇总结果，填入该企业本月汇总收款凭证的相应栏次，如图12-5中"1—10日凭证"栏所示（11—20日，21—30日凭证栏的数据为另外两次汇总结果的假定数）。

按借方科目设置

汇总收款凭证

借方科目：库存现金

贷方科目	金额				总账页数	
	1—10 日凭证 1~6号	11—20 日凭证 7~10号	21—30 日凭证 11~15号	合计		
其他业务收入	1 300	400	400	2 100		
应收账款	1 600	1 230	300	3 130		
其他应收款	400	600	800	1 800		
合　　计	3 300	2 230	1 500	7 030		

月终合计数记入有关总分类账户的贷方

按贷方科目汇总填列

记入"库存现金"总分类账户的借方

图 12-5　汇总收款凭证编制方法示意图

3.注意事项

由于汇总收款凭证是按借方科目设置的，因此，当日常编制收款凭证时，会计分录最好是一借一贷、一借多贷的形式。多借一贷或多借多贷的会计分录都会给编制汇总收款凭证带来一定的不便，如多借一贷的会计分录会在编制汇总收款凭证时，由于收款凭证多次重复使用，容易出错；而多借多贷的会计分录会使在编制汇总收款凭证时，除了重复使用容易导致的错误外，还会使账户之间的对应关系模糊不清。

（二）汇总付款凭证的编制方法

1.基本方法

按日常核算中所填制的专用记账凭证中的付款凭证上会计分录的贷方科目设置汇总付款凭证，按分录中相应的借方科目定期（每5天或10天等）进行汇总，填入汇总付款凭证相应的栏次内，每月编制一张。

2.汇总付款凭证的编制举例

【例12-3】××公司2022年×月1—10日发生如下银行存款付款业务。在付款凭证上编制的会计分录如图12-6所示。

付1　借:短期借款　5 000 　　　贷:银行存款　5 000	付2　借:应付账款　3 000 　　　贷:银行存款　3 000
付3　借:销售费用　2 000 　　　贷:银行存款　2 000	付4　借:应付账款　1 500 　　　贷:银行存款　1 500
付5　借:应交税费　4 000 　　　贷:银行存款　4 000	付6　借:短期借款　10 000 　　　贷:银行存款　10 000

图12-6　编制付款凭证业务举例示意图

在以上银行存款付款业务的记账凭证中，会计分录的贷方科目均为“银行存款”；涉及的借方科目有4个。其中：涉及“短期借款”科目的业务有2笔（见付1、付6)；涉及“应付账款”科目的业务有2笔（见付2、付4)；涉及“销售费用”科目和“应交税费”科目的业务各1笔（见付3、付5)。

按贷方科目“银行存款”设置汇总付款凭证，按借方科目“短期借款”“应付账款”“销售费用”“应交税费”进行汇总，可以计算出该企业1—10日对应于“银行存款”科目的其他会计科目的发生额为：

“短期借款”发生额=5 000+10 000=15 000（元）

“应付账款”发生额=3 000+1 500=4 500（元）

“销售费用”发生额=2 000元

“应交税费”发生额=4 000元

根据1—10日汇总结果，填入该企业本月汇总付款凭证的相应栏次，如图12-7中的“1—10日凭证”栏所示（11—20日，21—30日的数据为另外两次汇总结果的假定数）。

按贷方科目设置

汇总付款凭证

贷方科目：银行存款

借方科目	金额				总账页数	
	1—10日凭证 1～6号	11—20日凭证 7～10号	21—30日凭证 11～15号	合计		
短期借款	15 000	30 000	20 000	65 000		
应付账款	4 500			4 500		
销售费用	2 000			2 000		
应交税费	4 000			4 000		
合　计	25 500	30 000	20 000	75 500		

月终合计数记入有关总分类账户的借方

记入“银行存款”总分类账户的贷方

按借方科目汇总填列

图12-7　汇总付款凭证编制方法示意图

3.注意事项

由于汇总付款凭证是按贷方科目设置的，因此，当日常编制付款凭证时，会计分录最好是一借一贷、多借一贷的形式。一借多贷或多借多贷的会计分录都会给编制汇总付款凭证带来一定的不便，或者由于付款凭证在汇总过程中被多次重复使用而产生汇总错误，或者使账户之间的对应关系模糊不清。

（三）汇总转账凭证的编制方法

1.基本方法

按日常核算所填制的专用记账凭证中的转账凭证上会计科目的贷方设置汇总转账凭证，按它们相应的借方科目定期（每5天或10天等）进行汇总，填入汇总转账凭证相应的栏次内，每月编制一张。

2.汇总转账凭证的编制举例

【例12-4】现仅以××公司2022年×月1—10日发生的发出材料的转账业务为例，说明汇总转账凭证的编制方法。假定该企业在10日内发出材料的业务共6笔。在转账凭证上编制的会计分录如图12-8所示。

转1　借：生产成本　2 000 　　　贷：原材料　　2 000		转2　借：制造费用　1 000 　　　贷：原材料　　1 000	
转3　借：管理费用　3 000 　　　贷：原材料　　3 000		转4　借：销售费用　200 　　　贷：原材料　　200	
转5　借：制造费用　4 000 　　　贷：原材料　　4 000		转6　借：生产成本　1 200 　　　贷：原材料　　1 200	

图12-8　编制汇总转账凭证业务举例示意图

在以上转账业务的记账凭证中，会计分录的贷方科目均为“原材料”，涉及的借方科目有4个。其中：涉及“生产成本”科目的业务有2笔（见转1、转6）；涉及“制造费用”科目的业务有2笔（见转2、转5）；涉及“管理费用”科目和“销售费用”科目的业务各有1笔（见转3、转4）。

按贷方科目“原材料”设置汇总转账凭证，按借方科目“生产成本”“制造费用”“销售费用”“管理费用”进行汇总，可以计算出该企业1—10日对应于“原材料”科目的其他会计科目的发生额为：

“生产成本”发生额=2 000+1 200=3 200（元）

“制造费用”发生额=1 000+4 000=5 000（元）

“销售费用”发生额=200元

“管理费用”发生额=3 000元

根据1—10日汇总结果，填入该企业本月以“原材料”科目为汇总科目的汇总转账凭证的相应栏次，如图12-9中的“1—10日凭证”栏所示（11—20日，21—30日的数据为另外两次汇总结果的假定数）。

按贷方科目设置

汇总转账凭证

贷方科目：原材料

借方科目	金额				总账页数	
	1—10日凭证 1~6号	11—20日凭证 7~10号	21—30日凭证 11~15号	合计		
生产成本	3 200	4 000	5 000	12 200		
制造费用	5 000			5 000		
销售费用	200			200		
管理费用	3 000			3 000		
合　计	11 400	4 000	5 000	20 400		

月终合计数记入有关总分类账户的借方

记入“原材料”总分类账户的贷方

按借方科目汇总填列

图12-9　汇总转账凭证编制方法示意图

3.注意事项

由于汇总转账凭证是按贷方科目设置的，因此日常编制转账凭证时，会计分录最好是一借一贷、多借一贷的形式。一借多贷或多借多贷的会计分录都会给编制汇总转账凭证带来一定的不便。

此外，当采用汇总记账凭证时，凭证的编号方法有一定的变化。应在汇总记账凭证种类前加“汇”字，如“汇现收字第×号”“汇现付字第×号”“汇银收字第×号”“汇银付字第×号”等。

四、汇总记账凭证核算组织程序的账务处理程序

在汇总记账凭证核算组织程序下，对经济业务进行账务处理的程序一般可归纳如下：

（1）经济业务发生后，根据有关的原始凭证或原始凭证汇总表填制专用记账凭

证（或通用记账凭证）。

（2）根据收款凭证和付款凭证逐笔登记库存现金日记账和银行存款日记账。

（3）根据记账凭证并参考原始凭证或原始凭证汇总表，逐笔登记各种明细分类账。

（4）根据各种记账凭证分别编制汇总收款凭证、汇总付款凭证、汇总转账凭证。

（5）根据各种汇总记账凭证汇总登记总分类账。

（6）月末，将日记账、明细分类账的余额与总分类账中相应账户的余额进行核对。

（7）月末，根据总分类账和明细分类账的资料编制会计报表。

汇总记账凭证核算组织程序的账务处理基本程序如图12-10所示。

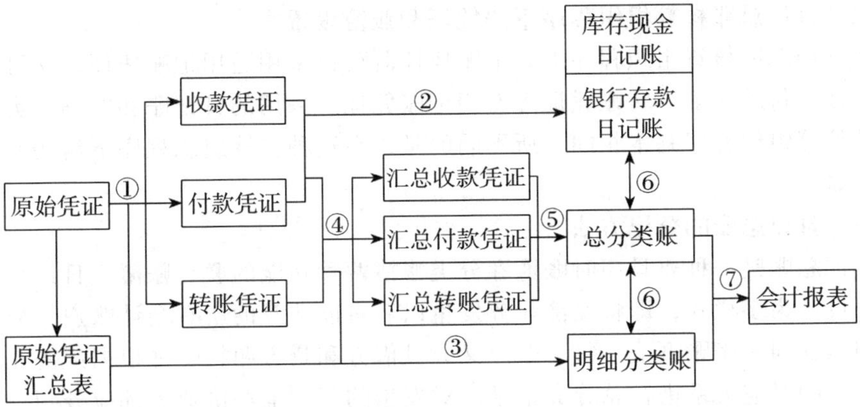

图12-10 汇总记账凭证核算组织程序账务处理步骤示意图

五、对汇总记账凭证核算组织程序的评价

（一）汇总记账凭证核算组织程序的特点

汇总记账凭证核算组织程序的特点是：定期将全部记账凭证分别编制汇总收款凭证、汇总付款凭证和汇总转账凭证，根据各种汇总记账凭证上的汇总数字登记总分类账。

（二）汇总记账凭证核算组织程序的优缺点及适用范围

1.优点

（1）汇总记账凭证能够清晰地反映账户之间的对应关系。在汇总记账凭证核算组织程序下，所采用汇总记账凭证是按会计科目对应关系进行分类汇总的，能清晰反映有关账户的对应关系。

（2）减轻登记总账的工作量。在汇总记账凭证核算组织程序下，可以根据汇总记账凭证上有关账户的汇总发生额，在月份当中定期或月末一次性登记总分类账，可以使登记总分类账的工作量大大减少。

2.缺点

（1）定期编制汇总记账凭证的工作量较大。

（2）对汇总过程中可能存在的错误难以发现。

3.适用范围

由于汇总记账凭证核算组织程序具有能够清晰反映账户之间对应关系和能够减

轻登记总分类账的工作量等优点，因此，它一般只适用于规模较大，经济业务量比较多，专用记账凭证比较多的会计主体。

第五节 日记总账核算组织程序

一、日记总账核算组织程序的含义

日记总账核算组织程序是指设置日记总账，根据经济业务发生以后所填制的各种记账凭证逐笔登记日记总账的账务处理程序。

二、日记总账核算组织程序下的凭证和账簿设置

在日记总账核算组织程序下，记账凭证既可以采用通用记账凭证，又可以采用收款凭证、付款凭证、转账凭证等专用记账凭证。采用的日记账和明细分类账与其他会计核算组织程序基本相同，所不同的是，在这种核算组织程序下需要专门设置日记总账。

三、日记总账的登记方法

日记总账是一种兼具序时账簿和分类账簿两种功能的联合账簿。日记总账的账页一般设计为多栏式，即将经济业务发生以后可能涉及的所有会计账户，分设专栏集中列示在同一张账页上，每一账户又分设借方和贷方两栏，并根据经济业务的性质和账户的对应关系进行总分类记录。对发生的每一笔经济业务都应分别登记在同一行的有关科目栏的借方栏和贷方栏内，并将发生额记入日记总账的发生额栏内。

日记总账的格式如图 12-11 所示。

日记总账　按会计科目设置

××年		记账凭证	摘　要	发生额	×××××					
月	日				借方	贷方	借方	贷方	借方	贷方
×	1		月初余额							
			本月合计							
			月末余额							

登记经济业务的发生总额

本月全部账户借、贷方发生额合计应分别同“发生额”合计数相符

图 12-11　日记总账格式

四、日记总账核算组织程序的账务处理程序

（1）经济业务发生后，根据有关的原始凭证或原始凭证汇总表填制专用记账凭证（或通用记账凭证）。

（2）根据收款凭证和付款凭证逐笔登记库存现金日记账和银行存款日记账。

（3）根据记账凭证并参考原始凭证或原始凭证汇总表，逐笔登记各种明细分类账。

（4）根据各种记账凭证逐笔登记日记总账。

（5）月末，将日记账、明细分类账的余额与日记总账中相应账户的余额进行核对。

（6）月末，根据日记总账和明细分类账的资料编制会计报表。

日记总账核算组织程序的账务处理基本程序如图12-12所示。

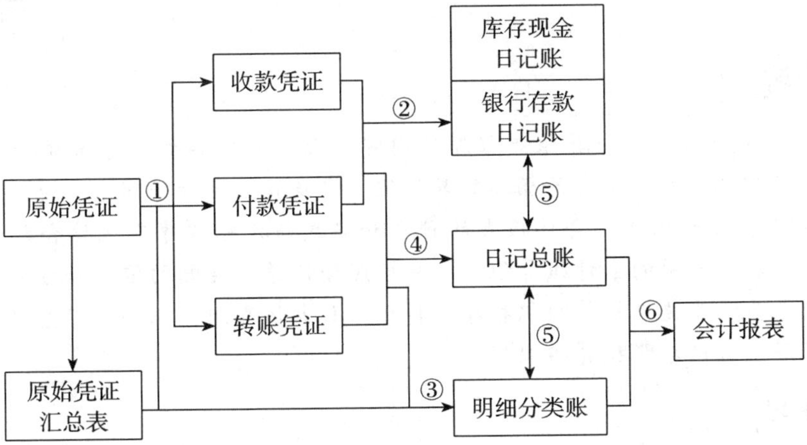

图12-12 日记总账核算组织程序的账务处理步骤示意图

五、对日记总账核算组织程序的评价

（一）日记总账核算组织程序的特点

日记总账核算组织程序的特点是：设置日记总账，根据记账凭证逐笔登记日记总账。

（二）日记总账核算组织程序的优缺点及适用范围

1.优点

（1）大大简化总分类账的登记手续。在日记总账核算组织程序下，是将日记账和总分类账结合在一起，直接根据记账凭证登记总分类账，所有科目都是在一张账页上，不是分设在各个账簿中，因而简化了登记总账的手续。

（2）在日记总账上能够清晰地反映账户之间的对应关系。在日记总账核算组织程序下，当经济业务发生后，要按照预先设置的会计科目栏，在相应栏次的同一行进行登记，可以集中反映经济业务的全貌，反映会计账户之间的对应关系，便于进行会计检查和会计分析。

2.缺点

（1）大大增加了登记总账的工作量。在日记总账核算组织程序下，对于发生的每一笔经济业务都要根据记账凭证逐笔在日记总账中登记，而之前日记账和明细分类账的登记实际上是一种重复登记，这势必会增加工作量。

（2）不便于业务分工和查阅。使用会计科目比较多的会计主体，其日记总账的账页幅面必然要设计得很大，这样既不便于进行记账和查阅，又容易发生登记串行等记账错误。如果会计人员较多，那么也不便于他们在记账上的业务分工。

3.适用范围

日记总账核算组织程序一般只适于规模小，业务量少，使用会计科目不多的会计主体，但在使用电子计算机进行账务处理的企业，由于账簿的登记等工作是由计算机来完成的，因此，很容易克服这种会计核算组织程序的缺点，通常一些大中型企业也可以采用这种核算组织程序。

知识链接12-1

“日记总账核算组织程序”与“通用日记账核算组织程序”

本章小结

本章主要介绍会计核算组织程序的内容，会计核算组织程序又称账务处理程序，或会计核算形式，是会计循环的具体化。它是指在会计循环中，会计主体采用的会计凭证、会计账簿、会计报表的种类和格式与记账程序有机结合的方法和步骤。目前，我国常用的会计核算组织程序按照登记总分类账的依据和方法不同，主要可以划分为记账凭证核算组织程序、科目汇总表核算组织程序、汇总记账凭证核算组织程序、日记总账核算组织程序。

章后练习

一、名词解释

1.会计核算组织程序

2.记账凭证核算组织程序

3.科目汇总表核算组织程序

4.汇总记账凭证核算组织程序

5.日记总账核算组织程序

二、简答题

1.什么是会计核算组织程序？企业选用适合本单位的会计核算组织程序时，应考虑哪些因素？

2.会计核算组织程序的种类主要有哪些？

3.设计会计核算组织程序的意义是什么？应当遵循哪些原则？

4.简述记账凭证核算组织程序的特点、优缺点及适用范围。

5.简述记账凭证核算组织程序下的账务处理步骤。

6.简述科目汇总表核算组织程序的特点、优缺点及适用范围。

7.简述汇总记账凭证核算组织程序的特点、优缺点及适用范围。

8.如何编制科目汇总表？科目汇总表的主要作用是什么？

第十三章

会计工作组织

学习目标

1. 明确组织会计工作的意义和要求；
2. 了解会计机构的设置，明确会计人员应具备的素质和基本条件；
3. 熟知会计人员在履行职能活动中应当具备的职业道德；
4. 明确会计法规制度，有助于提高会计人员在执业过程中的法律意识；
5. 掌握我国会计档案管理制度。

第一节 组织会计工作的意义和要求

一、组织会计工作的意义

组织会计工作是指会计机构的设置、会计人员的配备、会计法规的制定与执行和会计档案的保管等一系列工作。科学有效地组织会计工作对于发挥会计职能，实现会计的目标，具有十分重要的意义，具体表现在以下四个方面：

1.有利于保证会计工作的质量，提高会计工作的效率

会计通过对社会再生产过程中的经济活动和财务收支情况进行反映和监督，为管理者以及社会各界提供准确、可靠的会计信息。具体又可以表现为对企业和行政事业单位周而复始的资金运动和频繁发生的财务收支活动进行核算和监督。会计工作要把这些财务收支和经济活动从凭证到账簿，从账簿到报表，连续收集、记录、分类、汇总和分析，这些都需要一连串的数字计算，需要一系列的程序和方法，各个程序之间，各个方法之间，个个数字之间环环相扣，联系紧密。在任何一个环节上出现差错或者脱节都会使整个核算结果不正确或不能及时完成。如果没有专职的机构和办事人员，没有一套工作制度和办事程序，就不能把会计工作科学地组织起来，就不能很好地完成会计的各项工作任务。

2.有利于会计工作与其他经济管理工作的相互协调、相互配合，提高企业的整体管理水平

会计工作既独立于其他经济管理工作，又与其他经济管理工作存在着十分密切的联系。例如会计工作需要与国家财政、税收、金融工作保持密切的联系，又与各单位内部的计划、统计等工作有非常密切的关系。会计工作一方面需要其他经济管理工作的配合与协调，另一方面也能够促进其他经济管理工作的顺利进行。因此，只有科学地组织好会计工作，并与本单位的计划、统计工作之间密切配合、相互协

调、口径一致，才能互相促进，全面完成会计的任务，充分发挥会计的作用，提高企业的整体管理水平。

3.有利于加强企业的内部经济责任制，提高企业的经济效益

会计是经济管理的重要组成部分，经济责任制是各个企业实行内部经济管理的重要手段。实行内部经济责任制离不开会计，如科学的经济预测，正确的经济决策，计划完成情况的分析和业绩考评等，都离不开会计工作的支持。因此，科学地组织会计工作可以促使企业加强内部经济责任制，促使内部各有关部门管好、用好资金，增收节支，不断提高企业的经济效益。

4.有利于会计法规、制度的执行，维护利益相关者的经济利益和社会主义市场经济秩序

会计工作既是一项错综复杂的系统工作，又是一项要求极高的综合性经济管理工作，必须通过核算如实地反映各单位的经济活动和财务收支情况，通过监督来贯彻执行国家的有关政策、方针、法律和制度。因此，科学地组织好会计工作有利于会计法规、制度的执行，从而维护利益相关者的经济利益和社会主义市场经济秩序。

二、组织会计工作应遵循的要求

对会计工作进行组织和管理要遵行一定的要求，或者说要遵循一定的原则。组织会计工作应符合的要求是指在组织好会计工作、提高会计工作质量和效率所应遵循的一些基本规律。它是组织好会计工作的基本保证。

要保证科学、有效地组织和管理会计工作，必须遵循以下几项要求：

1.统一性要求

统一性要求是指组织会计工作必须按照《会计法》和《企业会计准则》以及其他相关会计法规制度对会计工作的统一要求，贯彻执行国家规定的法令制度，进行会计核算，实行会计监督，以便更好地发挥会计工作在维护社会主义市场经济秩序，加强经济管理，提高经济效益中的应有作用。

2.适应性要求

适应性要求是指组织会计工作必须适应本单位经营管理的特点。各单位应在遵守国家法规和准则的前提下，根据自身管理特点及规模大小等情况，制定相应的具体办法，采用不同的账簿组织、记账方法和程序处理相应的经济业务，以适应企业自身发展的需要。

3.效益性要求

效益性要求是指组织会计工作时在保证会计工作质量的前提下，应讲求效益，节约人力和物力。会计工作繁杂，如果组织不好，就会造成重复劳动，从而浪费人力和物力。所以对会计管理程序的规定，会计凭证、账簿、报表的设计，会计机构的设置以及会计人员的配备等，都应避免烦琐，力求精简，引入会计电算化，从工艺上改进会计操作技术，提高工作效率。应避免机构过于庞大、重叠，人浮于事和形式主义等，从而影响会计工作的效率和质量。

4.内部控制及责任制要求

内部控制及责任制要求是指在组织会计工作时，要遵循内部控制的相关原则，在保证贯彻整个单位责任制的同时，建立和完善会计工作自身的责任制，从现金出纳、财产物资进出以及各项费用的开支等方面，形成彼此相互牵制的机制，防止工作中的失误和弊端。对会计工作进行合理分工，不同岗位上的会计人员各司其职，使得会计处理手续和会计工作程序达到规范化、条理化。

综上所述，组织会计工作，应在保证会计工作质量的前提下，尽量节约耗用在会计工作上的时间和费用。会计账、证、表的设计，各种核算程序的选择，有关措施的确定，会计机构的设置和会计人员的配备等应做到讲成本与讲效果相结合，符合精简节约的原则，既要组织好会计工作，又要减少人、财、物的消耗。

三、组织会计工作的内容

组织会计工作是一项系统工程，它主要包括以下几方面的内容：

（1）设置符合本单位实际的会计机构；

（2）配备一定数量、具有专门素质的会计人员；

（3）明确各岗位会计人员的职责权限；

（4）依据国家的会计法规制定本单位的会计制度，确定适合本单位的账务处理程序，并监督其执行；

（5）管理本单位的会计电算化工作；

（6）切实保管好会计档案。

第二节 会计机构

一、会计机构的设置

会计机构是由专职会计人员组成，负责组织领导和从事会计工作的职能部门。建立健全会计机构是保证会计工作正常进行、充分发挥会计职能作用的重要条件。

《会计法》第三十六条规定："各单位应当根据会计业务的需要，设置会计机构，或者在有关机构中设置会计人员并指定会计主管人员；不具备设置条件的，应当委托经批准设立从事会计代理记账业务的中介机构代理记账。"根据法律的规定，目前我国会计机构设置基本包括三大类：

1.单位设置专门会计机构

一般来说，凡是实行独立核算的大、中型企业和实行企业管理的事业单位都要单独设置会计机构，并配备会计机构负责人。

2.单位不设置专门会计机构，但配备专职会计人员

规模不大的企业，会计业务简单和人员不多的行政单位，可以只配备专职的会计人员，将会计业务并入其他职能部门（如计划部门、统计部门、经营管理部门），并在专职会计人员中指定会计主管人员。

3.实行代理记账

在没有设置会计机构和配备会计人员的单位，应根据《代理记账管理办法》的规定，委托会计师事务所或持有代理记账许可证书的代理记账机构代理记账。

二、会计工作的组织形式

会计工作的组织形式是指独立设置会计机构的单位内部组织和管理会计工作的具体形式，一般可分为集中核算和非集中核算两种。

1.集中核算

集中核算就是把整个企业的主要会计工作集中在企业财务会计部门，企业内部的其他部门和下属单位只对其发生的经济业务填制原始凭证，定期将原始凭证和原始凭证汇总表送交会计部门，由会计部门审核，然后据以填制记账凭证，登记总分类账和明细分类账，编制会计报表。实行集中核算形式的优点是：会计部门可以集中掌握有关资料，便于了解企业的全面经济活动情况，减少核算层次，精简会计人员，有利于推动会计电算化。其不足在于：不便于各部门和下属单位及时了解本部门、本单位的财务会计信息，不便于实行责任会计。

2.非集中核算

非集中核算又称分散核算，是相对于集中核算而言的。除单位内部会计部门以外的其他部门和下属单位，可以在会计部门的指导下，对其所发生的经济业务填制原始凭证或原始凭证汇总表，登记明细分类账，进行明细核算，而由会计部门进行总分类核算和一部分明细分类核算，并编制会计报表。这种核算工作形式的优点是：可以使各职能部门随时了解本部门的经济活动情况，便于进行日常考核和分析，便于实行责任会计。其不足在于：增加了核算层次，必然增加核算工作量，需要多配备会计人员，会计工作成本亦相应增加。

一个单位是采用集中核算还是非集中核算，主要取决于企业内部经营管理上的需要和企业内部是否实行分级管理、分级核算。同时还取决于企业规模大小、生产特点、所属单位独立的程度、会计人员的数量和质量等因素。集中核算与非集中核算是相对的，在一个企业内部，可以根据管理上的需要对其各个业务部门分别采用集中核算或非集中核算两种形式，集中核算或非集中核算的具体内容和方法也不一定相同。但是无论采取哪种形式，企业对外现金收付、银行存款收付、物资供销、应收和应付款项的结算等，都应集中在会计部门进行。

三、会计机构的岗位责任制

（一）建立会计工作岗位制的意义

会计工作岗位责任制是指在会计机构中明确每个会计人员的工作岗位并规定其权限和责任的制度。为了搞好会计工作，在独立设置的会计机构内部应当按照工作内容，将单位全部会计工作划分为若干岗位，规定每个岗位的职责和权限，建立相应的责任制度。建立会计工作岗位责任制，有利于会计工作的程序化和规范化，做到职责清楚，纪律严明，有条不紊，提高效率。同时，这也是配备数量适当的会计人员的客观依据之一。

（二）设置会计工作岗位的原则

在会计机构内部和会计人员中建立岗位责任制是正确组织会计工作，加强会计人员的责任感与纪律性，提高工作效率，保证工作质量的前提条件。《会计基础工作规范》规定了设置会计工作岗位的基本原则与示范性要求。

1.设置会计工作岗位应根据本单位会计工作的需要

各单位所属行业性质、自身的规模、业务内容和数量以及会计核算与管理的需求都会有所不同，设置会计工作岗位，一定要适合本单位的实际情况。

2.设置会计工作岗位必须符合内部牵制制度的要求

内部牵制制度，又称钱账分管制度，是内部控制制度的重要组成部分。内部牵制制度是指凡是涉及款项和财物收付、结算及登记的任何一项工作，必须有两人或两人以上分工办理，以起到相互制约作用的一种工作制度，如现金和银行存款的支付，应由会计主管人员或其授权的代理人审核、批准，出纳人员付款，记账人员记账。不能由一个人同时办理付款和记账。同样，单位购入材料物资，应由采购人员办理采购、报账手续，仓库人员验收入库，记账人员登记入账。发出材料时，应经使用单位领导批准，经办人员领用，仓库人员发料，记账人员记账。再如单位发放工资，应由工资核算人员编制工资单，出纳人员向银行提取现金和分发工资，记账人员记账等等。上述业务，均不得一人兼办。实行内部牵制制度，主要是为了加强会计人员之间相互制约、相互监督、相互核对，提高会计核算工作质量，防止在会计事务处理过程中发生失误和差错以及营私舞弊等行为。

3.设置会计工作岗位要有利于建立岗位责任制

为了不断提高会计人员的业务素质，尽可能培养熟悉各方面业务工作的多面手，会计人员的工作岗位应当有计划地进行轮换、交流。但每个会计工作岗位的职责要分明，做到分工协作，分工的目的是进一步搞好会计工作。因此，会计工作岗位的设置一般不应出现职责交叉的现象，否则，不利于建立职责明确的岗位责任制。

（三）主要会计工作岗位的设置

各单位一般可设置会计机构负责人和会计主管人员岗位、出纳员岗位、财产物资核算岗位、工资核算岗位、成本费用核算岗位、资金核算岗位、债权债务核算岗位、总账与报表岗位、稽核岗位和档案管理岗位等。这些岗位，可以一人一岗，也可以一人多岗和多人一岗，会计负责人应根据各岗位工作量和工作要求，根据会计人员的配备情况，合理调配、安排，使整个会计工作井然有序、忙而不乱。

四、会计监督体系

会计监督是会计的基本职能之一，是我国经济监督体系的重要组成部分。实施会计监督必须健全和完善“三位一体”的会计监督体系，即健全和完善单位内部监督、社会监督和国家监督。

（一）会计工作的单位内部监督

单位内部监督制度是指一个单位为了达到保护其资产的安全完整，保证其经营活动符合国家法律、法规和内部规章要求，提高经营管理效率，防止舞弊，控制风险等目的，而在单位内部采取的一系列相互联系、相互制约的制度和方法。其本质是一种内部控制制度，或者说是吸收和借鉴了内部控制制度的基本精神和内容。《会计法》对各单位建立内部会计监督制度的原则及要求作了规定。

内部监督的主体是本单位的会计机构和会计人员，监督对象是本单位的经济活动。单位负责人应当保证会计机构、会计人员依法履行职责，不得授意、指使、强令会计机构、会计人员违法办理会计事项。会计机构、会计人员对违反会计法和国家统一会计制度规定的会计事项，有权拒绝办理或者按照职权予以纠正。

（二）会计工作的社会监督

社会监督，主要是指社会中介机构，如会计师事务所的注册会计师依法对委托单位的经济活动进行审计，并据实作出客观评价的一种外部监督形式。社会监督因其特有的中介性和公正性得到法律的认可，因此，具有很强的权威性，公正性。

根据有关法律、行政法规规定，需经注册会计师审计的单位，应当向受委托的会计师事务所如实提供会计凭证、会计账簿、财务会计报告和其他会计资料以及有关情况。任何单位或者个人不得以任何方式要求或者示意注册会计师及其所在的会计师事务所出具不真实或者不当的审计报告。财政部门有权对会计师事务所出具审计报告的程序和内容进行监督。

（三）会计工作的国家监督

会计工作的国家监督主要是指政府有关部门依据法律、行政法规的规定和部门的职责权限，对有关单位的会计行为、会计资料所进行的监督检查。国家监督是一种外部监督，其监督的主体是县以上人民政府财政、审计、税务、人民银行、证券监管、保险监管等部门，各部门依照有关法律、行政法规规定的职责和权限可以对有关单位的会计资料实施监督检查。单位必须依照法律和国家有关规定接受财政、审计、税务等机关的监督，如实提供会计凭证、会计账簿、会计报表和其他会计资料以及有关情况，不得拒绝、隐匿、谎报。依法对有关单位的会计资料实施监督检查的部门及其工作人员对在监督检查过程中知悉的国家秘密和商业秘密负有保密义务。

财政部门对单位的下列情况实施监督：是否依法设置会计账簿；会计凭证、会计账簿、财务会计报告和其他会计资料是否真实、完整；会计核算是否符合会计法和国家统一会计制度的规定；从事会计工作的人员是否具备专业能力、遵守职业道德。

第三节 会计人员

一、会计人员的职责和权限

会计人员是指从事会计工作、处理会计业务、完成会计任务的专业人员。配备数量适当和业务素质过硬的会计人员，是一个单位会计工作顺利开展的重要条件和基本保证。要充分发挥会计人员在企业经营管理中的作用，提高会计信息质量，必须使其明确自己的职责和权限。

（一）会计人员的职责

会计人员的职责，概括起来就是及时提供真实可靠的会计信息，认真贯彻执行和维护国家财经制度和财经纪律，积极参与经营管理，提高经济效益。会计人员的主要职责包括以下几项：

1.进行会计核算

会计人员要以实际发生的经济业务为依据，记账、算账、报账，做到手续完备、内容真实、数字准确、账目清楚、日清月结、按期报账，如实反映财务状况、经营成果和财务收支情况。进行会计核算，及时地提供真实可靠、能满足各方需要的会计信息，是会计人员最基本的职责。

2.实行会计监督

各单位的会计机构、会计人员对本单位实行会计监督。会计人员对不真实、不合法的原始凭证，不予受理；对记载不准确、不完整的原始凭证，予以退回，要求更正补充；当发现账簿记录与实物、款项不符时，应当按照有关规定进行处理；无权自行处理的，应当立即向本单位负责人报告，请求查明原因，作出处理；对违反国家统一的财政制度、财务制度规定的收支，不予办理。

3.拟定本单位办理会计事务的具体办法

根据国家的会计法规、制度和财政经济方针、政策及上级机关的有关规定，结合本单位的具体情况，拟定本单位会计工作必须遵循的要求和办理会计事务的具体办法，如会计人员岗位责任制度、内部稽核制度、财产清查制度和成本计算办法等。

（1）参与拟订经济计划、业务计划，考核、分析预算和财务计划的执行情况。会计部门应负责编制财务计划和预算，并考核、分析其执行情况，揭示执行中的问题，查明原因，提出改进的措施和建议。会计人员还应积极参与本单位经济计划和业务计划的拟订工作，运用自身掌握的资料和专业知识，对这些计划的制订提出改进建议和措施，促使有关部门改进经营管理，增收节支，杜绝浪费，充分发挥会计参与管理的职能作用。

（2）办理其他会计事务。其他会计事务是指上述各项尚未包括的其他会计业务，例如，协助单位内部其他管理部门做好管理的基础工作，提供关于改制、合并、分立等方面的会计信息，举办单位管理人员财会知识的培训等。

（二）会计人员的权限

为了保证会计人员顺利地履行自己的职责，国家有关会计法规在明确会计人员职责的同时，也赋予了他们必要的权限，主要表现在以下几个方面：

（1）会计人员有权要求本单位有关部门、人员严格遵守国家财经法纪和法律制度，认真执行本单位的计划、预算，对于内部有关部门违反国家法规的情况，会计人员有权拒绝付款、拒绝报销或者拒绝执行，并及时向本单位领导或上级有关部门报告。

（2）会计人员有权参与制定本单位计划和定额，对外签订合同；参加有关的生产经营管理会议和业务会议；有权了解企业的生产经营情况，并提出自己的建议。

(3) 会计人员有权监督、检查本单位有关部门的财务收支、资金使用和财产保管、收发、计量、检验等情况。

二、会计人员的任免

会计工作者既要为本单位经营管理服务，维护本单位的合法经济利益，又要执行国家的财政、财务制度和财经纪律，维护国家的整体利益，同各种本位主义行为、违法乱纪行为作斗争。针对会计的这一工作特点，国家对会计人员，特别是对会计机构负责人和会计主管人员的任免，在《会计法》和其他相关法规中作了若干特殊的规定，其主要内容包括：

第一，在我国，国有经济占主导地位，为了保证国有经济健康有序发展，在国有企事业单位中任用会计人员应实行回避制度，单位领导人的直系亲属不得担任本单位的会计机构负责人、会计主管人员。会计机构负责人、会计主管人员的直系亲属不得在本单位会计机构中担任出纳工作。

第二，企业单位的会计机构负责人、会计主管人员的任免，应当经过上级主管单位同意，不得任意调动或撤换。各单位应该按照干部管理权限任命会计机构负责人和会计主管人员，任命这些人员时应先由本单位行政领导人提名报主管单位，经上级主管单位的人事和会计部门对提名进行协商、考核，并经行政领导人同意后，即可通知上报单位按规定程序任免。

知识链接13-1

总会计师制度

第三，会计人员在工作过程中忠于职守、坚持原则，如果受到错误处理的，上级主管单位应当责成所在单位予以纠正。会计人员在工作过程中玩忽职守、丧失原则、不宜担任会计工作的，上级主管单位应责成所在单位予以撤换。对于认真执行《会计法》以及其他相关会计法规，忠于职守，作出显著成绩的会计人员，应给予精神或物质奖励。

三、会计人员的专业技术职务

国家对会计人员实行专业技术职务制度。会计人员的专业技术职务是区分会计人员从事业务工作的技术等级。会计专业技术职务分别定为：初级职务、中级职务和高级职务三个级别。初级职务包括会计员、助理会计师；中级职务为会计师；高级职务为高级会计师。各级会计专业职务的基本职责和任职条件是：

1.会计员

会计员要负责具体审核和办理财务收支，编制记账凭证，登记会计账簿，编制财务报表和办理其他会计事务。

会计员任职的基本条件是：初步掌握财务会计知识和技能；熟悉并能遵照执行有关会计法规和财务会计制度；能担负一个岗位的财务会计工作；大学专科或中等专业学校毕业，财务会计工作岗位上见习一年期满。

2.助理会计师

助理会计师负责草拟一般的财务会计制度、规定、办法；解释、解答财务会计法规、制度中的一般规定；分析检查某一方面或某些项目的财务收支和预算的执行情况。

助理会计师应掌握一般的财务会计理论和业务知识，熟悉并执行有关的财经方针、政策和财务会计法规、制度，能担负一个方面或某个重要岗位的财务会计工作。助理会计师在学历和专业工作经历方面要求具备下列条件之一：取得硕士学位，或取得第二学士学位或研究生班结业证书，具备履行助理会计师职务的能力；大学本科毕业，在财务会计工作岗位上见习一年期满；大学专科毕业并担任会计员职务两年以上，或中等专业学校毕业并担任会计员职务四年以上。

3.会计师

会计师负责草拟比较重要的财务会计制度、规定、办法；解释、解答财务会计法规、制度中的重要问题；分析检查财务收支和预算的执行情况；培养初级会计人才。

会计师应该较系统地掌握财务会计基础理论和专业知识，掌握并能贯彻执行有关的财经方针、政策和财务会计法规、制度，具有一定的财务会计工作经验，能负担一个单位或管理一个地区、一个部门、一个系统某个方面的财务会计工作。会计师在学历和专业工作经历方面要求具备下列条件之一：取得博士学位，并具有履行会计师职责的能力；取得硕士学位并担任助理会计师两年左右；取得第二学士学位或研究生班结业证书，并担任助理会计师职务两至三年；大学本科或大学专科毕业并担任助理会计师职务四年以上，并且要求掌握一门外语。

4.高级会计师

高级会计师负责草拟、解释、解答在一个地区、一个部门、一个系统或在全国施行的财务会计法规、制度、办法；组织和指导一个地区、一个部门、一个系统的经济核算和财务会计工作；培养中级以上会计人才。

高级会计师应较系统地掌握经济、财务会计理论和专业知识；具有较高的政策水平和丰富的财务会计工作经验，能担负一个地区、一个部门或一个系统的财务会计管理工作。在学历和专业工作经历方面要求具备下列条件之一：取得博士学位，并担任会计师职务2至3年；取得硕士学位、第二学士学位或研究生班结业证书，或大学本科并担任会计师职务5年以上；较熟练地掌握一门外语。

知识链接13-2

取消会计从业资格证书

思政课堂

会计人员的法律责任

会计人员的法律责任，是指会计人员因违反会计法律规定的行为而应当承担的法律后果。

我国《会计法》规定，有下列行为之一的，由县级以上人民政府财政部门责令限期改正，可以对单位并处3 000元以上50 000元以下的罚款；对其直接负责的主管人员和其他直接责任人员，可以处2 000元以上20 000元以下的罚款；属于国家工作人员的，还应当由其所在单位或者有关单位依法给予行政处分：（1）不依法设置会计账簿的；（2）私设会计账簿的；（3）未按照规定填制、取得原始凭证或者填制、取得的原始凭证不符合规定的；（4）以未经审核的会计凭证为依据登记会计账簿或者登记会计账簿不符合规定的；(5) 随意变更会计处理方法的；(6) 向不同的会计资料使用者提供的财务会计报告编制依据不一致的；(7) 未按照规定使用会计记录文字或者记账本位币的；(8) 未按照规定保管会计资料，致使会计资料毁损、灭失的；(9) 未按照规定建立并实施单位内部会计监督制度或者拒绝依法实施的监督或者不如实提供有关会计资料及有关情况的；(10) 任用会计人员不符合本法规定的。

有前款所列行为之一，构成犯罪的，依法追究刑事责任。会计人员有上述所列行为之一，情节严重的，5年内不得从事会计工作。有关法律对上述所列行为的处罚另有规定的，依照有关法律的规定办理。

伪造、变造会计凭证、会计账簿，编制虚假财务会计报告，构成犯罪的，依法追究刑事责任。有前款行为，尚不构成犯罪的，由县级以上人民政府财政部门予以通报，可以对单位并处5 000元以上100 000元以下的罚款；对其直接负责的主管人员和其他直接责任人员，可以处3 000元以上50 000元以下的罚款；属于国家工作人员的，还应当由其所在单位或者有关单位依法给予撤职直至开除的行政处分；其中的会计人员，5年内不得从事会计工作。

隐匿或者故意销毁依法应当保存的会计凭证、会计账簿、财务会计报告，构成犯罪的，依法追究刑事责任。有前款行为，尚不构成犯罪的，由县级以上人民政府财政部门予以通报，可以对单位并处5 000元以上100 000元以下的罚款；对其直接负责的主管人员和其他直接责任人员，可以处3 000元以上50 000元以下的罚款；属于国家工作人员的，还应当由其所在单位或者有关单位依法给予撤职直至开除的行政处分；其中的会计人员，5年内不得从事会计工作。

授意、指使、强令会计机构、会计人员及其他人员伪造、变造会计凭证、会计账簿，编制虚假财务会计报告或者隐匿、故意销毁依法应当保存的会计凭证、会计账簿、财务会计报告，构成犯罪的，依法追究刑事责任；尚不构成犯罪的，可以处5 000元以上50 000元以下的罚款；属于国家工作人员的，还应当由其所在单位或者有关单位依法给予降级、撤职、开除的行政处分。

单位负责人对依法履行职责、抵制违反本法规定行为的会计人员以降级、撤职、调离工作岗位、解聘或者开除等方式实行打击报复，构成犯罪的，依法追究刑事责任；尚不构成犯罪的，由其所在单位或者有关单位依法给予行政处分。对受打击报复的会计人员，应当恢复其名誉和原有职务、级别。

财政部门及有关行政部门的工作人员在实施监督管理中滥用职权、玩忽职守、徇私舞弊或者泄露国家秘密、商业秘密，构成犯罪的，依法追究刑事责任；尚不构成犯罪的，依法给予行政处分。

违反会计法规定，将检举人姓名和检举材料转给被检举单位和被检举人个人的，由所在单位或者有关单位依法给予行政处分。

第四节 会计法规制度

一、会计法规的意义和种类

会计法规制度是组织和从事会计工作必须遵循的法律和行政法规与制度的总和，是会计工作的标准。制定和执行会计法规制度，可以保证会计目标的实现；促使会计工作贯彻执行党和国家有关的财经方针、政策；保证会计工作沿着社会主义市场经济的方向正确进行；可以使其提供的会计资料和会计信息真实、及时，更好地满足各个方面的需要，更圆满地完成会计任务。

会计法规制度由会计法、会计准则和会计制度三个层次构成。

二、会计法

《中华人民共和国会计法》是为了规范会计行为，保证会计资料真实、完整，加强经济管理和财务管理，提高经济效益，维护社会主义市场经济秩序而制定的法律。《会计法》是我国会计工作的基本大法，是制定其他一切会计法规、制度的法律依据，是进行会计核算工作最高层次的规范，由全国人民代表大会常务委员会制定，以国家主席令发布。

知识链接13-3

我国会计规范体系

2017年11月4日，第十二届全国人民代表大会常务委员会第三十次会议决定，通过对《中华人民共和国会计法》作出修改，自2017年11月5日起施行。《会计法》共七章五十二条，包括总则，会计核算，公司、企业会计核算的特别规定，会计监督，会计机构和会计人员，法律责任，附则。

三、会计准则

《企业会计准则》是我国企业会计核算工作的基本规范，亦即企业会计部门对其经济业务进行确认、计量和报告等会计活动应遵循的标准。

我国于1992年11月第一次颁布企业会计准则，它是我国改革开放后，由计划经济向市场经济转变，财政部会计事务管理司根据当时的国情，借鉴国际惯例出台的第一个会计准则。随着改革开放进一步深化、世界经济的一体化趋势、国际资本市场的全球化进程和知识经济的飞速发展，会计理论也在不断发展，日益完善。

2006年，我国构建起与国情相适应，同时又充分与国际财务报告准则趋同的、涵盖各类企业（小企业除外）各项经济业务、独立实施的会计准则体系。这部会计准则体系由一项基本会计准则和38项具体会计准则、企业会计准则应用指南和解释公告三个层次组成。

2014年，财政部对《企业会计准则第33号——合并财务报表》《企业会计准则第9号——职工薪酬》《企业会计准则第30号——财务报表列报》等5项具体会计准则进行了修订，并发布了《企业会计准则第39号——公允价值计量》《企业会计准则第40号——合营安排》《企业会计准则第41号——在其他主体中权益的披露》3项具体会计准则。

2017年，财政部对《企业会计准则第22号——金融工具确认和计量》《企业会计准则第23号——金融资产转移》《企业会计准则第24号——套期会计》《企业会计准则第37号——金融工具列报》《企业会计准则第16号——政府补助》《企业会计准则第14号——收入》等6项具体会计准则进行了修订，新增《企业会计准则第42号——持有待售的非流动资产、处置组和终止经营》。

2018年对《企业会计准则第21号——租赁》《企业会计准则第12号——债务重组》进行了修订。

2019年，财政部对《企业会计准则第7号——非货币性资产交换》进行了修订。

2020年，财政部对《企业会计准则第25号——保险合同》进行了修订。

截至目前，已经发布的具体准则共42项，见表13-1。

表13-1 **具体会计准则列表**

序号	企业会计准则名称	序号	企业会计准则名称
第1号	存货	第22号	金融工具确认和计量
第2号	长期股权投资	第23号	金融资产转移
第3号	投资性房地产	第24号	套期会计
第4号	固定资产	第25号	保险合同
第5号	生物资产	第26号	再保险合同
第6号	无形资产	第27号	石油天然气开采
第7号	非货币性资产交换	第28号	会计政策、会计估计变更和差错更正
第8号	资产减值	第29号	资产负债表日后事项
第9号	职工薪酬	第30号	财务报表列报
第10号	企业年金基金	第31号	现金流量表
第11号	股份支付	第32号	中期财务报告
第12号	债务重组	第33号	合并财务报表
第13号	或有事项	第34号	每股收益
第14号	收入	第35号	分部报告
第15号	建造合同	第36号	关联方披露
第16号	政府补助	第37号	金融工具列报
第17号	借款费用	第38号	首次执行企业会计准则
第18号	所得税	第39号	公允价值计量
第19号	外币折算	第40号	合营安排
第20号	企业合并	第41号	在其他主体中权益的披露
第21号	租赁	第42号	持有待售的非流动资产、处置组和终止经营

四、会计制度

本节所指会计制度是指国家财政部门制定的一系列会计核算制度，如于2001年1月1日起实施的《企业会计制度》及以后陆续颁布实施的《金融企业会计制度》《小企业会计制度》等。其主要内容包括一般规定、会计科目、财务报表、主要会计事项分录举例和一些必要的会计法规。

1.企业会计制度

《企业会计制度》是关于企业会计核算的制度规范。2000年12月29日，财政部财会〔2000〕25号文件公布了《企业会计制度》，其基本内容主要包括两部分：第一部分“会计核算的一般原则及基本业务”，共十四章一百六十条。第一章总则部分，规定了制度制定的目的、依据、适用范围、会计核算前提、会计核算原则等；第二章至第十二章，主要就会计要素的确认与计量、特殊会计业务的核算作出了规范；第十三章财务会计报告；第十四章附则。第二部分“会计科目和会计报表的有关说明”，主要包括会计科目总说明、会计科目名称和编号、会计科目使用说明、会计报表格式、会计报表编制说明和会计报表附注。

2.事业单位会计制度

事业单位会计制度是关于事业单位会计核算的制度规范。为使国内的国有事业单位适应社会主义市场经济体制的需要，财政部于1997年根据《事业单位会计准则》（试行）制定并发布了《事业单位会计制度》（财预字〔1997〕288号），该制度自1998年1月1日起开始执行。2012年12月19日，财政部为进一步规范事业单位的会计核算，提高会计信息质量，根据《中华人民共和国会计法》、《事业单位会计准则》和《事业单位财务规则》，对《事业单位会计制度》进行了修订，自2013年1月1日起施行，财预字〔1997〕288号同时废止。新修订的《事业单位会计制度》包括总说明、会计科目名称和编号、会计科目使用说明、会计报表格式、财务报表编制说明五部分。

3.金融企业会计制度

金融企业会计制度是关于金融企业会计核算的制度规范。为规范金融企业的会计核算，提高会计信息质量，财政部于2001年根据《中华人民共和国会计法》、《企业财务会计报告条例》等有关法律、法规，制定并发布了《金融企业会计制度》，该制度自2002年1月1日起开始执行，主要内容包括第一章总则、第二章资产、第三章负债、第四章所有者权益、第五章收入、第六章成本和费用、第七章利润及利润分配、第八章外币业务、第九章会计调整、第十章或有事项、第十一章关联方关系及其交易、第十二章财务会计报告、第十三章证券投资基金、第十四章信托业务、第十五章附则。2011年2月21日，中华人民共和国财政部令第62号《财政部关于公布废止和失效的财政规章和规范性文件目录（第十一批）的决定》发布，《金融企业会计制度》废止，现在金融企业执行《企业会计准则》。

4.小企业会计制度

小企业会计制度是关于小企业会计核算的制度规范。为规范小企业的会计核算，提高会计信息质量，财政部于2004年根据《中华人民共和国会计法》、《企业财务会计报告条例》及其他有关法律和法规，制定并发布了《小企业会计制度》。根据财政部的财会〔2011〕17号文件，该制度从2013年1月1日废止，实行《小企业会计准则》。《小企业会计准则》分总则、资产、负债、所有者权益、收入、费用、利润及利润分配、外币业务、财务报表、附则共十章九十条。

第五节 会计职业道德

市场经济越发展，对会计工作的职业道德水准要求越高。建立健全会计职业道德规范体系，加强会计职业道德教育，全面提高会计人员职业素养，是新时期以德治国、建立和谐社会，以及会计工作发展的需要。

一、会计职业道德的含义

会计职业道德是指在会计职业活动中应当遵循的、体现会计职业特征的、调整会计职业关系的各种经济关系的职业行为准则和规范。它是社会道德体系的一个重要组成部分，是职业道德在会计职业行为和会计职业活动中的具体体现。

知识链接13-4

会计职业道德与会计法律制度的区别

会计职业作为社会经济活动中的一种特殊职业，其职业道德与其他职业道德相比具有自身的特征：一是具有一定的强制性，如为了强化会计职业道德的调整职能，我国会计职业道德中的许多内容都直接纳入了会计法律制度。二是较多关注公众利益。会计职业的社会公众利益性，要求会计人员客观公正，在会计职业活动中，当发生道德冲突时要坚持准则，把社会公众利益放在第一位。

二、会计人员的职业道德

我国会计人员职业道德的内容可以概括为爱岗敬业、诚实守信、廉洁自律、客观公正、坚持准则、提高技能、参与管理和强化服务。

（一）爱岗敬业

爱岗敬业包含“爱岗”和“敬业”两方面的要求。爱岗就是热爱自己的工作岗位，热爱本职工作。爱岗是对人们工作态度的一种普遍要求。热爱本职工作，就是职业工作者以正确的态度对待各种职业劳动，努力培养热爱自己所从事的工作的幸福感、荣誉感。敬业就是用一种严肃的态度对待自己的工作，勤勤恳恳、兢兢业业、忠于职守、尽职尽责。会计职业道德中的敬业，要求从事会计职业的人员充分认识到会计工作在国民经济中的地位和作用，以从事会计工作为荣，敬重会计工作，具有献身于会计工作的决心。

爱岗与敬业是相互联系的，爱岗是敬业的基础，敬业是爱岗的具体表现。爱岗敬业是会计人员干好本职工作的基础和条件，是其应具备的基本道德素质。爱岗敬业要求会计人员热爱会计工作、安心本职岗位、忠于职守、尽心尽力、尽职尽责。

思政课堂

为火箭“焊”心脏的大国工匠——高凤林

发动机是火箭的“心脏”，任何一个漏点，在火箭升空过程中都可能会引发毁灭性爆炸。高凤林就是能做到在0.01秒内精准控制焊枪停留在燃料管道上，上万次的操作都准确无误。

40多年来，他一直奋战在航天制造一线，160多枚长征系列运载火箭，在他焊接的发动机助推下成功飞向太空，占总数一半以上。在载人航天、北斗导航、嫦娥探月、火星探测、国防建设等航天产品及发动机型号的重大攻关项目中，他攻克"疑难杂症"300多项，先后获得国家科技进步二等奖，军队科技进步二等奖，全国职工技术创新一等奖，德国纽伦堡国际发明展三项金奖等多项科技奖项。著书3部，发表论文43篇，专利26项。在钛合金自行车、大型真空炉、超薄大型波纹管等多个领域，他用自己的高超技术填补了中国的技术空白。

一个人，一旦爱上自己的职业，就会全身心地融入工作。会计学专业的大学生，是未来会计工作的从业者，我们要热爱会计工作，安心于本职岗位，忠于职守，尽心尽责，这样即便是在平凡的岗位上，也可以做出不平凡的事业。

（二）诚实守信

诚实守信就是忠诚老实，信守诺言，是为人处世的一种美德。诚实，就是忠诚老实，不讲假话。守信，就是信守诺言，说话算数，讲信誉，重信用，履行自己应承担的义务。诚实和守信两者的意思是相互联系的。诚实是守信的基础，守信是诚实的具体表现。诚实侧重于对客观事实的反映是真实的，对自己内心的思想、情感的表达是真实的。守信侧重于对自己应承担、履行的责任和义务的忠实，毫无保留地实践自己的诺言。

诚实守信的基本要求是：首先，做老实人，办老实事，不弄虚作假。做老实人，要求会计人员言行一致、表里如一、光明正大。说老实话，要求会计人员说话诚实，如实反映和披露单位的经济业务事项。办老实事，要求会计人员工作踏踏实实、不弄虚作假、不欺上瞒下。其次，执业谨慎，信誉至上。诚实守信，要求注册会计师在执业中始终保持应有的谨慎态度，维护职业信誉即客户和社会公众的合法权益。最后，保密守信，不为利益所诱惑。在市场经济中，秘密可以带来经济利益，而会计人员因职业特点经常接触到单位和客户的一些秘密。因此，会计人员依法保守单位的秘密，这也是诚实守信的具体表现。

（三）廉洁自律

廉洁自律是中华民族的一种传统美德，也是会计职业道德规范的重要内容之一。在会计职业中，廉洁要求会计从业人员公私分明，不贪不占，遵纪守法，经得起金钱、权力、美色的考验，不贪污挪用、不监守自盗。保持廉洁主要依靠会计人员的觉悟、良知和道德水准，而不是受制于外在力量。自律，是指会计人员以一定的具体标准作为具体行为或言行的参照物，进行自我约束、自我控制，使具体的行为或言论达到至善至美的过程。自律包括两层意思：一是会计行业自律，是会计职业组织对整个会计职业的会计行为进行自我约束、自我控制的过程；二是会计从业人员的自我约束，会计从业人员的自我约束是靠其科学的价值观和正确的人生观来实现的，每个会计从业人员的自律性强，则整个会计行业的自律性也强。

廉洁自律的基本要求是：第一，公私分明，不贪不占；第二，遵纪守法，抵制行业不正之风；第三，重视会计职业声望。

思政课堂

年轻财务的沉沦

2020年以来，中央纪委国家监委网站累计发布了多起出纳、会计等岗位财务人员违纪违法问题的案例剖析类报道。其中，部分基层单位年轻财务人员为追求享乐，迷失自我的问题较为突出。

案例一："90后"女会计贪污40万元

贵州"90后"女会计张艺贪污的新闻曾引起舆论热议。张艺是贵州省思南县社会保险事业局的会计兼出纳，工作不到一年，她就利用职务之便贪污了40余万元民生领域资金，到案发时还不过25岁。最终张艺被判刑一年六个月，并处罚金人民币10万元。

案例二：会计挪用公款930万元打赏女主播

29岁的王某是江苏镇江某房地产开发公司会计，沉迷于看网络直播，为了打赏女主播，他动起了挪用公司资金的念头，共挪用公款930万元，其中在各个直播平台充值就达766万元，最终王某被判刑7年。

案例三：为买奢侈品，把公家账户当成提款机

一件衣服6.4万元，一个包超过20万元……1990年出生的王雪，是北京市东城区某离退休干部休养所原出纳员。仅一年多的时间，她利用职务便利，侵吞、骗取公款720余万元，全部用于个人奢侈消费。

案例四：为"白富美"人设挪用公款129万元

江苏省溧阳市残疾人联合会、市残疾人劳动服务所原出纳会计张敬宜为了在朋友圈"比拼实力"，同样是90后的她，挪用129万元公款用于微整形、购买奢侈品、出国旅游消费，以维持自己在同事眼中"白富美"的人设。

欲望的口子一旦打开，只会不可遏制地越张越大。面对诱惑，会计人员一定要恪守职业道德，树立正确的人生观和价值观，公私分明、不贪不占，切勿因一念之差而断送前程。

（四）客观公正

客观是指按事物的本来面目来反映，不掺杂个人的主观意愿，也不为他人意见所左右，既不夸大，又不缩小。公正就是公平正直，没有偏失，但不是中庸。在会计职业中，客观公正是会计人员必须具备的行为品德，是会计职业道德规范的灵魂。客观要求会计人员在处理经济业务时必须以实际发生的交易或事项为依据，如实反映企业的财务状况、经营成果和现金流量情况。公正要求会计准则不偏不倚、一视同仁，会计人员在履行会计职能时，摒弃单位、个人私利，不偏不倚地对待有关利益各方。客观公正，不只是一种工作态度，更是会计人员追求的一种境界。

客观公正的基本要求是：首先，端正态度；其次，依法办事；最后，实事求是、不偏不倚，保持独立。客观公正，一是要求保持会计人员从业的独立性；二是要求会计人员保持客观公正的从业心态。

（五）坚持准则

坚持准则，要求会计人员在处理业务过程中，严格按照会计法律制度办事，不为主观或他人意志左右。这里所指的“准则”不仅指会计准则，而且包括会计法律、会计行政法规、国家统一的会计制度以及与会计工作相关的法律制度。

坚持准则的基本要求是：首先，熟悉准则。会计工作不单纯是进行记账、算账和报账，还会时时处处涉及政策界限、利益关系的处理，需要遵守准则、执行准则、坚持准则，只有熟悉准则，才能按准则办事，才能保证会计信息的真实性和完整性。其次，坚持准则。在企业的经营活动中，国家利益、集体利益与单位、部门以及个人利益有时会发生冲突，《会计法》第四条规定：“单位负责人对本单位的会计工作和会计资料的真实性、完整性负责。”会计人员坚持准则，不仅是对法律负责，对国家、社会公众负责，而且是对单位负责人负责。

（六）提高技能

会计是一门不断发展变化、专业性很强的学科，它与经济发展有着密切的联系。近年来，会计专业性和技术性日趋复杂，对会计人员所应具备的职业技能要求也越来越高。会计职业技能主要包括：一是会计专业基础知识；二是会计理论、专业操作的创新能力；三是组织协调能力；四是主动更新知识的能力；五是提供会计信息的能力等。提高技能，就是指会计人员通过学习、培训等手段提高职业技能，以获得足够的专业胜任能力的活动。

（七）参与管理

参与管理，就是为管理者当参谋，为管理活动服务。管理决策者与会计工作或会计人员在管理活动中分别扮演着决策者和参谋人员的角色，承担着不同的职责和义务。会计人员只参与管理过程，并不直接从事管理活动，只是尽职尽责地履行会计职责，间接地从事管理活动或者说参与管理活动。

会计人员要树立参与管理的意识，积极主动地做好参谋。具体地说，应积极做好以下几方面工作：一是在做好本职工作的同时，努力钻研相关业务；二是全面熟悉本单位经营活动和业务流程，主动提出合理化建议，协助领导作出决策，积极参与管理。

（八）强化服务

强化服务是现代经济社会对劳动者所从事职业的更高层次要求，它表现为人们在参与对外工作交往和组织内部协调运作的过程中，人与人之间人际关系的融洽程度和与之相对应的工作态度。强化服务要求会计人员树立服务意识、提高服务质量、努力维护和提升会计职业的良好社会形象。

以上八项是每一个会计人员在工作中应具备的基础职业道德，会计从业人员应在实践中自觉遵循、不断充实和发扬光大。

第六节 会计档案管理

一、会计档案的含义和内容

（一）会计档案的含义

会计档案是指单位在进行会计核算等过程中接收或形成的，记录和反映单位经济业务事项的，具有保存价值的文字、图表等各种形式的会计资料，包括通过计算机等电子设备形成、传输和存储的电子会计档案。

会计档案对于总结经济工作，指导生产经营管理和事业管理，查验经济财务问题，防止贪污舞弊，研究经济发展的方针、战略等都具有重要作用。各单位应当加强会计档案管理工作，设立档案机构或配备档案工作人员，建立和完善会计档案的收集、整理、保管、利用、鉴定和销毁等管理制度，采取可靠的安全防护技术和措施，保证会计档案的真实、完整、可用、安全。单位的档案机构或者档案工作人员所属机构（以下统称单位档案管理机构）负责管理本单位的会计档案。单位也可以委托具备档案管理条件的机构代为管理会计档案。

（二）会计档案的内容

会计档案的内容一般包括会计凭证、会计账簿、财务会计报告以及其他会计资料等四个部分。

（1）会计凭证包括原始凭证、记账凭证。

（2）会计账簿包括总分类账、明细分类账、日记账和其他辅助性账簿。

（3）财务会计报告包括月度、季度、半年度、年度财务会计报告。

（4）其他会计资料，包括银行存款余额调节表、银行对账单、纳税申报表、会计档案移交清册、会计档案保管清册、会计档案销毁清册、会计档案鉴定意见书及其他具有保存价值的会计资料。

二、会计档案的保管

（一）会计档案的归档

单位会计机构按照归档范围和归档要求，负责定期将应当归档的会计资料整理立卷，编制会计档案保管清册。属于当年归档范围的会计资料，一般应当在会计年度终了后半年内，由单位会计机构向档案机构或档案工作人员进行移交。因工作需要确需推迟移交、由会计机构临时保管的，应当经档案机构或档案工作人员所属机构同意，且最多不超过3年。临时保管期间，会计资料的保管应当符合国家有关规定，且出纳人员不得兼管会计档案。

单位可以利用计算机、网络通信等现代信息技术手段管理会计档案。单位内部形成的电子会计资料，同时满足下列条件的，可仅以电子形式归档保存：①电子会计资料来源真实有效，由相应的信息系统生成和传输。②使用的会计核算系统能够准确、完整、有效接收和读取电子会计资料数据；能够输出符合归档格式的会计凭证、账簿、报表等会计资料；设定并履行了经办、审核、审批等必要的电子签证程序。③使用的档案管理系统能够有效接收、管理、利用电子会计档案数据，符合电子数据长期保管要求，并建立了电子会计档案与相应纸质会计档案的索引关系。④采取有效措施，防止电子会计档案数据被篡改。⑤建立电子会计档案备份制度，能够有效防范自然灾害、意外事故和人为破坏的影响。⑥不属于永久保存的会计档案。

（二）会计档案的移交

单位会计管理机构在办理会计档案移交时，应当编制会计档案移交清册，列明应当移交的会计档案名称、卷号、册数、起止年度、档案编号、应保管期限和已保管期限等内容。交接会计档案时，交接双方应当按照会计档案移交清册所列内容逐项交接，并由交接双方的单位有关负责人负责监督。交接完毕后，交接双方经办人和监督人应当在会计档案移交清册上签名或盖章。

纸质会计档案移交时应当保持原卷的封装。电子会计档案移交时应当将电子会计档案及其元数据一并移交，且文件格式应当符合国家档案管理的有关规定。特殊格式的电子会计档案应当与其读取平台一并移交。单位档案管理机构接收电子会计档案时，应当对电子会计档案的准确性、完整性、可用性、安全性进行检测，符合要求的才能接收。

建设单位在项目建设期间形成的会计档案，需要移交给建设项目接受单位的，应当在办理竣工财务决算后及时移交，并按照规定办理会计档案交接手续。

（三）会计档案的查阅和复制

知识链接13-5

会计工作交接的要求与程序

单位应当严格按照相关制度利用会计档案，在进行会计档案查阅、复制、借出时履行登记手续，严禁篡改和损坏。

单位保存的会计档案一般不得对外借出。确因工作需要且根据国家有关规定必须借出的，应当严格按照规定办理相关手续。

会计档案借用单位应当妥善保管和利用借入的会计档案，确保借入会计档案的安全完整，并在规定时间内归还。

（四）会计档案的保管期限

会计档案的保管期限分为永久、定期两类。定期保管期限一般分为10年和30年。会计档案的保管期限，从会计年度终了后的第一天算起。会计档案最低保存期限和销毁办法，由财政部和国家档案局制定。目前规定的企业会计档案保管期限，见表13-2。

表13-2 **会计档案保管期限表**

序号	档案名称	保管期限	备注
一	会计凭证		
1	原始凭证	30年	
2	记账凭证	30年	
二	会计账簿		

续表

序号	档案名称	保管期限	备注
3	总账	30年	
4	明细账	30年	
5	日记账	30年	
6	固定资产卡片		固定资产报废清理后保管5年
7	其他辅助性账簿	30年	
三	财务会计报告		
8	月度、季度、半年度财务会计报告	10年	
9	年度财务会计报告	永久	
四	其他会计资料		
10	银行存款余额调节表	10年	
11	银行对账单	10年	
12	纳税申报表	10年	
13	会计档案移交清册	30年	
14	会计档案保管清册	永久	
15	会计档案销毁清册	永久	
16	会计档案鉴定意见书	永久	

（五）会计档案的销毁

单位应当定期对已到保管期限的会计档案进行鉴定，并形成会计档案鉴定意见书。经鉴定，仍需继续保存的会计档案，应当重新划定保管期限；对保管期满，确无保存价值的会计档案，可以销毁。

会计档案鉴定工作应当由单位档案管理机构牵头，组织单位会计、审计、纪检监察等机构或人员共同进行。

经鉴定可以销毁的会计档案，应当按照以下程序销毁：①单位档案管理机构编制会计档案销毁清册，列明拟销毁会计档案的名称、卷号、册数、起止年度、档案编号、应保管期限、已保管期限和销毁时间等内容。②单位负责人、档案管理机构负责人、会计管理机构负责人、档案管理机构经办人、会计管理机构经办人在会计档案销毁清册上签署意见。③单位档案管理机构负责组织会计档案销毁工作，并与会计管理机构共同派员监销。监销人在会计档案销毁前，应当按照会计档案销毁清册所列内容进行清点核对；在会计档案销毁后，应当在会计档案销毁清册上签名或盖章。电子会计档案的销毁还应当符合国家有关电子档案的规定，并由单位档案管理机构、会计管理机构和信息系统管理机构共同派员监销。

此外，保管期满但未结清的债权债务会计凭证和涉及其他未了事项的会计凭证不得销毁，纸质会计档案应当单独抽出立卷，电子会计档案单独转存，保管到未了事项完结时为止。单独抽出立卷或转存的会计档案，应当在会计档案鉴定意见书、会计档案销毁清册和会计档案保管清册中列明。

单位因撤销、解散、破产或其他原因而终止的，在终止或办理注销登记手续之前形成的会计档案，按照国家档案管理的有关规定处置。

单位分立后原单位存续的，其会计档案应当由分立后的存续方统一保管，其他方可以查阅、复制与其业务相关的会计档案。单位分立后原单位解散的，其会计档案应当经各方协商后由其中一方代管或按照国家档案管理的有关规定处置，各方可以查阅、复制与其业务相关的会计档案。单位分立中未结清的会计事项所涉及的会计凭证，应当单独抽出由业务相关方保存，并按照规定办理交接手续。单位因业务移交其他单位办理所涉及的会计档案，应当由原单位保管，承接业务单位可以查阅、复制与其业务相关的会计档案。对其中未结清的会计事项所涉及的会计凭证，应当单独抽出由承接业务单位保存，并按照规定办理交接手续。

单位合并后原各单位解散或者一方存续其他方解散的，原各单位的会计档案应当由合并后的单位统一保管。单位合并后原各单位仍存续的，其会计档案仍应当由原各单位保管。

本章小结

本章主要介绍会计工作组织的内容，会计工作组织是指会计机构的设置、会计人员的配备、会计法规的制定与执行和会计档案的保管等一系列工作。会计机构是由专职会计人员组成，负责组织领导和从事会计工作的职能部门。会计人员是从事会计工作、处理会计业务、完成会计任务的专业人员。我国会计人员职业道德包括爱岗敬业、诚实守信、廉洁自律、客观公正、坚持准则、提高技能、参与管理和强化服务。会计法规制度是组织和从事会计工作必须遵循的法律和行政法规与制度的总和，是会计工作的标准。会计法规制度由会计法、会计准则和会计制度三个层次构成。会计档案是指单位在进行会计核算等过程中接收或形成的，记录和反映单位经济业务事项的，具有保存价值的文字、图表等各种形式的会计资料，包括通过计算机等电子设备形成、传输和存储的电子会计档案。各单位应当加强会计档案管理工作，保证会计档案的真实、完整、可用、安全。

章后练习

一、名词解释

1.会计工作组织　2.会计机构　3.会计制度　4.集中核算

5.非集中核算　6.会计档案

二、简答题

1.什么是会计工作组织？正确组织会计工作有何意义？

2.什么是会计机构？会计机构有哪些种类？

3.会计人员的职责和权限分别是什么？

4.会计人员应具备哪些职业道德？

5.《会计法》规定的基本内容有哪些？

6.什么是会计准则？简述我国会计工作的结构层次。

7.什么是会计制度？会计制度按内容可以分为哪些类别？

8.简述会计档案的保管期限。

附录一

基础会计模拟试题A卷

题号	一	二	三	四	五	六	总分
得分							

一、单项选择题（下列每小题备选答案中，只有一个符合题意的答案，请将选定答案的字母编号填入括号内。共20分，每小题1分）

1.借贷记账法是以“借”和“贷”作为（　　）。

A.记账符号　　B.记账规则

C.记账方法　　D.账户对应关系

2.企业的预收账款属于会计要素中的（　　）。

A.资产　　B.负债

C.所有者权益　　D.权益

3.企业对应收账款提取坏账准备，符合（　　）会计信息质量特征要求。

A.可比性　　B.相关性

C.谨慎性　　D.重要性

4.“生产成本”账户的期末借方余额表示（　　）的成本。

A.在途物资　　B.完工产品

C.销售产品　　D.在产品

5.“管理费用”属于（　　）类账户。

A.资产　　B.负债

C.损益　　D.成本

6.下列经济业务引起资产项目与负债项目同时增加的有（　　）。

A.用银行存款偿还应付款　　B.将资本公积转增资本

C.用银行存款购买原材料　　D.向银行借入短期借款

7.记账凭证核算组织程序，登记总账的依据是（　　）。

A.记账凭证　　B.科目汇总表

C.日记账　　D.汇总记账凭证

8.库存现金与银行存款的相互划转业务，一般只编制（　　）。

A.收款凭证　　B.付款凭证

C.转账凭证　　D.收款和付款凭证

9.记账后，如果发现记账凭证中会计科目有错误，应采用（　　）更正。

A.补充登记法　　B.划线更正法

C.红字更正法　　D.转账更正法

10.对确实无法支付的应付款项，在报经批准后将其转为（　　）处理。

A.资本公积　　B.盈余公积

C.营业外支出　　D.营业外收入

11.为了及时掌握各项财产物资的增减变动和结存情况，企业一般应采用（　　）。

A.权责发生制　　B.永续盘存制

C.收付实现制　　D.实地盘存制

12.一项资产减少，一项负债减少的经济业务发生后，会使资产与权益原来的总额（　　）。

A.发生同减的变动　　B.发生同增的变动

C.不会变动　　D.发生不等额的变动

13.某工业企业本期主营业务收入为220万元，主营业务成本为120万元，税金及附加10万元，其他业务收入为15万元，其他业务成本5万元，投资收益20万元，管理费用10万元，资产减值损失5万元，销售费用10万元，营业外支出5万元。该企业本期的营业利润为（　　）万元。

A.95　　B.90

C.75　　D.70

14.当进行复式记账时，会计人员对任何一项经济业务登记的账户数量应是（　　）。

A.仅为一个　　B.仅为两个

C.两个以上　　D.两个或两个以上

15.借贷记账法下，开设账户的依据是（　　）。

A.会计对象　　B.会计要素

C.会计科目　　D.会计方法

16.借贷记账法的余额试算平衡公式是（　　）。

A.每个账户的借方发生额=每个账户的贷方发生额

B.全部账户本期借方发生额的合计=全部账户本期贷方发生额的合计

C.全部账户期末借方余额的合计=全部账户期末贷方余额的合计

D.全部账户期末借方余额的合计=部分账户期末贷方余额的合计

17.会计凭证的保管期限为（　　）。

A.5年　　B.10年

C.15年　　D.30年

18.记账凭证上记账栏中的“√”记号表示（　　）。

A.已经登记入账　　B.不需登记入账

C.此凭证作废　　D.此凭证编制正确

19.反映企业一定时期内经营成果的报表是（　　）。

A.资产负债表　　B.利润表

C.现金流量表　　D.所有者权益变动表

20.下列各项，属于流动负债的是（　　）。

A.应收账款　　B.资本公积

C.预付账款　　D.应交税费

二、多项选择题（下列每小题备选答案中，有两个或两个以上符合题意的正确答案，请将选定答案的字母编号填入括号中，共10分，每小题2分。多选、少选、错选均不得分）

1.所有者权益与负债的不同表现为（　　）。

A.性质不同　　B.偿还期不同

C.权利不同　　D.风险程度不同

2.会计核算的前提包括（　　）。

A.会计主体　　B.持续经营

C.会计分期　　D.货币计量

3.产品的制造成本包括（　　）。

A.为制造产品发生的材料费用　　B.生产工人工资费用

C.意外灾害造成的材料毁损　　D.用于出售的材料成本

4.付款凭证中的贷方科目可能是下列科目中的（　　）。

A.“应收账款”　　B.“应付账款”

C.“库存现金”　　D.“银行存款”

5.“税金及附加”账户借方登记的内容有（　　）。

A.增值税　　B.消费税

C.教育费附加　　D.城市维护建设税

三、判断题（请判断下列各题的正确性，正确的在括号内标注“√”号，错误的标注“×”号。共10分，每小题1分）

1.资产与所有者权益在数量上始终是相等的。（　　）

2.任何一笔会计分录都必须同时具备应记账户名称、记账方向和金额三大基本要素。（　　）

3.借贷记账法的记账规则是：借方登记增加，贷方登记减少。（　　）

4.三栏式账簿一般适用于费用、成本等明细账。（　　）

5.盈余公积是从利润总额中按一定比例提取的公积金。（　　）

6.外来凭证一般均属于一次凭证。（　　）

7.造成企业银行存款日记账与银行对账单余额不符的原因肯定是双方或一方记账错误。（　　）

8.当一些印好编号的重要凭证作废时，应加盖“作废”字样，连同存根一起保存，不得随意撕毁，如收据、发票、支票等。（　　）

9.资产负债表是一张静态报表。（　　）

10.“银行存款余额调节表”只是为了核对账目，不能作为调节银行存款余额的原始凭证。 （ ）

四、计算题（每小题5分，共10分）

1.某企业按产品生产工时比例分配制造费用，A产品工时30 000小时，B产品40 000小时，本月制造费用总额56 000元。要求计算：

（1）制造费用分配率=

（2）A产品应负担的制造费用=

（3）B产品应负担的制造费用=

2.某企业部分账户资料如下，请填上所缺数据（单位：元）。

账户名称	期初余额	借方发生额	贷方发生额	期末余额
银行存款	（ ）	25 000	30 000	50 000
短期借款	600 000	500 000	（ ）	300 000
预付账款	20 000	（ ）	30 000	40 000
实收资本	（ ）	0	100 000	600 000
固定资产	500 000	300 000	（ ）	700 000

五、根据下列经济业务编制会计分录（本题共40分，每小题2分，要求进行明细核算）

1.接受A企业投资的一台设备，价值100 000元。

2.从银行取得期限为3年，年利率10%的借款500 000元，存入银行。

3.购买甲材料2 000千克，单价10元/千克，增值税进项税额总计2 600元，材料的运杂费600元，所有款项均以银行存款支付，材料尚在运输途中。

4.次日，上述材料验收入库。

5.公司采购员王海出差，预借差旅费3 000元，以现金付讫。

6.王海出差回来，报销差旅费2 400元，余款退回。

7.本月仓库发出乙材料总计35 000元，其中：生产A产品耗用20 000元，生产B产品耗用10 000元，车间一般消耗3 000元，行政部门消耗2 000元。

8.分配本月工资费用40 000元，其中生产A产品工人工资18 000元，生产B产品工人工资12 000元，车间管理人员工资4 000元，厂部管理人员工资6 000元。

9.以银行存款直接发放本月职工工资40 000元。

10.销售给黄海公司A产品2 000件，单价50元/件，增值税销项税额13 000元，款项尚未收到。

11.月末，计提本月固定资产折旧费3 000元，其中车间固定资产折旧2 000元，行政管理部门固定资产折旧1 000元。

12.月末，结转已销售产品成本，A产品平均单位成本30元/件。

13.月末结转制造费用9 000元，其中A产品负担5 400元，B产品负担3 600元。

14.月末，假设本月生产的A、B产品全部完工，结转其成本。

15.以银行存款1 000元支付产品宣传费。

16. 月末，计算本月应缴纳A产品的消费税2 000元。
17. 月末，结转损益类账户中各费用类账户余额。
18. 月末，结转损益类账户中的各种收入账户余额。
19. 假定本年实现净利润200 000元，年终结转本年净利润。
20. 该公司决定向投资者分配现金股利50 000元。

六、填制记账凭证（共10分，每小题5分）

1.202×年6月10日，以银行存款3 000元支付行政部管理部门电话费。

通用记账凭证

年　　月　　日　　　　　　　　凭证编号：

摘　要	会计科目		√	借方金额										√	贷方金额									
	总账科目	明细科目		千	百	十	万	千	百	十	元	角	分		千	百	十	万	千	百	十	元	角	分
附单据　　张	合　计																							

会计主管：　　　　记账：　　　　复核：　　　　填制：

2.2022年6月21日，销售甲材料一批，货款2 000元，增值税税额260元，全部款项已存入银行。

通用记账凭证

年　　月　　日　　　　　　　　凭证编号：

摘　要	会计科目		√	借方金额										√	贷方金额									
	总账科目	明细科目		千	百	十	万	千	百	十	元	角	分		千	百	十	万	千	百	十	元	角	分
附单据　　张	合　计																							

会计主管：　　　　记账：　　　　复核：　　　　填制：

附录一
参考答案

附录二

基础会计模拟试题B卷

题号	一	二	三	四	五	六	总分
得分							

一、单项选择题（下列每小题备选答案中，只有一个符合题意的答案，请将选定答案的字母编号填入括号内。共20分，每小题1分）

1.会计的基本职能是指（　　）。

A.预测与决策　　B.反映与监督

C.规划与分析　　D.管理与控制

2.企业所拥有的资产从财产权利归属来看，一部分属于投资者，另一部分属于（　　）。

A.债权人　　B.债务人

C.企业职工　　D.企业法人

3.资本公积属于（　　）类账户。

A.资产类　　B.所有者权益类

C.负债类　　D.损益类

4.在下列项目中，引起资产和负债同时减少的经济业务是（　　）。

A.购买材料货款尚未支付　　B.资本公积转增资本

C.以银行存款支付前欠货款　　D.收回应收账款存入银行

5.在下列各项中，属于反映企业财务状况的会计要素是（　　）。

A.收入　　B.利润

C.费用　　D.所有者权益

6.在下列各项目中，属于非流动负债的有（　　）。

A.长期借款　　B.应交税费

C.短期借款　　D.应付职工薪酬

7.某资产类账户，借方期初余额为8 700元，贷方本期发生额为13 000元，借方期末余额为14 000元，该账户的本期借方发生额为（　　）元。

A.7 700　　B.9 700

C.18 300　　D.35 700

8.科目汇总表核算组织程序，登记总账的依据是（　　）。

A.记账凭证　　B.科目汇总表

C.日记账　　D.汇总记账凭证

9.“领料单”按其填制方法应属于（　　）。

A.一次凭证　　B.累计凭证

C.汇总凭证　　D.记账编制凭证

10.在结账之前，如发现账簿记录有文字或数字错误，而记账凭证无错误，可采用（　　）更正。

A.转账更正法　　B.红字更正法

C.补充登记法　　D.划线更正法

11.“会计主体的生产经营活动将无限期地延续下去，在可以预见的未来不会因破产、清算、解散等而不复存在。”此表述体现（　　）会计假设。

A.会计主体　　B.持续经营

C.会计分期　　D.货币计量

12.如果一笔经济业务涉及的会计科目数量较多、需要填制多张记账凭证的，可以采用（　　）。

A.连续编号法　　B.同一编号法

C.分数编号法　　D.以上都不对

13.企业收入的发生往往会引起（　　）。

A.资产增加　　B.资产减少

C.费用减少　　D.所有者权益减少

14.企业会计部门出纳员调离岗位时进行的清查属于（　　）。

A.局部清查和定期清查　　B.局部清查和不定期清查

C.全面清查和定期清查　　D.全面清查和不定期清查

15.借贷记账法的贷方表示（　　）。

A.资产减少，负债及所有者权益减少

B.资产增加，负债及所有者权益增加

C.资产减少，负债及所有者权益增加

D.资产增加，负债及所有者权益减少

16.企业盘亏的原材料，在批准处理前应记入（　　）账户。

A.“管理费用”　　B.“营业外支出”

C.“其他应收款”　　D.“待处理财产损溢”

17.下列必须逐日逐笔登记的账簿是（　　）。

A.明细账　　B.总账

C.日记账　　D.备查账

18.下列情况发生时，需要进行局部清查的有（　　）。

A.公司总经理调离　　B.更换仓库保管员

C.年终决算　　D.企业改变隶属关系

19.企业各期发生的期间费用应（　　）。

A.计入当期生产成本　　B.冲减当期销售收入

C.计入当期损益　　D.等待以后各期分摊

20.在下列会计报表中，属于企业对外的静态报表是（　　）。

A.所有者权益变动表　　B.现金流量表

C.利润表　　D.资产负债表

二、多项选择题（下列每小题备选答案中，有两个或两个以上符合题意的正确答案，请将选定答案的字母编号填入括号中，共10分，每小题2分。多选、少选、错选均不得分）

1.会导致企业银行存款日记账余额小于银行对账单余额的未达账项包括（　　）。

A.企业已收款入账，银行尚未收款入账

B.企业已付款入账，银行尚未付款入账

C.银行已收款入账，企业尚未收款入账

D.银行已付款入账，企业尚未付款入账

2.收款凭证中的借方科目可能是下列科目中的（　　）。

A.“库存现金”　　B.“银行存款”

C.“应收账款”　　D.“应付账款”

3.账簿按其外表形式可以分为（　　）。

A.订本式　　B.卡片式

C.活页式　　D.数量金额式

4.会计核算方法包括（　　）。

A.复式记账　　B.成本计算

C.填制和审核凭证　　D.编制财务报表

5.企业的会计期间包括（　　）。

A.年度　　B.半年度

C.季度　　D.月度

三、判断题（请判断下列各题的正确性，正确的在括号内标注“√”号，错误的标注“×”号。共10分，每小题1分）

1.任何一笔会计分录都必须同时具备应记账户名称、记账方向和金额三大基本要素。（　　）

2.会计中的“权益”就是指所有者权益。（　　）

3.账户上期的余额转入本期即为本期的期初余额。（　　）

4.借贷记账法的记账规则是：借方登记增加，贷方登记减少。（　　）

5.盈余公积是从利润总额中按一定比例提取的公积金。（　　）

6.所有的账户都是根据会计科目开设的。（　　）

7.所得税是一种费用。（　　）

8.收入是指企业在非日常活动中形成的、会导致所有者权益增加的、与所有者投入资本无关的经济利益的总流入。（　　）

9.会计计量单位只有一种，即货币计量。 (　　)

10.多栏式账簿一般适用于费用、成本等明细账。 (　　)

四、简答题（共10分，每小题5分）

1.什么是对账？账实核对的内容有哪些？

2.错账更正的方法有几种？各适用于什么情况？

五、计算题（共10分）

1.某公司10月末有关账户的余额如下表所示：

账户名称	余额方向	金额（元）
主营业务收入	贷	1 500 000
主营业务成本	借	800 000
税金及附加	借	50 000
其他业务收入	贷	20 000
其他业务成本	借	10 000
营业外收入	贷	30 000
营业外支出	借	20 000
管理费用	借	60 000
销售费用	借	20 000
财务费用	借	2 000
投资收益	贷	50 000
资产减值损失	借	35 000

注：本期无纳税调整项目，所得税税率为25%。

要求计算：（4分）

（1）主营业务利润=

（2）营业利润=

（3）利润总额=

（4）净利润=

2.库存商品期初余额：A产品100件，单位成本120元/件；B产品400件，单位成本50元/件。

本期完工：A产品300件，总成本30 000元；B产品600件，总成本24 000元。

本期销售：A产品110件；B产品100件。要求采用加权平均法计算：（6分）

（1）A产品加权平均单位成本=

（2）A产品销售成本=

（3）B产品加权平均单位成本=

（4）B产品销售成本=

六、根据下列经济业务编制会计分录（本题共30分，每小题2分。要求进行明细核算）

1.购入甲材料5 000千克，单价40元/千克，增值税进项税额26 000元，材料的运杂费1 500元，所有款项暂欠，材料尚未到达。

2.次日上述材料运达本单位，验收入库。

3.公司采购员李明借差旅费3 000元，以现金付讫。

4.李明出差回来，报销差旅费3 600元，不足部分以现金补付。

5.本月仓库发出甲材料总计53 000元，其中：生产A产品耗用28 000元，生产B产品耗用20 000元，车间一般消耗3 000元，行政部门消耗2 000元。

6.分配本月工资费用45 000元，其中生产A产品工人工资24 000元，生产B产品工人工资12 000元，车间管理人员工资3 000元，厂部管理人员工资6 000元。

7.以银行存款3 000元支付罚款支出。

8.销售A产品5 000件，单价100元/件，增值税销项税额65 000元，款项尚未收到。

9.结转已销售产品成本，A产品平均单位成本45元/件。

10.月末，计提本月固定资产折旧费2 000元，其中车间固定资产折旧1 500元，行政管理部门固定资产折旧500元。

11.月末，按生产A、B产品工人工资比例分配制造费用。

12.月末，A、B产品全部完工，结转其成本。

13.财产清查发现库存现金短缺500元，做报批前会计处理。

14.经查，上述短缺现金是由于出纳员李红保管不当造成，由其负责赔偿，编制批准后的会计分录。

15.假定本年实现净利润200 000元，年终结转本年净利润。

七、试算平衡题（共10分）

资料：新达公司2022年11月初各账户余额如下（单位：元）：

库存现金	1 000	原材料	50 000	应付账款	7 800
银行存款	150 000	固定资产	180 000	实收资本	260 000
应收账款	6 800	短期借款	120 000		

11月份新达公司发生下列经济业务：

（1）国家投入新设备一台，价值100 000元。

（2）向银行借入短期借款20 000元，存入银行。

（3）用银行存款偿还前欠康达公司材料款2 000元。

（4）从银行提取现金600元。

（5）收回大同公司前欠货款1 800元，存入银行。

（6）购入原材料一批，货款30 000尚未支付。（材料已入库，假设忽略增值税）

要求：编制本月“试算平衡表”。

试算平衡表

年　　月　　日　　　　　　　　　　　　　　　　单位：元

账户名称	期初余额		本期发生额		期末余额	
	借方	贷方	借方	贷方	借方	贷方

附录二
参考答案

主要参考文献

［1］中华人民共和国会计法［M］. 北京：法律出版社，2017.

［2］中华人民共和国财政部. 企业会计准则：2006［M］. 北京：经济科学出版社，2006.

［3］企业会计准则编审委员会. 企业会计准则及应用指南实务详解（2022年版）［M］. 北京：人民邮电出版社，2022.

［4］企业会计准则编审委员会. 企业会计准则案例讲解（2022年版）［M］. 上海：立信会计出版社，2022.

［5］中华人民共和国财政部. 小企业会计准则［M］. 上海：立信会计出版社，2012.

［6］财政部会计司. 企业会计准则第39号——公允价值计量［M］. 北京：中国财政经济出版社，2014.

［7］陈国辉，迟旭升. 基础会计［M］. 7版. 大连：东北财经大学出版社，2021.

［8］崔志敏，陈爱玲. 会计学基础［M］. 5版. 北京：中国人民大学出版社，2015.

［9］朱小平，秦玉熙，袁蓉丽. 基础会计［M］. 11版. 北京：中国人民大学出版社，2021.

［10］刘雪清. 基础会计［M］. 4版. 大连：大连出版社，2014.

［11］陈文铭，陈艳. 基础会计习题与案例［M］. 7版. 大连：东北财经大学出版社，2021.

［12］刘永泽. 会计学［M］. 7版. 大连：东北财经大学出版社，2021.